십계명, 성령의 열매로 배우는

성숙한 그리스도인 2

성숙한 그리스도인 2

지은이 장창수
펴낸이 김명식
펴낸곳 (주)넥서스

초판 1쇄 발행 2014년 5월 25일
초판 2쇄 발행 2014년 5월 30일

출판신고 1992년 4월 3일 제311-2002-2호
121-840 서울시 마포구 양화로 8길 24
Tel (02)330-5500 Fax (02)330-5555

ISBN 978-89-6790-698-6 04230
978-89-6790-700-6 (세트)

www.nexusbook.com
넥서스CROSS는 (주)넥서스의 기독 브랜드입니다.

십계명, 성령의 열매로 배우는

성숙한 그리스도인 2

| 장창수 지음 |

넥서스CROSS

머리말

목회자로서 늘 가슴에 품고 사는 주제가 있다면 성숙과 열매의 문제입니다. 성숙은 쉽게 말하면 예수 그리스도를 닮는 것이요, 주님이 원하시는 방법으로 주어진 삶을 살아가는 것입니다. 이것은 미숙한 저 자신에게 던지는 질문인 동시에 성도들과 한국 교회를 향한 질문이기도 합니다. 오늘날 한국 교회는 세계 역사상 유래가 없는 부흥을 경험하였고, 수많은 목회 프로그램의 홍수 속에 있습니다. 그럼에도 불구하고 과거보다 훨씬 더 많은 교회 안의 갈등, 성도들의 부끄럽고 미숙한 삶의 모습, 도덕적인 타락 등으로 사회적인 지탄을 받고 있는 것이 현실입니다. 저는 이 모든 문제의 원인을 교리적인 것도 아니요, 교육이나 프로그램의 부족도 아닌 바로 성도와 목회자의 성숙에 대한 문제라고 생각합니다.

그리스도인의 삶은 한 그루의 유실수를 심는 것과 같습니다. 농부가 나무를 심고 키우고 최선을 다하는 이유는 무르익은 열매를 얻기 위함입니다. 만약 아무리 나무가 우렁차고 보기 좋아도 달고 맛있는 열매가 없다면 그것은 실망감을 주고 들인 수고는 아무런 의미가 없게 됩니다. 오늘날 한국 교회는 나무의 모양과 무성한 잎은 있으되 삶에 있어서 무르익지 못한 과실처럼 떫고 시어서 남에게 아픔을 주거나 아무 유익이 없는 열매와 같다는 생각을 지울 수가 없습니다. 물론 이것은 가장 우선적으로 목회자인 저 자신에게 던진 말이기도 합니다.

지금 우리는 그 어느 때보다도 그리스도인의 삶에 대한 진지한 고민이 있어야 합니다. 한국 교회가 사회적으로 외면당하고 지탄의 대상이 된 것은 기독교의 교리나 제도적인 것이 결코 아닙니다. 물론 객관적인 기준으로 본다면 당연히 그리스도인들이 비난하는 세상 사람들보다 훨씬 더 윤리적이며 도덕적인 부분 아니 모든 면에서 아름답게 살아가고 있습니다. 그럼에도 불구하고 세상이 원하는 교회와 성도, 특별히 목회자를 향한 기준이 대단히 높다는 것을 잊어서는 안 됩니다. 그들이 우리에게 요구하는 것은 '그리스도인답게 살라.'는 것입니다. 성숙한 성도의 삶은 결코 추상적이거나 세상과 단절된 수도사와 같은 삶이 아닙니다. 오히려 세상 속에서 사람들과 함께 살아가며 아름답게 성숙하고 무르익은 과일과 같이 그들에게 기쁨을 주는 삶이어야 합니다.

저는 분명히 확신합니다. 당연히 구원은 전적인 하나님의 은혜와 그것을 믿음으로 받습니다. 하지만 우리가 장차 주님 앞에 설 때에는 "네가 어떻게 살았느냐?"에 대해서 답해야 할 것입니다. 본 교재는 이러한 고민에서 출발하였습니다. 당연히 성숙한 삶과 열매에 대한 답은 성경에서 찾아야 할 것입니다. 하나님이 우리에게 직접 말씀하고 명령하신 삶의 법칙으로 그 성숙한 삶의 잣대를 삼으면 될 것입니다. 구약성경에서는 친히 주신 '십계명'을 통하여 하나님의 준엄하신 명령에서 삶의 구체적인 지침을 찾아보았고, 신약성경에서는 주님이 친히 말씀하신 하늘 사람의 삶의 법칙인 '산상수훈'에서 답을 얻고자 했습니다. 물론 '성령의 아홉 가지 열매'는 성령 세례를 받은 성도들이 맺어야 할 삶의 열매이기에 당연히 여기에 포함했습니다. 최소한 이 세 분야에서의 구체적인 묵상과 적용이 있다면, 그리스도인의 삶의 분명한 틀을 가지지라 확신합니다.

이 교재는 많은 문제를 안고 있는 한국 교회에 도움이 될 것입니다. 성도 간의 갈등이 있는 교회에 도움이 될 것입니다. 특별히 성숙을 추구하는 모든 분과 '그리스도인으로서 어떻게 살아야 할 것인가?'를 고민하는 모든 성도에게 도움이 될 것입니다. 성도들을 어떻게 성숙한 성도로 양육할 것인가 고민하는 목회자들에게도 크게 도움이 될 것입니다. 구체적인 적용이 없는 교재로 목말라 하는 한국 교회에 새로운 성숙 훈련의 틀을 세웠으면 하는 작은 바람이 있습니다.

책을 쓸 때마다 가장 부족하고 무능한 사람에게 정말 좋은 것으로 채워 주시는 하나님에게 모든 영광을 돌립니다. 제가 구체적으로 성숙을 드러내고 열매를 맺어야 할 현장에서 늘 격려해 주시고 도와주신 여러 부교역자와 가족에게 감사의 마음을 전합니다. 교재에 대한 꿈과 격려를 아끼지 않고 신실하게 이끌어 준 ㈜넥서스크로스의 김명식 목사님과 늘 실무적인 고민과 따뜻한 사랑으로 함께해 주고 부족하고 투박한 글에 예쁜 옷을 입혀 준 크로스팀에게 감사의 인사를 전합니다.

성숙한 삶의 열매를 맺으며 살아가는 자녀들을 잠잠히 따뜻한 눈으로 지켜보시는 주님을 묵상하며…….

대명동 앞산자락에서

장창수 목사 드림

교재 활용법

본 교재의 활용법에 대하여

본 교재를 통해 신앙의 성장을 이루고 성숙된 그리스도인이 되기를 원하신다면 다음과 같이 활용하십시오.

1. 본 교재는 '산상수훈'(1권)과 '십계명, 성령의 열매'(2권)의 말씀을 중심으로 예수 그리스도가 원하는 성숙한 그리스도인은 어떤 모습인지를 배우고 알아갈 것입니다.

   단지 성경적인 지식을 배우고 익힌다는 생각에서 벗어나, 2000년 전 예수 그리스도가 은혜의 말씀을 선포하셨던 그 현장을 경험한다는 마음으로 주님이 나에게 주시는 말씀으로 받아들이기를 바랍니다.

2. 본 교재는 1권 15과, 2권 19과로 구성되어 있습니다. 그리고 각 단원은 네 부분의 단락으로 구성되어 있습니다.

   ♦ 1단계 세상 돌아보기

   개인의 삶을 돌아보는 단계입니다. 본인이 알고 있는 자신의 모습을 가장 솔직하게 보이며 공동체 안에서 서로 나누고 표현할 수 있기를 바랍니다. 드러내지 않고 숨기고 싶은 모습이 있을지라도 함께 나누고 표현할 때 주실 말씀에 대한 기대치가 더욱 커지게 될 것입니다. 그러나 서로에게 부담이 되고, 관계를 어렵게 만들 수 있는 표현이라면 언행을 조심하는 지혜도 필요할 것입니다.

♦ 2단계 주님 알아가기

본문의 내용을 공부하기에 앞서 서론 부분에 해당합니다. 본문을 통해 예수 그리스도께서 우리에게 원하시는 뜻이 무엇인지를 바라보게 되며, 궁극적으로 우리가 변화되어야 할 최종 목표를 제시할 것입니다.

♦ 3단계 주님 바라보기

본문에 대한 성경적인 해석과 구체적인 적용 부분입니다. 현대를 살아가는 그리스도인들에게 주님이 원하시는 성숙된 삶이 무엇인지를 배우며 알아가게 됩니다. 더불어 배우고 익히는 것에 그치는 것이 아니라 믿음의 고백을 통한 분명한 결단이 있어야 할 것입니다.

♦ 4단계 주님과 동행하기

실제적인 생활 속에서 주님과 동행하며 말씀을 적용할 수 있습니다. 이것은 세상의 그 누구도 아닌 오직 자신에게 주시는 하나님의 말씀으로 받아들이는 자세가 필요합니다. 그리고 삶 가운데 배운 바를 실천함으로 성숙한 그리스도인이 되기를 훈련하게 됩니다.

3. 본 교재의 예화와 성경 구절을 충분히 활용해야 합니다.

각 단락에서는 본문의 이해를 돕기 위한 성경 구절과 예화 등이 기록되어 있습니다. 논리적인 내용의 전개 가운데 가장 필요한 말씀과 예화들을 수록하였기에 그것들을 최대한 활용할 수 있기를 바랍니다. 작은 한 부분이라도 그냥 지나쳐 버린다면 이 시대를 향해 말씀하시는 주님의 음성을 놓칠지도 모릅니다.

4. 본 교재의 모든 질문과 토의는 가장 적극적인 자세와 주도적인 모습으로 해야 합니다.

'세상 돌아보기'나 '주님과 동행하기'에서 제시하는 질문과 토의 주제들은 가장 객관적으로 자기 자신을 바라볼 수 있는 기회가 될 것이며, 삶 속에 구체적인 적용점을 찾을 수 있도록 도울 것입니다. 물론 정답이 있는 것은 아니지만, 솔직한 자신을 표현하는 것이 가장 정답에 가깝습니다.

단, 거리낌이나 부담이 있다면 가장 편안하고 쉬운 것부터 할 수 있도록 합니다. 할 수 있는 한 가장 성실히 답하고, 있는 모습 그대로 구성원들과 나누고 기도할 수 있기를 바랍니다.

5. 본 교재를 통해 성숙한 그리스도인으로 자라가는 삶의 변화를 위해 본인 스스로 노력해야 합니다.

지도자와 공동체를 사랑하고 격려하며 항상 기도의 자리를 지킬 수 있어야 합니다. 나 하나쯤이라는 생각은 공동체를 무너뜨리는 가장 강력한 적입니다. 주어진 과제를 소홀히 다루지 않도록 노력해야 합니다.

매 과에 대한 복습과 예습은 기본입니다. 받은 은혜는 함께 나누고, 결단하고 실천해야 할 부분은 스스로 끊임없는 노력을 해야 합니다.

마지막으로 결석하거나 포기하는 자세는 지도자나 다른 구성원들을 지치게 할 수 있습니다. 주어진 환경에서 최선을 다 하고, 함께해 나가는 시간이 자신의 삶에서 가장 행복하고 소중한 순간이 되기를 바랍니다.

목차

1부 십계명

2부 성령의 열매

십계명(The Commandment, 十誡命)

하나님이 시나이산에서 모세를 통하여 이스라엘 백성들에게 주신 열 가지 계명이다.
구약성경의 〈출애굽기〉 20장과 〈신명기〉 5장에 쓰여 있다.

1부

십계명

†

하나님이 이 모든 말씀으로 말씀하여 이르시되
나는 너를 애굽 땅, 종 되었던 집에서 인도하여 낸 네 하나님 여호와니라……

_출애굽기 20장 1~2절

십 계 명

01 나 외에는 다른 신들을 네게 두지 말라

✣ 〈출애굽기〉 20장 3절

3 너는 나 외에는 다른 신들을 네게 두지 말라

세상 돌아보기

아래에 기록되어 있는 의미 없는 숫자, 문자들을 약 3분 이내에 암기하세요.

서로 암기한 것을 발표해 보고 얼마나 암기하고 있는지 점검해 봅시다.

1. 124977349865
2. 645498706349
3. 산두메레우구한사고무다이
4. 일가호구가아사여통지어도

주님 알아가기

어느 청년이 옷을 입고 왔는데 아무리 봐도 민망합니다. 가만히 살펴보니 옷을 뒤집어 입은 것 같았습니다. 실밥이 너덜너덜하게 나와 있고, 박음질을 한 것 같기도 하고, 분명 뒤집어 입은 것처럼 보였습니다. 그래서 "옷을 왜 뒤집어 입었냐?"고 물으니 이 옷은 원래 박음질이 밖으로 나와 있는 옷이라고 했습니다.

정말 자세히 보니 옷 안쪽에 택(tag)이 붙어 있었습니다. 기존에 우리가 생각했던 '박음질은 안에 해야 한다'는 고정관념을 탈피한 것이었습니다.

왜 우리는 꼭 박음질을 안에만 해야 한다고 생각하고 있을까요?

모든 제도와 법에서 벗어나면 좋을 것 같지만 꼭 그렇지는 않습니다. 오늘날은 포스트모더니즘이라고 해서 형식과 틀을 깨는 것을 시대의 경향으로 생각합니다. '절대 진리도, 절대 도덕도 거부하고, 절대 법도 다 변하고 그것을 깨뜨릴 수 있다.'고 생각합니다. 이러한 사고가 모든 분야에서 나타납니다. 기존에 지켜왔던 질서, 법, 전통들을 한 번 벗어나 바꿔보고 멋대로 해보자는 것입니다.

이 시대에 사는 사람들은 철학도 없고, 모든 부분의 절대 진리와 절대 도덕과 기존의 법들에서 벗어나고자 몸부림을 치고 있습니다. 그런 것이 꼭 나쁜 것은 아니지만, 우리의 삶에 제도와 법이 없다면 이것은 심각한 문제를 초래할 수 있습니다. 한 번씩 그렇게 일탈하는 것까지는 이해가 되지만 우리의 삶에 계명과 하나님이 정하신 법, 또 세상의 법이 없다면 아마 우리는 이 땅에서 살아가지 못할 것입니다.

하나님은 이러한 세상을 살아가는 그리스도인들에게 중요한 지침을 주셨습니다.

① 주기도문

Q 〈마태복음〉 6장 9~13절을 기록해 보세요.

우리의 드리는 기도의 표본은 주기도문입니다. 예수님은 주기도문을 통하여 어떻게 기도해야 하는지에 대해서 가르쳐 주셨습니다.

② 사도신경

Q 〈사도행전〉 2장 42절을 기록해 보세요.

사도신경은 기독교 복음의 본질적인 진리를 간단하고도 명확하게 나타낸 신앙의 요약문입니다. 신앙 공동체인 교회의 공식적이며 성경적인 신앙 고백입니다.

③ 십계명

Q 〈출애굽기〉 20장 2~4절을 기록해 보세요.

주님 바라보기

"오헨리의 천국과 지옥"

《마지막 잎새》를 지은 오헨리라는 사람이 있습니다.

그는 기독교 가정에서 태어나서 자랐습니다. 은행에 취업을 했습니다. 정말 잘 나가는 은행원이었습니다. 그런데 시간이 지나면서 불신자들과 어울리기 시작했고, 술집도 다니기 시작했습니다. 바람도 피고, 도박도 했습니다. 그러다가 도박에서 돈을 잃자 회사 공금에 손을 대기 시작했습니다.

그는 결국 공금 횡령이 들키기 직전에 남미로 도망을 했습니다. 거기서 살다가 아내가 중병이 들어서 곧 죽게 되었다는 소식을 듣고 할 수 없이 집으로 돌아왔습니다.

아내는 신실한 그리스도인이었습니다.

아내는 진지하게 남편과 신앙 이야기를 나눴습니다.

드디어 그는 아내의 권유를 받아들여서 경찰에 자수를 했습니다.

그가 감옥 안에서 첫 소설을 썼는데 그 소설이 《임금님과 배추》라는 소설입니다.

그는 소설 하나로 하루아침에 스타가 되었습니다.

오헨리의 자서전에 보면 이런 말이 있습니다.

"하나님을 모르고 하나님을 두려워할 줄 모르는 사람들과 함께 지냈던 그 시절이 굉장히 즐거웠던 것 같지만 지금 생각해보면 끔찍한 지옥생활이었습니다. 지금은 세상을 떠났지만 병석에 있던 아내와 신앙적인 대화, 하나님의 대한 이야기, 천국과 영생에 대한 이야기, 하나님의 백성은 어떻게 살아야 될까?와 같은 진지한 신앙적인 대화를 나누었던 몇 개월이 나에게는 천국이었습니다."

예수님을 믿고 신앙생활을 한다는 것은 어떤 의미에서 구속되고, 항상 절제해야 하는 피곤한 삶을 살아야 하는 것처럼 느껴집니다. 반대로 신앙생활을 하지 않으면 아무것도 제한되는 것이 없으니 너무 자유롭고 즐거울 것 같습니다. 그러나 현실은 오히려 반대입니다. 주님 안에 있을 때 참 행복과 평안을 얻을 수 있으며, 말씀의 통제 아래 살아갈 때 진정한 승리를 얻을 수 있습니다.

이러한 의미로 인해 십계명은 모든 성도들에게 중요하며 성도들의 삶의 지표가 되어주는 기준입니다.

1. 십계명이 중요한 이유는 무엇일까요?

① 십계명은 모든 세상 법의 기초가 되는 법이기 때문입니다.

Q 〈신명기〉 5장 31절을 기록해 보세요.

십계명은 인간에게 주어진 모든 법의 어머니라고 했습니다. 하나님은 애굽을 떠나온 이스라엘 백성들을 약속의 땅 가나안으로 보내기 전에 시내산에 데리고 갔습니다. 어떤 의미에서 하나님은 이스라엘 백성들이 하나님을 원망하고 불평했기 때문에 바로 가는 해안 길을 놔두고 아래쪽인 시나이 반도로 돌아가게 하신 것도 있습니다. 하지만 더 궁극적인 이유는 시내산에서 율법을 주시기 위한 하나님의 섭리였습니다.

② 십계명은 성도들의 의무와 책임을 요약한 핵심이기 때문입니다.

Q 〈신명기〉 26장 16절을 기록해 보세요.

하나님은 이제 이스라엘 백성을 구출하시고 그들의 만왕의 왕 주인이 되시기를 원하셨습니다. 이제 하나님은 우리의 왕이 되셨고 우리는 그의 백성이 되었으니, 왕과 백성 사이에는 규례와 법도 그리고 언약이 필요합니다. "이제는 내 백성이 되었다. 그러므로 너희가 이렇게 살 때에 너희가 나의 백성이라고 말할 수 있다."고 하신 것입니다.

③ 십계명은 성도들의 가장 근본적인 행동지침이기 때문입니다.

Q 〈신명기〉 5장 32~33절을 기록해 보세요.

십계명은 그리스도인이 세상에서 어떻게 살아야 하는지에 대한 답을 말하고 있습니다. 십계명은 오늘을 살고 있는 현대인에게 아직도 유효한 메시지이며, 이미 구원받은 그리스도인들도 여전히 순종해야 하는 말씀임을 기억해야 합니다.

2. 하나님이 십계명을 주신 이유는 무엇일까요?

① 하나님의 백성답게 살도록 하기 위해서입니다.

Q 〈레위기〉 19장 37절을 기록해 보세요.

하나님은 이스라엘 백성을 구출하시고 그들의 만왕의 왕 주인이 되시기를 원하셨습니다. 그럼으로 왕이신 하나님과 백성인 우리 사이에는 지켜야 할 규례와 법도 그리고 언약이 필요합니다. 그러므로 우리가 이러한 것들을 지키며 살 때에 하나님의 백성이라고 말할 수 있는 것입니다. 율법은 하나님의 백성으로서 감당해야 될 의무와 책임으로서, 그것을 요약한 핵심이 바로 십계명입니다.

② 하나님이 우리 삶의 가장 우선순위에 있음을 깨닫게 하기 위해서입니다.

Q 〈마태복음〉 6장 33절을 기록해 보세요.

십계명은 1계명부터 10계명 중 어느 것 하나 중요하지 않은 것이 없습니다. 하지만 1계명이 그중 가장 중요한 계명이 아닐까 생각합니다. 하나님께서 제일 중요한 계명부터 우리에게 1계명으로 주셨습니다. 그래서 우리의 삶의 우선순위도 십계명의 순서대로 정해야 합니다.

가장 중요한 것은 하나님입니다. 그다음에는 부모님과 가정입니다. 그다음에는 우리 자신뿐만 아니라 다른 사람의 생명입니다. 그다음이 재산입니다. 물질은 맨 마지막입니다.

③ 하나님과 우리 사이에 영원한 언약을 맺기 위해 십계명을 주셨습니다.

Q **〈신명기〉 9장 11절을 기록해 보세요.**

모세시대 때에 중동지역과 이스라엘에서는 나라가 식민지가 되면 종주계약을 했습니다.

종주계약은 똑같은 내용의 계약서를 두 장 씁니다. 똑같은 원본을 두 장 쓴 후에 하나는 주인이 가지고 다른 하나는 종이 가집니다.

이와 마찬가지로 하나님께서 두 돌판을 주셨다는 것은 백성과 맺은 엄중한 언약이라는 표시입니다. 이것은 하나님께서 우리와 맺은 계약이라는 뜻입니다. 그래서 두 돌 판을 주셨다는 것은 당시의 시대적, 문화적 배경으로 볼 때 종주계약에 해당됩니다.

3. 제1 계명의 의미는 무엇일까요?

① 하나님만이 유일하신 신이라는 의미입니다.

Q 〈이사야서〉 45장 21절을 기록해 보세요.

십계명의 중심 사상은 하나님은 오직 한 분이라는 것입니다. 이것이 유일신 사상입니다. 사람은 누구에게나 종교의 씨앗이 있다고 합니다. 그것을 종교심이라고 합니다. 아무것도 모르는 미개인들도 그 마음에는 본능적으로 종교심을 가지고 있습니다.

(1) 다신론 : 여러 신의 존재를 인정하는 것입니다.
해를 섬깁니다. 달을 섬깁니다. 자신을 섬깁니다. 하늘 신을 섬깁니다. 바람 신을 섬깁니다. 물 신을 섬깁니다.
(2) 범신론 : 하나님은 모든 피조물 속에 다 있다는 것입니다. 자연이 곧 신이고, 인간도 신일 수 있다는 것입니다. 누구나 신이 될 수 있다고 생각하기에 무릇 범(凡)자를 쓰는 것입니다. 이단들의 주장 중에 범신론이 많습니다. 누구나 도를 닦으면 신이 될 수 있다는 것입니다.
(3) 이신론 : 하나님을 창조주로 부인합니다. 믿는 것처럼 보여도 그 실상은 믿지 않는 경우입니다. 하나님이 살아계시고, 천지를 창조하신 것은 믿지만 천지를 창조한 후에는 간섭하지 않는다, 상관하지 않는다, 방관한다는 뜻입니다. 이들은 알 수 없는 창조주가 세상을 만들었지만 세상 돌아가는 모습을 보니 하나님이 없다는 주장을 합니다. 창조자와 다스리는 자가 다르다는 것입니다.
(4) 단일신론 : 많은 잡신 중에 여러 가지 잡신들이 있지만 그중에 자기 마

음에 들고 제일 괜찮은 신을 하나 선택해서 수호신으로 삼는 것입니다.

(5) 무신론 : 처음부터 신이라는 것은 존재하지 않는다고 생각합니다.

루이스 벌콥은 '무신론자는 치료가 불가능한 종교적인 존재다.'라고 말했고, 플라톤도 무신론자를 '영적인 질병에 걸린 자'라고 말했습니다.

무신론자는 영적인 질병에 걸린 사람입니다. 사람은 결코 우연히 생겨 날 수 없고 우연히 살다가 그렇게 갈 수 없습니다. 우리가 섬기는 하나님이 다른 세상 잡신과 다른 것은, 세상의 신들은 인간이 만들어 낸 것이지만 하나님은 스스로 계신 자, 유일한 한 분이시라는 것입니다.

② 유일하신 하나님만을 섬기라는 의미입니다.

Q 〈고린도전서〉 8장 5~6절을 기록해 보세요.

유일하신 하나님만을 섬기는 것이 우리의 살 길이요 소망이며, 그것에 우리 삶의 모든 축복이 있습니다. 그래서 우리는 유일한 창조주이신 하나님만을 섬겨야 합니다.

창조주는 유일하신 하나님밖에 없습니다. 우리의 구원자도 예수 그리스도 한 분밖에 없습니다. 우리가 구원받고 천국 가는 길도 주 예수 그리스도 한 분을 통해서만 가능합니다. 그러므로 유일하신 창조주 하나님만이, 성삼위 하나님만이 우리의 영광을 받으실 수 있는 유일하신 분입니다.

③ 하나님보다 더 사랑하는 것이 있으면 안 된다는 의미입니다.

Q 〈역대상〉 28장 9절을 기록해 보세요.

오직 우리는 유일하신 하나님만을 인정하고 그분을 경배하고 섬겨야 합니다. 하나님께만 영광을 돌려야 합니다. 다른 신을 섬기지 말아야 합니다. 하나님 외에 다른 우상과 신들을 섬기는 것은 하나님 앞에 반역행위입니다.

하나님보다 더 사랑하는 대상이 있으면 그것이 바로 우상입니다. 단순하게 사람들이 만든 신적인 물건뿐만 아니라 우리들의 삶 속에 하나님보다 더 내가 마음을 두고, 하나님보다 더 사랑하는 것이 있다면 그것은 100% 우상입니다.

Q 〈디모데전서〉 6장 10절을 기록해 보세요.

오늘날, 이 시대에는 자기 자신이 우상일 때가 많습니다. "믿기는 뭘 믿어? 나 자신을 믿어." 이것이 자기 자신이 우상인 경우입니다. 또한 이 시대에는 돈이 현대인들의 신이요, 우상입니다. 그러나 돈 자체가 악한 것은 아닙니다. 돈 자체는 악한 것도, 선한 것도 아닙니다. 하지만 그 돈을 쓰는 사람에 따라 악하게 쓰이기도 하고, 선하게 쓰이기도 합니다.

④ 하나님 외에 어떤 것도 주인이 될 수 없다는 의미입니다.

Q 〈신명기〉 6장 13절을 기록해 보세요.

세상에서 아무리 위대하고 고마운 것도 그것이 하나님보다 더 큰 경배의 대상이 되는 순간, 그것은 "나 외에는 다른 신들을 네게 두지 말라"는 하나님의 말씀을 어기는 것입니다.

이 시대를 사는 현대인에게 자식이 우상이 될 수도 있습니다. 자식을 잘 길러보겠다는 마음이 지나쳐서 자식이 원하는 일이라면 신앙도 버리고, 주일도 버리고, 하나님의 영광도 버리고, 오직 자식만을 생각합니다. 자식이 삶의 주인이 되는 것입니다.

세상의 그 어떤 것도 우리의 주인이 될 수 없습니다. 우리를 창조하신 하나님만이 우리의 참 주인이십니다.

⑤ 하나님이 우리를 사랑하신다는 의미입니다.

Q 〈신명기〉 6장 24절을 기록해 보세요.

하나님은 우리 개인을 직접 만나고 도우십니다. 택한 백성을 구원하시는 하나님, 놀라운 능력으로 역사하시는 하나님, 지금도 살아계셔서 우리를 사랑하시는 하나님이십니다.

제1계명은 하나님이 우리를 사랑한다고 하는 사랑의 다른 표현입니다. "내가 너와 함께하길 원한다. 네가 나를 섬김으로 네가 복 받기를 원한다" 제1계명은 하나님이 우리를 향한 축복의 숨겨진 메시지입니다.

주님과 동행하기

1. 오직 하나님이 중심이 된 삶을 살아갑시다.

① 하나님보다 더 사랑하는 것을 버려야 합니다.

Q 〈신명기〉 6장 4~5절을 기록해 보세요.

400년 동안 애굽의 종으로 있었던 이스라엘 백성들은 애굽의 수많은 다신 문화에 젖어 있었습니다. 하나님에 대한 지식이나 이해도 부족했고, 하나님도 그 많은 신 중에 하나의 신으로밖에 여기지 않았던 것입니다.

그러한 이스라엘에게 하나님은 다른 신을 두지 말 것을 요구하셨습니다. 즉 우리와 하나님 사이의 관계에 있어서 다른 신을 하나님과 비겨서 나란히 놓거나 대립시키거나 하나님보다 다른 신을 더 높여서 경배 대상으로 삼아서는 안 된다는 말입니다.

하나님 외에 어떤 방법으로든 이 땅을 살아갈 수 없음을 선포하시고 계십니다. 하나님은 하나님 외에 이 땅에 섬길 자는 아무도 없다고 말씀하고 계십니다.

② 하나님 외에 헛되고, 거짓된 것을 의지하지 말아야 합니다.

Q 〈신명기〉 6장 15절을 기록해 보세요.

오직 여호와 하나님만을 참 신으로 인정하고 섬기라는 것입니다. 이것은 당시 중동 지방에서 널리 행해지던 다신 숭배, 가나안의 바알 숭배 등 우상 숭배를 염두에 두고 하신 말씀입니다. 세상 문화 속에서 어울려 살 때 저들의 잘못된 신관과 종교적 사상을 받아들이지 말고, 여호와 하나님만을 참 신으로 인정하라는 것입니다.

세상의 것을 의지하면 결국 파멸과 비참한 최후를 맞이할 것입니다. 우리가 의지하고, 섬길 분은 오직 우리 하나님 여호와밖에 없음을 믿으시기 바랍니다.

③ 우리 생활의 첫째 자리는 하나님에게 양보해야 합니다.

Q 〈마태복음〉 6장 33절을 기록해 보세요.

하나님은 우리의 생각과 생활 속에 언제나 첫 번째 자리에 계시고자 하십니다. 하나님이 첫 번째 자리에 계실 때 우리를 사랑하시고 복을 주실 것입니다. 우리들이 어떠한 상황 가운데 놓여 있을지라도 첫째 자리는 하나님을 위하여 양보해야 합니다. 우리의 생각과 정신까지도 가장 우선에는 하나님이 있어야 합니다.

그렇기 때문에 우리가 1계명을 지킨다는 것이 쉽지 않은 것입니다. 우리가 먼저 하나님을 인정하고 가장 최고로 섬긴다면 하나님께서는 우리의 삶에 엄청난 능력과 복을 주시며 영원한 생명으로 인도하여 주실 것입니다. 이러한 첫째 계명의 의미를 이해한다면 참된 구원의 기쁨과 감사가 절로 터져 나올 것입니다.

2. 생활 점검표를 실천해 봅시다.

우리의 삶을 통하여 첫 번째 계명이 얼마나 지켜지고 있는지 돌아보며 구체적으로 실천한 사항들을 나누어 봅시다.

'나 외에는 다른 신들을 네게 있게 하지 말라'	실행 여부	
	YES	NO
1. 우리의 가정에 있는 사람의 손으로 만든, 보지도 듣지도 먹지도 냄새를 맡지도 못하는 우상을 제거합시다.		
2. 하나님이 아닌 다른 가치들을 하나님의 자리에까지 높이지 않도록 합시다(돈, 자녀, 사회적 지위, 학문, 운동 등).		
3. 하나님과 함께 다른 신들도 같이 섬기는 종교 혼합주의를 버립시다.		
4. 구원의 길이 여러 가지가 있다고 주장하는 종교 다원주의를 거부합시다.		

너를 위하여 새긴 우상을 만들지 말라

✣ 〈출애굽기〉 20장 4~5절

4 너를 위하여 새긴 우상을 만들지 말고 또 위로 하늘에 있는 것이나 아래로 땅에 있는 것이나 땅 아래 물
속에 있는 것의 어떤 형상도 만들지 말며 5 그것들에게 절하지 말며 그것들을 섬기지 말라 나 네 하나님
여호와는 질투하는 하나님인즉 나를 미워하는 자의 죄를 갚되 아버지로부터 아들에게로 삼사 대까지 이
르게 하거니와

세상 돌아보기

사진을 보고 느낀 점을 이야기해 보세요.

느낀 점

주님 알아가기

"금산교회 이자익 목사와 조덕삼 장로"

전북 김제 금산교회 이자익 목사와 조덕삼 장로의 사연은 많이 들어보셨을 것입니다. 이자익 목사는 바로 조덕삼 장로 집에서 말을 끌던 하인이었습니다. 두 사람 다 선교사님의 전도를 받고 예수를 믿게 되었고 조덕삼 장로가 그 일대에서 가장 큰 부자였기에 자기 집을 내어서 그곳에 교회가 생기게 되었습니다.

한참 시간이 지나고 교회에서 임직 투표를 하게 되었습니다. 모두들 주인인 조덕삼이 장로가 될 거라고 생각했지만 그 사람은 투표에서 떨어지고 하인이었던 이자익이 장로가 되었습니다. 그때 사람들은 이미 조덕삼은 교회를 분립하거나 교회를 떠날 것이라고 생각했을 것입니다. 그러나 조덕삼은 많은 교인들의 우려를 불식시키고 이렇게 얘기하였습니다.

"사랑하는 성도 여러분! 저는 정말 하나님이 뜻에 합당한 분을 뽑았다고 생각합니다. 이자익 영수님은 충분히 장로님이 될 자격이 있습니다. 그리고 이분은 우리 교회를 이끌어갈 훌륭한 자질의 신앙심을 갖고 계신 분입니다."

그러면서 조덕삼은 이자익 장로를 신학교로 보냈고, 나중에 이자익 장로가 목사 안수를 받자 자기 교회 담임 목사님으로 모셔왔고, 나중에 자기 자신도 장로가 되었습니다. 그리고 그는 후진을 양성하기 위하여 학교도 많이 세웠습니다. 조덕삼 장로님은 53세 때에 돌아가셨는데 돌아가시기 전에 큰아들인 조형호는 독립운동가로 그때 그곳에 없었습니다. 둘째와 셋째인 영진과 영환이 아버님의 임종을 맞이했습니다.

영진과 영환에게 아버지는 이러한 마지막 유언을 남겼습니다.

"사랑하는 아들들아! 절대로 일평생 우상숭배를 하지 말아라. 절대로 우상을 섬기지 말고 제사를 지내지 말아라. 예수 잘 믿어 나를 만날 수 있도록 신앙생활 잘하고 늘 준비하거라. 너희들은 내 대를 이어 목사님을 잘 섬기고 교회를 지켜야 한다. 내가 죽었다고 해서 너무 슬퍼하지 말아라. 나의 부고를 '축 오늘 아침에 조덕삼 장로는 천국에 갔습니다.'라고 쓰고, 내가 즐겨 부르던 찬송을 불러주려무나."

그때에 이자익 목사님과 자녀들은 찬송가 221장 '주 믿는 형제들'을 4절까지 불렀다고 합니다. 그러면서 조덕삼 장로님은 자녀들에게 마지막 인사를 이렇게 했다고 합니다.

"애들아 하나님을 섬기다가 천국에서 만나자."

하나님은 그의 후손들에게 복을 주셨습니다. 독립운동가인 아들 조형호 장로는 아버지가 하던 학교의 교장이 되었습니다. 손자인 조세형 장로는 우리나라 국회의원으로서 국회부의장까지 지냈습니다. 또한 증손 조성훈 집사는 서울 모 교회의 집사를 하면서 큰 거부가 되었습니다.

뿐만 아니라 이자익 목사님의 후손들도 하나같이 학계에 목사로, 교수로,

훌륭한 인물들이 되었습니다. 수년 전에 이자익 목사의 후손들이 조덕삼 장로의 후손들을 다 모셔놓고 감사의 뜻으로 큰 절을 했다고 합니다.

우상숭배하지 않고 하나님만 사랑하고 섬기며 지조 있게 살다 가신 그런 분은 하나님이 복을 줄 수밖에 없습니다.

예로부터 우리나라의 역사는 수많은 무속신앙의 토대 위에 세워졌습니다. 돌과 나무에게 절하고, 냉수를 떠 놓고 헛된 신에게 제사를 드리고, 가족신이나 귀신들을 믿고 의지했습니다. 자연스럽게 그런 토착화된 무속신앙을 접하여서 우리는 우상을 만드는 것에 큰 경각심을 가지고 않고 살아가고 있습니다.

그러나 성경 전체를 통해 만날 수 있는 하나님은 우상숭배에 대해서는 지나치게 과할 정도로 엄하게 다스리고 계십니다. 그만큼 우상을 싫어하시고, 절대자이신 우리 하나님만을 믿고 섬기기를 원하셨던 것입니다.

그러나 살아계신 하나님의 놀라운 역사를 두 눈으로 본, 선택된 백성인 이스라엘 백성도 현실에서 보이는 신을 찾아 우상을 만드는 큰 죄를 짓기도 했습니다.

1. 이스라엘 백성들도 우상을 만들었습니다.

① 자기들의 손으로 우상을 만들었습니다.

Q 〈출애굽기〉 32장 4절을 기록해 보세요.

하나님의 종 모세가 시내산에서 하나님 앞에 금식하면서 계명을 받았습니다. 그때 백성들은 밑에서 난리가 났습니다. 불안해하면서 "우리가 신을 만들자, 신은 없다."며 아론에게 압박을 가했습니다. 그러자 아론이 앞장서서 우상을 만들었습니다. 사람들이 패물을 빼고, 자기가 가진 금들을 다 털어서 금송아지를 만들었습니다. 자기들이 손으로 만들어 놓고는 그것을 '하나님'이라고 했습니다.

② 자기들의 손으로 만든 우상을 섬겼습니다.

Q 〈출애굽기〉 32장 6절을 기록해 보세요.

이스라엘 백성은 엉뚱한 것을 만들어 놓고 하나님이라고 했습니다. 하나님처럼 똑같이 번제를 드리고, 화목제를 드리고, 기뻐하며 예배했습니다. 하나님을 하나님으로 대접하지 않는 우상숭배는 하나님을 무시하는 가장 잘못된 행동입니다.

주님 바라보기

국민일보에 재미있는 사진이 하나 올라왔습니다. 태국에 물난리가 났습니다. 그런데 불상 하나가 넘어지려 하고 있습니다. 승려들이 난리가 났습니다. 불상이 넘어지지 않도록 붙들고, 물에 떠내려 갈까 봐 불상을 잡고 있는 모습이었습니다.

거꾸로 된 것이 아닙니까? 신이 사람을 보호해야 되는데 사람이 신을 보호하고 있습니다. 이를 어떻게 신이라고 할 수 있겠습니까? 참 웃기는 모습입니다. 그럼에도 불구하고 어리석은 사람들은 거기에다 복을 달라고 빕니다. 누가 봐도 웃기는 일입니다.

오늘날 신앙적으로 심각한 문제는 하나님을 하나님답게 대접해 드리지 못한다는 것입니다. 이것은 분명 우상숭배입니다. 사람들은 오히려 하나님이 만드신 대자연과 사람이 만든 우상을 놓고 그것이 하나님이라고 섬기고 있습니다.

1. 우상이 무엇일까요?

① 하나님을 대신하여 경배 대상으로 삼는 것이 우상입니다.

Q 〈시편〉 115편 4~8절을 기록해 보세요.

하나님은 영이시기 때문에 우리의 눈으로 볼 수 없습니다. 그러나 사람들은 뭔가 보길 원합니다. 그래서 보이지 않는 하나님을 눈으로 보이게 만들어서 섬기는 것이 우상입니다. 사람들은 계속해서 우상을 만듭니다. 하나님을 육안으로 볼 수 없으니 감각적으로 내가 접근하기 용이하게 하기 위해 우상을 만드는 것입니다.

마스코트는 일본에서 만든 우상입니다.

일본에는 방 안에도 신이 있고, 정원에도 신이 있고, 밖에도 신이 있고, 나뭇가지에도 신이 있고, 나뭇잎에도 신이 있습니다. 그들이 신을 만들어 자신의 신을 어느 한 곳에 고정시켜 놓으니까 불안했습니다. 신이 없는 데는 어떻게 할 것인가? 그래서 나를 지키는 수호신을 내가 어디라도 지니고 다닐 수 있게 만든 것이 '마스코트'라는 아주 작고 앙증맞은 신입니다.

② 하나님을 형상화하는 것은 우상입니다.

Q 〈신명기〉 4장 17~18절을 기록해 보세요.

하나님을 그림으로 그려놓고 섬기거나, 예수님의 석상을 만들어 예를 취하거나, 가톨릭처럼 마리아를 석상으로 만들어서 예를 취하는 것은 다 잘못된 것입니다. 십자가도 숭배의 대상이 되면 우상입니다.

십자가가 능력이 있는 게 아니라 십자가에서 우리의 죄를 대신해서 돌아가신 예수 그리스도가 능력이 있는 것입니다. 십자가는 아무것도 아닙니다. 십자가는 사형틀일 뿐입니다. 단지 우리가 그 십자가를 통해서 예수님을 생각하는 것입니다. 십자가를 숭배하거나 십자가가 경배의 대상이 되면 그것도 우상입니다.

우리의 경배 대상은 오직 하나님밖에 없습니다.

③ 하나님보다 사랑하는 것은 우상입니다.

Q 〈디모데전서〉 6장 10절을 기록해 보세요.

돈을 하나님보다 사랑하면 돈이 우상입니다. 자녀를 하나님보다 더 마음에 사랑한다면 그게 우상이 됩니다. 어떤 사람은 지식이 우상이 되고, 어떤 사람은 쾌락이 우상이 되고, 어떤 사람은 건강이 우상이 됩니다. 어떤 사람은 아름다움이 우상이 되기도 합니다.

헛셀 포드라는 목사님의 책에 보면 자기 교회에 있었던 재미있는 일화를 소개합니다. 헛셀 포드 목사님의 교회에 사업을 하는 한 청년이 있었습니다. 몇 번이나 망하고 힘들어 하던 청년이 하루는 "헛셀 포드 목사님, 제가 이번에도 사업을 하나 하려고 하는데 기도해주세요."라고 부탁을 했습니다. 목사님은 그 청년이 하는 사업의 번창을 위해 간절히 기도했습니다.
정말 청년의 사업이 잘되었습니다. 목사님이 기도하고, 하나님이 은혜를 주셔서 잘된 것입니다. 그러나 사업이 잘되자 모범적인 신앙생활을 하던 청년이 어느 순간부터 십일조 헌금을 내는 횟수가 점점 뜸해지더니 결국은 십일조를 내지 않았습니다.
두 번째는 교회 출석하는 횟수가 줄기 시작했습니다. 헛셀 포드 목사님이 그의 사업장을 찾아가서 청년에게 물었습니다. "미스터 베이커, 당신은 왜 요즘 십일조를 하나님에게 드리지 않지요?" 그러자 그 청년은 "목사님, 금액이 적을 때는 드렸는데 금액이 커지니 떼어내기 힘이 듭니다."라고 대답했습니다. "그럼 미스터 베이커 왜 교회 출석은 하지 않지요?" "목사님, 사업장이 여러 군데이다 보니 너무 바빠서 교회 가고 싶은 마음은 있지만 가지 못합니다."

헛셀 포드 목사님이 이렇게 말했습니다. "알았네." 그리고 청년 사업가의 손을 잡고 간절히 기도했습니다. "하나님 아버지, 이 형제의 수입이 너무 커서 십일조를 드리기 어렵다고 하니 수입의 규모를 팍 줄여 주시옵소서. 또한 형제의 사업장이 여러 군데인데다 확장되다 보니 교회 출석에 지장이 많습니다. 교회 출석에 지장이 없도록 사업을 축소시켜 주시옵소서. 예수님의 이름으로 기도합니다." 라고 하려는 순간 청년이 목사님 입을 확 막아 버렸습니다.

"목사님 기도 그만하십시오. 알겠습니다. 알겠다니까요."라고 하더랍니다.

바뀐 것입니다. 자기에게 복을 주신 분은 하나님인데 오히려 사업이 잘되니 하나님은 잊어버리고 받은 복만 생각하니 그의 복이 우상이 되었습니다.

④ 자기 중심적인 사고와 행동이 우상입니다.

Q 〈에베소서〉 2장 2절을 기록해 보세요.

많은 성도들이 하나님을 하나님 되게 두지 않고 내 틀에 하나님을 집어넣습니다. 그러면 자기가 우상이 됩니다. 하나님을 하나의 수단과 방법, 도구로 생각을 하고 본인의 맘대로 하나님을 조종합니다. 마치 이야기책에 나오는 마술 램프의 요정처럼 말입니다.

우리의 신앙생활에서 하나님을 그렇게 섬길 때가 많이 있습니다. 평상시에는 하나님을 섬기지도 않고, 의식하지도 않고, 두려워하지도 않고 살다가 무슨 일을 당하거나 도저히 자신의 힘으로는 해결이 불가능한 일이 생겼을 때에 마치 자기 생각에 맞추듯이 "하나님, 이 문제를 해결해 주세요."라고 기도하는 사람이 있습니다. 하나님을 두려워하지도 않으면서 필요한 것만 부탁을 하고, 보통 때는 필요하지 않는 존재로 하나님을 만들어 버린다면 바로 우리 자신이 우상인 것입니다.

자기의 자존심과 이기심, 자기 생각과 맞지 않으면, 하나님의 영광도 없고, 교회도 없고, 무서워하는 것도 없습니다.

오직 내가 필요할 때만 하나님을 찾습니다. 하나님조차도 내 도구인 것입니다. 참으로 무서운 우상입니다.

⑤ 지나친 탐심이 우상입니다.

Q **〈골로새서〉 3장 5절을 기록해 보세요.**

탐심이 찾아오면 그것 때문에 하나님이 보이지 않습니다. 하나님 앞에 자유롭게 나아갈 수도 없습니다. 그러므로 그 탐심은 굉장한 우상숭배입니다.

탐심은 담쟁이넝쿨과도 같습니다. 담쟁이넝쿨은 어떤 부분이든지 한 번 감싸면 그때부터 전체를 감싸 버립니다. 우리의 신앙생활도 탐심 때문에 송두리째 신앙이 사라지고 넝쿨과 같은 탐심만이 남아 있을 때가 많이 있습니다. 탐심은 분명 우상숭배입니다.

〈O. God〉이라고 하는 유명한 희곡이 있습니다. 이 희곡에서 작가는 '하나님이 천지를 창조하시고 사람을 만드셨는데 왜 옷을 만들어 입히지 않으셨을까?'라고 질문을 던졌습니다. 하나님이 사람을 만드시고 왜 옷을 만들어 입히지 않으셨을까요? 보기 좋기 때문입니까? 혹은 자유를 주기 위해서 입니까? 희곡의 작가는 탐욕의 문제 때문이라고 설명합니다.
인간의 성품으로 보아 하나님이 옷을 만들어 주셨다면 주머니도 만들어 달라고 요구를 했을 것이고, 그다음에 주머니를 만들어 주면 거기에 돈을 채워 넣어 달라고 요구를 했을 것입니다. 하나님이 마음이 약해서 돈을 채워 주시면 인간은 끝없이 하나님에게 더 많은 것을 요구했을 것이기 때문입니다.

탐심이 심각한 것은 삶의 주인이신 하나님을 보지 못하게 만들기 때문입니다. 돈 자체는 악이 아닙니다. 심지어 칼빈은 예수를 믿으며 열심히 일해서 돈도 많이 벌라고 했습니다. 중요한 것은 가난하든 부유하든 삶의 배후에서 삶을 주관하고 계신 하나님과 그의 섭리를 믿고 살아가는 것입니다.

에덴 동산에서 사탄이 사람을 유혹하여 파멸로 이끌 때 사용한 방법이 탐심이었습니다. 먹음직도 하고 보암직도 한 탐스러운 것이라 했습니다. 신앙에 탐욕이 섞이면 하나님이 보이지 않습니다. 입으로는 하나님을 부르는데 그 속에는 진실이 없습니다. 그러기에 성경은 탐심이 죄라고 말합니다. 욕심이 잉태한 즉 죄를 낳고 죄가 장성한 즉 사망을 낳는다고 했고, 바로 그 탐심은 우상숭배라고 말씀했습니다.

2. 제2계명이 우리에게 주는 경고와 약속을 알아봅시다.

① 경고 : 나는 질투하는 하나님이다.

Q 〈출애굽기〉 20장 5절을 기록해 보세요.

질투하는 하나님이라는 말은 하나님이 그만큼 우리를 사랑하신다는 얘기입니다. 질투한다는 것은 아직도 그 사람을 많이 사랑한다는 말입니다. 우리가 비록 죄를 짓고, 우상을 숭배하고, 온갖 나쁜 짓을 하지만 하나님은 여전히 우리를 사랑하고 우리의 사랑을 받기를 원한다는 뜻입니다.

② 약속 : 나는 기억하는 하나님이다.

Q 〈출애굽기〉 20장 6절을 기록해 보세요.

기억하시는 하나님은 우리에게 경고와 약속을 주셨습니다.

"나를 버리고, 나를 사랑하지 않는 자는 그것을 내가 기억한다"고 경고의 말씀을 주시며 죄를 갚겠다고 말씀하셨습니다. 그러나 반대로 "나를 사랑하고 내 계명을 지키는 자에게는 천대까지 은혜를 베풀겠다"고 축복의 말씀을 약속하셨습니다.

1564년 5월 27일은 개혁주의 개신교의 틀을 세운 칼빈이 천국에 간 날입니다. 그는 사랑하는 제자 '배자'의 품에서 하나님의 부르심을 받았습니다.
그는 죽기 전에 배자에게 유언을 남겼습니다.
"절대 내가 죽거든 내 묘지에 비문이나 묘표를 쓰지 말라."
칼빈이 이렇게 말한 이유는 당시에 그를 추종하는 많은 사람들이 있었기 때문입니다.
칼빈의 일평생 신앙의 모토가 'Soli Deo Gloria(오직 하나님께만 영광)'이었습니다. 혹시 자기가 죽었을 때에 자신을 추종하는 사람들이 자기의 무덤 앞에서 자기를 숭배하거나 절을 하거나 그 묘를 신성시할까 하는 마음에 자신의 묘를 후손들이 모르게 하기 위해 묘에 이름을 남기지 말라고 한 것입니다. 장례식도 검소하게 치렀습니다. 칼빈은 삶 전체와 죽음까지도 오직 하나님에게만 영광을 돌리는 바른 예배의 삶을 살았던 것입니다.

하나님은 사랑과 경배를 받는 것을 기뻐하시고 우리를 사랑하십니다. 우리가 하나님만 사랑하고 우상숭배를 하지 않고 그분에게 합당한 영광을 돌린다면, 당연히 하나님은 거기에 합당한 은혜와 복을 우리와 우리의 후손에게 주실 것입니다.

주님과 동행하기

1. 우리의 생활 속에서 우상숭배의 모습을 척결합시다.

① 종교생활이라는 우상을 벗어야 합니다.

Q 〈출애굽기〉 32장 1절을 기록해 보세요.

자신들을 인도할 신을 만들라고 요청하는 백성들의 모습입니다. 마치 자신들의 목표와 욕심을 채우기 위한 가증스러운 인간의 본성을 보는 듯합니다. 바로 하나님을 나를 위해 존재하는 분으로 여기는 모습입니다.

우리가 광야를 지나 가나안으로 가야 하는데 그곳까지 우리를 안전하게 이끌고 가 줄 모세와 같은 존재가 필요하다는 것입니다.

하나님을 이렇게 믿는다면 하나님은 진정한 하나님이 아닌 우리가 만든 우상이 될 수밖에 없습니다.

② 세상 문화라는 우상에 빠지지 않게 노력해야 합니다.

Q 〈다니엘서〉 12장 4절을 기록해 보세요.

현대 사회는 우리가 하나님만 섬기고 사랑하며 살아가는 데 방해 요소가 되는 것들이 너무나 많습니다.

그중 대표적인 것이 현대의 타락한 문화, 하루가 다르게 발전해 가는 과학기술, 그리고 매스컴과 수많은 보도들을 통해 넘쳐나는 정보들이 아닐까 생각합니다.

하루 종일 스마트 폰만 바라보고 살아가는 사람들, 드라마 · 영화 · 스포츠에 빠져 사는 사람들, 과학만 믿고 의지하는 사람들, 그런 사람들로 인해 만들어지는 모든 문화가 세상의 우상이 되고, 그것들이 우리를 파멸로 이끌어가고 있다는 사실을 기억해야 합니다.

③ 타협하는 우상숭배를 범하지 말아야 합니다.

Q 〈고린도전서〉 10장 21~22절을 기록해 보세요.

가끔 상갓집에 가보면 기독교인이라 알려진 사람들이 영정에 덥석덥석 절하는 것을 보게 됩니다. 어떤 종교에서는 제사나 영정에 절하는 것에 매우 관대한 편으로 알려져 있기도 합니다.

우리가 어떤 행동을 했을 때 그것이 명백한 우상숭배의 행위인데 토착 풍속이라고 여기고 스스로를 합리화시키는 것은 엄청나게 큰 죄입니다. 모든 우상숭배의 문제는 우리의 시각이 아닌 성경과 하나님의 시각으로 바라보아야 합니다. 마리아를 경배하는 것이 우상숭배인 이유는 십계명의 제1계명에 위배될 뿐 아니라 마리아가 구원을 줄 수 없기 때문입니다.

우상과 관련된 문제에 있어서는 지나치게 민감해야 할 필요가 있으며 어떤 양보나 타협이 있어서는 안 됩니다.

2. 이것은 꼭 실천해야 합니다.

① 우리 주변에 하나님을 형상화하려는 그림이나 조각품이 있다면 과감하게 제거해 버립시다(영적인 두려움이 있다면 교회 목회자에게 도움을 받으세요).

② 우리에게 하나님보다, 예배드리는 것보다 더 좋아하고 중요하게 여기는 것이 있다면 이미 우상을 섬기는 죄를 범하고 있는 것입니다. 나에게 있는 우상이 무엇인지 구체적으로 살펴보고, 하나님 앞에 마음과 정성을 다해 예배하는 참된 예배자가 되기 위해 노력합시다(돈, 권력, 인간관계, 스포츠, 예술, 오락에 빠져서 하나님을 외면하면 그 모두가 우상입니다).

십 계 명

03 하나님의 이름을 망령되이 부르지 말라

✣ 〈출애굽기〉 20장 7절

7 너는 네 하나님 여호와의 이름을 망령되게 부르지 말라 여호와는 그의 이름을 망령되게 부르는 자를 죄
없다 하지 아니하리라

세상 돌아보기

이름과 별명(Name and Nickname)

이 름		별 명
한 글	한 자	

느낀점

주님 알아가기

최근 일본에서 한 부모가 아이의 이름을 '악마'라고 지었습니다. 이름을 행정 당국에 신고하려고 하니, 그 일을 담당하는 공무원이 신고한 이름을 받아 주지 않았습니다. 그러자 부모가 아이 이름을 등록시키려고 해도 받아 주지 않는다며 국가에 고소를 하였습니다. 드디어 재판이 열렸습니다. 판사가 누구의 손을 들어 주었겠습니까? 판사는 부모가 아닌 담당 공무원의 손을 들어 주었습니다. 아무리 부모지만 아이에게 일평생 고통을 주는 이름을 지어 줄 수는 없다는 것입니다. 아이의 이름을 '악마'라고 선택한 것은 잘못되었다는 것입니다.

사람의 이름은 그 사람의 인격과 본질을 나타냅니다. 하나님의 이름 속에도 특별히 하나님의 본질, 사역, 그분의 인격까지 다 들어가 있습니다. 그렇기 때문에 우리는 하나님의 이름을 부를 때는 각별히 조심해야 하고, 전능하신 하나님의 이름을 잘못 사용하거나 뜻을 모르고 함부로 부르는 실수를 범해서는 안 됩니다.

1. 아브라함에게 알려주신 하나님의 이름에 대해서 알아봅시다.

하나님이라고 하는 이름은 성경에 2500여 회가 나옵니다. 한글 성경에는 그냥 하나님인데, 히브리 성경에서는 '엘로힘'이라고 해서 하나님의 여러 가지 속성 가운데 창조주 하나님이요, 전능하신 하나님을 대표하는 이름으로 나옵니다. 우리가 믿는 하나님은 나를 창조하시고, 천지 만물을 창조하신 전능하신 하나님입니다.

① 지극히 높으신 하나님이라는 뜻의 '엘 엘리온'입니다.

Q 〈창세기〉 14장 22절을 기록해 보세요.

② 전능하신 하나님이라는 뜻의 '엘 샤다이'입니다.

Q 〈창세기〉 17장 1절을 기록해 보세요.

③ 영원하신 하나님이라는 뜻의 '엘 올람'입니다.

Q 〈창세기〉 21장 33절을 기록해 보세요.

④ **스스로 계신 분이라는 뜻의 '여호와'입니다.**

Q 〈출애굽기〉 3장 14절을 기록해 보세요.

모세가 "하나님, 사람들이 당신을 보낸 그 하나님의 이름이 뭐냐고 물으면 제가 뭐라고 할까요?" 하고 묻자 하나님은 영어로는 "I am who I am.", 히브리어로 하면 "에흐예, 아쉐르, 에흐예", "나는 나다", "나는 스스로 있는 자다"라고 말씀하셨습니다. 즉 '하나님은 영원히 존재하는 자로 존재한다'라는 뜻입니다.

하나님은 세상의 다른 신들처럼 사람들에 의해서 만들어진 신이 아닙니다.

하나님은 역사 중간에 있는 분도 아니요, 영원부터 영원까지 스스로 계신 유일하신 자존자, 창조주라는 말씀이 하나님의 이름입니다.

하나님 이전에는 어떤 존재도 없었습니다. 영원부터 영원까지 존재하는 분이 하나님입니다.

주님 바라보기

"여호와 체바호트 되시는 하나님"

미국의 대표적인 카운슬러이자 저술가이며 세미나 강사인 잭 캔필드가 쓴 《내 영혼을 위한 닭고기 스프》라는 책이 있습니다.

그 책에서는 실화를 하나 소개하고 있습니다. 고든과 신디라는 부부가 살고 있었습니다. 그들에게는 타나라고 하는 예쁜 딸아이가 있었습니다. 이 딸아이가 부엌에 있는 오븐 곁에서 놀다가 펄펄 끓는 물 냄비를 건드려서 물이 아이의 얼굴에 다 쏟아져 버렸습니다. 응급차가 와서 급하게 병원으로 가서 대수술을 했습니다. 의사가 나와서 고개를 흔들며 좋지 않은 소식을 전했습니다. 부모가 수술실에 들어가 볼 수도 없답니다.

그때 엄마 신디가 수술실 밖에서 무릎을 꿇고 하나님에게 기도했습니다. "하나님 어떻게 해요? 어떻게 해요? 들어가 볼 수도 없고, 내가 어떻게 해줄 수도 없고. 하나님 어떻게 해요? 하나님이 직접 들어가 주세요. 하나님이 만져 주세요. 하나님이 직접 고쳐 주세요. 하나님이 직접요. 직접요."

이렇게 하나님이 직접 해 달라는 기도를 계속했습니다.

그렇게 한참 기도하는데 누가 등을 툭툭 두드렸습니다. 뒤돌아보니 부부가 출석하는 교회 목사님이었습니다. 목사님은 성도 두 사람과 같이 왔습니다. 목사님은 부부의 손을 잡고 간절히 기도했습니다. 그러고는 "집사님 제가 들어가 보겠습니다."라며 목사님은 성도 두 분과 함께 안으로 들어가 기도를 하고 나왔습니다. 그리고 목사님이 "집사님, 힘내세요."라고 하고 돌아갔습니다.

이튿날 아침, 기적 같은 일이 벌어졌습니다. 부부가 아이를 만나러 들어갔는데 깜짝 놀랐습니다. 수술한 자국은 있었지만 화상은 씻은 듯이 나은 것입니다. 아이의 얼굴이 화상의 흉터 없이 아주 깨끗했습니다. 그제야 부부는 정신이 좀 들었습니다.

그때 마침 목사님이 오셨습니다. 막 어제 일이 생각나서 "목사님, 어제 목사님과 같이 온 두 분이 누구십니까?"라고 물었습니다. 그러자 목사님이 이상한 눈으로 "집사님, 무슨 말씀이세요, 어제 두 명이라니요? 저는 어제 집사님 한 분과 같이 왔습니다." "아니에요. 분명히 어제 목사님은 두 분과 같이 오셔서 우리 아이 수술실에 들어가셨어요." "아닙니다. 집사님, 저는 어느 집사님 한 분과 왔었어요." 두 사람이 실랑이를 하다가 목사님이 빙그레 웃으면서 말했습니다. "집사님, 제가 생각하기에는 하나님이 직접 오신 것 같습니다. 여호와 체바호트 되시는 하나님이 우리에게 천사를 보내 주신 것 같아요."라고 이야기했습니다.

그때서야 신디가 울며 얘기했습니다. "아 맞아요, 목사님. 제가 깜박 잊었어요. 제가 어제 하나님이 직접 도와 달라고 기도했거든요."

신비주의가 아닙니다. 교회에서 무슨 신비로운 이야기를 한다고 생각하지 마십시오. 시대가 아무리 변해도 하나님을 하나님으로 모시고 하나님의 능력을 체험한다면 우리에게도 이런 기적 같은 일이 임할 것입니다. 여호와의 이름을 경외하는 우리에게 하나님이 함께하실 것입니다.

1. 하나님의 이름을 높인다는 것은 어떤 의미가 있을까요?

① 하나님을 유일한 창조주로 믿는다는 것입니다.

Q 〈사도행전〉 17장 24절을 기록해 보세요.

하나님을 믿고, 그분을 섬기며 살아가는 성도라면 가장 먼저 하나님의 창조하심을 믿어야 합니다. 우리는 이 아름답고 놀라운 우주를 바라보며 그것들을 창조하신 창조주 하나님을 바라볼 수 있어야 합니다.

이 세상과 우리를 창조하신 하나님을 믿는 믿음 위에서 우리 삶의 모든 가치관과 목표를 새롭게 하여야 합니다. 그때 하나님은 천지 만물을 창조하신 말씀으로 비로소 우리의 삶을 새롭게 빚어주시고, 아름답게 바꾸어 주실 것입니다.

② 하나님을 유일한 경배의 대상으로 섬긴다는 것입니다.

Q 〈신명기〉 6장 4~5절을 기록해 보세요.

하나님의 이름을 경외하고, 그 이름을 높이는 것입니다. 다른 어떤 것도 우리의 경배 대상이 될 수 없으며, 유일한 한 분 하나님만이 우리의 경배의 대상, 찬양의 대상, 기쁨의 대상이 될 수 있습니다.

③ 하나님을 우리의 주인으로 고백한다는 것입니다.

Q 〈이사야서〉 43장 1절을 기록해 보세요.

하나님의 이름을 존중한다는 것은 그분을 우리의 주인으로 고백하는 것입니다. 하나님을 세상 모든 만물과 우리의 인생과 지금 우리의 형편을 만드시고 이루어 가시는 분으로 인정하고, 경배하는 것입니다.

의사인 필립 얀시와 폴 브랜드가 지은 《나를 지으신 하나님의 놀라운 손길》이라는 책을 보면 폴 브랜드가 의사로서 자기의 감격적인 체험을 글로 써 놓았습니다. 책에서 그는 처음으로 자기가 의사가 된 후 현미경으로 살아 있는 세포를 관찰했을 때에 그 충격과 감동을 평생 잊지 못한다고 고백합니다.

"창조주 하나님을 함부로 망령되이 부른다는 것은 한 마디로 하나님이 인간을 창조하심을 믿지 않고, 하나님에게 엄청난 불경죄를 짓는 것과 더불어 믿음이 없다는 말이다. 살아 있는 한 세포의 존재, 그 신비를 들여다보는 것만으로도 우리는 신비스러움에 놀라 종일토록 경탄과 감격을 말해도 24시간이 모자랄 것이다. 9개월 동안 정교한 방법으로 기능을 나누는 세포들, 수십 억 개의 혈구가 생겨나고, 수백 만 개의 관상체와 원추체가 생겨나는데, 오직 한 개의 수정된 난세포에서 10조 개에 이르는 세포가 생성된다. 그리고 마침내 한 생명이 태어난다. 도대체 그 무엇으로 이 생명의 신비를 설명할 수 있다는 말인가?"

2. 성경에 나타나는 하나님의 이름들에 대해서 알아봅시다.

① 엘 샤다이 : 전능하신 하나님

Q 〈창세기〉 28장 3절을 기록해 보세요.

전능하신 하나님입니다. 불가능을 가능케 하는 하나님입니다. 우리가 하나님을 두려워하고, 의지하고, 경외할 때 우리의 인생에서 하나님이 모든 불가능을 가능케 해 주시겠다는 것입니다.

인생을 살다 보면 사람이 할 수 있는 부분보다 할 수 없는 부분이 더 많습니다. 절망할 일이 한두 가지가 아닙니다. 그럴 때에 하나님을 경외하는 우리에게 '엘 샤다이'의 전능하신 하나님이 우리를 도와 모든 것을 가능케 해 주시겠다는 것입니다.

② 엘 올람 : 영원하신 하나님

Q 〈이사야서〉 40장 28절을 기록해 보세요.

우리에게 보다 나은 미래로 향하게 하시는 하나님입니다. 하나님은 영원하시기에 우리의 모든 미래에 대해서 알고 계시며, 우리의 미래를 책임져 주실 수 있는 분입니다.

③ 엘 엘리온 : 지극히 높으신 하나님

Q 〈창세기〉 14장 19절을 기록해 보세요.

성공과 축복의 근원이신 하나님이십니다. 하나님은 가장 높으신 분입니다. 곧 지극히 높으신 하나님이 모든 것을 다스리신다는 것과, 우주 가운데서 그 어떤 일도 하나님의 허락 없이는 일어날 수 없다는 것을 의미합니다.

④ 엘 칸나 : 질투하시는 하나님

Q 〈신명기〉 4장 24절을 기록해 보세요.

부정적인 의미로 질투한다는 것이 아닙니다. 질투가 극에 달해서 죽여 버리거나 멸망시켜 버리겠다는 의미도 아닙니다. 오히려 너무 사랑하는 나머지 질투한다는 우리를 향한 지극한 사랑의 의미를 담고 있습니다.

⑤ 여호와 이레 : 준비하시는 하나님

Q 〈창세기〉 22장 14절을 기록해 보세요.

인생에 위기가 없는 사람은 없습니다. 미래는 한 치 앞도 알 수 없습니다. 그러나 하나님을 경외하고 하나님의 이름을 높이는 자에게는 하나님이 미래를 준비해 주시는 줄 믿어야 합니다.

⑥ 여호와 로이 : 목자이신 하나님

Q 〈시편〉 23장 1절을 기록해 보세요.

부족한 것이 많은 우리의 삶 속의 빈틈을 채워 주십니다. 우리의 불안한 마음들을 달래주십니다. 부족하고 잘못되고 사악한 모든 세력들과 허무 속에 사는 우리를 쉴 만한 물가로 인도하시는 분입니다.

⑦ 여호와 닛시 : 승리의 하나님

Q 〈출애굽기〉 17장 15~16절을 기록해 보세요.

도저히 불가능할 것 같고, 내세울 것 없고, 부족한 것밖에 없는 우리를 승리케 하시고 우리에게 승리의 깃발을 들려주시는 하나님입니다.

⑧ 여호와 라파 : 치료하시는 하나님

Q 〈출애굽기〉 15장 26절을 기록해 보세요.

우리의 삶을 치료하시는 하나님입니다. 우리의 아픔, 상처, 고통, 말할 수 없는 어떤 문제에서도 우리를 치료하시고, 싸매어 주시고, 낫게 하시는 하나님입니다.

⑨ 여호와 삼마 : 지금도 거기 계신 하나님

Q 〈에스겔서〉 48장 35절을 기록해 보세요.

우리가 절망 가운데 있을 때에는 '이곳에는 아무도 없다. 남편도 없고, 아내도 없고, 자식도 없다. 날 도와줄 친구도 없고, 부모도 없다.'라고 생각합니다. 이렇게 아무도 없다고 생각하는 그 순간에도 하나님은 늘 그곳에 계십니다. 내가 하나님을 의지할 때 하나님이 함께 계신다는 것입니다.

⑩ 여호와 치드케노 : 의로우신 하나님

Q 〈시편〉 7편 9절을 기록해 보세요.

하나님은 모든 인간에게 깊은 애정을 가지고 계십니다. 항상 따뜻한 마음과 사랑의 음성으로 우리를 위로하시며, 정의로 세상을 다스려 우리에게 참 자유를 허락하시는 분입니다.

⑪ 여호와 샬롬 : 평강의 하나님

Q 〈사사기〉 6장 24절을 기록해 보세요.

인생의 어떤 경우에도 하나님이 주시는 평화와 평강이 넘쳐나게 된다는 것입니다.

⑫ 여호와 카데쉬 : 거룩하신 하나님

Q 〈이사야서〉 5장 16절을 기록해 보세요.

어둠이 없으시며, 온전한 빛이신 하나님은 거룩하시며 죄인 된 우리의 입에 그 이름조차 올리기 어려운 존귀하신 분입니다.

⑬ 여호와 체바호트 : 주인이신 하나님

Q 〈사무엘상〉 17장 45절을 기록해 보세요.

위대한 능력의 칭호입니다. 만군의 주(The Lord of Hosts)란 물질세계와 영적세계 전체를 다스리시는 하나님의 주권 능력을 강조하는 이름입니다. 군대의 사령관과 같이 우리의 인생을 지휘하시는 하나님이라는 뜻입니다.

세 번째 계명은 우리가 삶에서 하나님을 어떻게 모시느냐 하는 계명입니다. 내가 하나님을 나의 도구로 모시느냐, 하나님을 업신여기느냐, 믿기는 믿는데 세상에 헛된 우상처럼 주술적으로 믿느냐 하는 것입니다. 내가 진심으로 하나님을 하나님으로 모시고 그분을 바라볼 때에 하나님은 우리 인생에 놀라운 기적과 역사를 주실 줄로 믿습니다.

옛날에는 우리 신앙의 선배들뿐만 아니고 일반인들조차도 자기가 존경하는 분과 부모님의 이름을 함부로 부르지 않았습니다. 그래서 이름 외에 '호'를 붙이거나 호로 그 사람을 칭하여 존경의 뜻을 표했습니다.

우리가 인간인 부모님이나 존경하는 사람도 그렇게 높여서 부르는데 우리 인생의 창조주요, 주인 되신 하나님의 이름을 망령되이 부른다고 하는 것은 한 마디로 하나님을 업신여기는 것입니다. 이는 더 나아가서 하나님에 대한 신앙이 확실하지 않은 것으로 볼 수 있습니다.

주님과 동행하기

1. 하나님의 이름을 망령되이 일컫지 않으려면 어떻게 해야 할까요?

① 하나님의 이름을 나쁜 일에 사용해서는 안 됩니다.

Q 〈사도행전〉 19장 13절을 기록해 보세요.

어떤 사람들은 하나님의 이름을 점이나 요술과 같은 곳에 사용하기도 합니다. 또한 점쟁이 중에 예수님 그림을 갖다 놓고 점을 치는 점쟁이도 있다고 합니다. 참 아이러니한 일입니다. 자신들이 생각할 때 예수님이 신 중에 제일 높으신 분이라고 생각하기 때문에 이렇게 하는 것입니다. 이것 전부가 하나님을 세상에 헛된 신들과 똑같이 취급해 버리는 엄청난 죄입니다.

② 하나님 이름을 오용하거나 남용해서는 안 됩니다.

Q 〈말라기〉 1장 6절을 기록해 보세요.

하나님의 이름을 오용하거나 남용한다는 것은 함부로 욕할 때나 그냥 무심결에 그 이름을 말하는 것입니다. 성도들 중에 '주여, 주여'를 입에 달고 다니는 사람이 있습니다. 굉장히 허탈하고 어렵고 놀랄 만한 상황에서 아무런 의식 없이 "오 주여, 주여"를 함부로 불러서는 안 됩니다.

③ 하나님의 이름으로 거짓 예언을 해서는 안 됩니다.

Q 〈민수기〉 22장 6절을 기록해 보세요.

성도들 중에는 "하나님이 이렇게 말씀하셨어."라며 자기 말을 가지고 마치 하나님이 말씀하신 것처럼 이야기하는 사람이 있습니다. 이런 것들이 다 하나님 앞에 엄청난 죄를 범하는 것입니다. 심지어 개인적인 느낌이나 생각을 하나님의 뜻이라고 말하는 성도도 있습니다. 이것도 죄를 범하는 것입니다.

④ 거짓 맹세에 하나님의 이름을 사용해서는 안 됩니다.

Q 〈마태복음〉 5장 34~35절을 기록해 보세요.

하나님의 이름으로 맹세하면서 순간적으로 위기를 모면하려는 사람이 있습니다. 이것은 하나님을 정말로 자신의 도구로 만들어 버리는 것입니다.

과거 청문회 때 옷 로비 사건을 기억하는 분이 계실 것입니다. 사건의 당사자는 모 대기업 회장의 부인인데, 권사라고 하면서 성경책에 손을 얹고 "내가 떳떳하다는 것을 하나님 앞에 맹세하겠습니다."라고 이야기했습니다. 그러나 나중에 보니 그것은 거짓이었습니다. 이것은 엄청난 죄입니다. 하나님 앞에 회개해야 됩니다. 절대 하나님 이름으로 맹세하지 마십시오. 순간적인 위기를 모면하기 위해서 아무리 억울한 일을 만난다 하더라도 "내가 하나님 이름으로 맹세한다."고 하면 안 됩니다.

⑤ 하나님의 모든 말씀을 진지하게 대해야 합니다.

Q 〈사도행전〉 6장 7절을 기록해 보세요.

하나님이 우리에게 하신 말씀을 예사로 대하거나 거역하거나 소홀히 취급하는 것도 하나님의 이름을 망령되이 일컫는 것입니다. 하나님과 관련된 부분은 늘 경외하고 조심해야 됩니다.

교회에서 '성'자와 관련된 것을 조심하라고 강조하는 것이 바로 그 이유입니다. '성전', '성직자', '성물' 이것들은 모두 하나님과 깊이 관련된 것입니다.

2. 우리의 하나님은 어떤 분이신가를 생각하면서 이렇게 살아봅시다.

① 하나님의 이름을 진실성 없이 망령되게 부르지 맙시다.

예 일을 하다가 실수했을 때 "오! 주님", "아버지" 라고 습관적으로 말하지 맙시다.

② 교회 밖에서 하나님을 모르는 사람과 중요한 약속을 할 때 절대로 하나님의 이름으로 맹세하는 행동은 하지 맙시다.

예 진짜 꼭 약속을 지킬게. 하나님 이름으로 맹세할게.

③ 하나님의 이름을 주술적으로 사용하지 말고 오직 하나님을 향한 순수한 기도와 찬양과 감사 등에만 사용합시다.

안식일을 기억하여 거룩하게 지키라

✣ 〈출애굽기〉 20장 8~11절

8 안식일을 기억하여 거룩하게 지키라 9 엿새 동안은 힘써 네 모든 일을 행할 것이나 10 일곱째 날은 네 하
나님 여호와의 안식일인즉 너나 네 아들이나 네 딸이나 네 남종이나 네 여종이나 네 가축이나 네 문안에
머무는 객이라도 아무 일도 하지 말라 11 이는 엿새 동안에 나 여호와가 하늘과 땅과 바다와 그 가운데 모
든 것을 만들고 일곱째 날에 쉬었음이라 그러므로 나 여호와가 안식일을 복되게 하여 그 날을 거룩하게
하였느니라

세상 돌아보기

나의 삶의 우선순위를 정해 적어 보세요.

내 용	순위
1. 경건의 삶: 기도하고 성경을 읽으며 하나님과의 동행을 우선으로 하자.	
2. 성실한 일꾼: 일을 잘하든 못하든, 남이 알아주든 알아주지 않든 사역지에서 최선을 다하는 성실한 일꾼이 되자.	
3. 가정을 온전히 가꿈: 화초 가꾸듯 가정을 정성껏 가꾸자.	
4. 다른 사람을 사랑하는 것: 때를 얻건 못 얻건 기회만 주어지면 복음을 전하자.	

주님 알아가기

미국의 유명한 잡지인《크리스천 다이제스트》에 미국 역대 대통령들의 신앙생활을 소개하고 있습니다. 그들 가운데 독립전쟁을 하였던 독립의 아버지 조지 워싱턴은 전쟁 중 상황이 아무리 바쁘고 위기 속에 있을지라도 꼭 주일을 지키려고 노력을 했다고 합니다.

남북전쟁 때 아브라함 링컨은 말할 것도 없습니다. 1차 세계대전 때 윌슨 대통령도 국가와 민족을 위하여 기도하고 늘 주일은 자기가 섬기는 교회에 가서 예배를 드렸다고 합니다. 19대와 20대의 대통령이었던 가필드 역시 사람들 앞에 "내가 대통령으로서 해야 할 가장 중요한 일은 주일에 교회에 가는 것입니다."라고 이야기했다고 합니다.

뿐만 아니라 루스벨트 대통령, 30대 쿨리지 대통령 등도 모두 하나같이 주일을 거룩하게 지킨 대통령이었습니다. 33대 트루먼 대통령은 평일에 중요한 업무가 있어도 낚시를 한다고 호수에 가서 앉아 있으면 중요한 일을 다 잊어 버릴 정도로 낚시를 좋아했다고 합니다. 그러나 이러한 트루먼 대통령도 주일만큼은 낚싯대를 손에서 놓고 주일을 지켰다고 합니다.

1. 안식일의 의미를 살펴봅시다.

① 하나님의 창조 사역을 기념하는 날입니다.

Q 〈출애굽기〉 20장 11절을 기록해 보세요.

"네 창조주 하나님이 6일 동안 이 땅을 만드시고 7일째 되는 날 쉬셨는데 그것을 기념하여 안식하라."고 하셨습니다. 쉬라는 의미는 하나님이 창조하신 위대한 사역을 기억하며, 하나님을 창조주로 고백하고 그분을 기념하라는 뜻입니다.

전지전능하시고, 피곤하시지도 주무시지도 졸지도 않으시는 하나님이 6일 동안 만물을 창조하시고 "아~ 힘들다. 이제 좀 쉬자."라는 의미로 쉬게 하는 것이 아니라는 것입니다.

② 우리가 죄의 권세로부터 해방된 것을 기념하는 날입니다.

Q 〈신명기〉 5장 15절을 기록해 보세요.

신명기에서는 애굽 땅에서 종 되었던 너희를 구원하여 주신 하나님을 기억하며 안식일을 지키라고 하였습니다. 안식일을 기억하고 지키는 것을 하나님이 애굽에서 이스라엘 백성을 구원하여 주신 것을 기억하는 것이라 한다면 그것은 우리와는 아무런 상관이 없습니다. 단지 유대인들만 구원해 주신 것이니까요. 그러나 우리는 이것을 죄와 사망으로 완전히 죽을 수밖에 없는 우리를 하나님이 예수 그리스도로 말미암아 구원해 주신 것으로 해석해야 합니다. 즉, 안식일을 기억하고 지키는 것은 하나님에게 감사하고, 그분을 기억해야 함을 의미합니다.

창조주 하나님을 기념하는 것과 우리를 구원하신 하나님의 놀라우신 구원의 은총에 감사하고, 그것에 감격해서 기념하는 것, 이것이 바로 안식일입니다.

일본 센다이에 가면 '사토 요베'라는 유명한 식당이 있습니다. 사토 요베는 식당을 운영하는 주인 이름입니다. 지금도 그 식당은 성업 중입니다.
그 식당의 문 앞에는 '주일에는 휴업합니다'라는 문구가 붙어 있습니다. 이렇게 주일마다 문을 닫자 장사에 지장이 참 많았습니다. 그렇지만 사토 요베 씨는 잘되지 않을 때에도 인내하며 정직하고 성실하게 가게를 운영했습니다.
그래서 지금 그의 식당은 미국, 일본에서 가장 잘되는 식당 중에 하나가 되었고, 수십 군데에 지점을 내고 일본에서 가장 큰 목장을 인수하기도 했습니다. 주인 사토 요베 씨는 이런 이야기를 글로 남겼습니다.
"주일은 제 날이 아니라 하나님의 날입니다. 하나님을 기념하며 제가 영의 양식을 공급받는 날이므로 모든 일을 다 중지하고 영혼의 양식을 받으러 가는 일에 주력합니다."

주님 바라보기

"아더 미다스" (미국의 10대 부호)

아더 미다스라는 유명한 장로님이 계십니다. 그분은 미국의 10대 부호 중 한 명입니다. 하나님이 장로님에게 얼마나 많은 물질의 복을 주셨는지 장로님은 선교재단을 설립하는 데 8천 4백억 원을 기증했습니다. 미국 역사상 가장 많은 기부 금액입니다.
우리나라 교회 청년들 가운데 C.C.C 선교단체 출신들이 많이 있습니다. 한국 C.C.C 선교단체에도 50만 달러를 기부했습니다. 여러 교회와 선교단체에 작게는 몇 만 불씩, 많게는 수백 만 불까지 기부한 대단한 부자입니다.
장로님이 미국의 10대 부호일 때 기자들이 찾아와서 "아더 미다스 씨 당신의 성공 비결이 무엇입니까? 우리가 볼 때 8천 4백억 원씩이나 기부를 했는데도 당신은 여전히 부자이며 오히려 더 많은 복을 받는데, 도대체 그 이유가 무엇입니까?"라고 질문했습니다.

그러자 장로님이 답했습니다.

"나는 다섯 가지 인생철학을 가지고 있습니다. 그 다섯 가지 인생철학이 나를 거부가 되게 했고, 이 땅에서 성공한 인생이 되게 했습니다. 나의 인생이 성공할 수 있었던 첫 번째 비결은 주일을 거룩하게 지키는 것입니다. 두 번째 비결은 하나님의 명령하신 대로 온전한 십일조와 헌금 생활을 한 것입니다. 세 번째는 무슨 일을 시작할 때에 내 모든 주인이 되시는 하나님께 간단하게라도 기도를 하고 시작한 것입니다. 네 번째, 내 삶뿐만 아니라 내 가정의 주인으로 예수님을 늘 모시고 살아온 것입니다. 마지막 다섯 번째 비결은 하나님이 주신 시간과 돈을 서원한 사업에 사용하는 것입니다."

그러면서 이렇게 정리했습니다.

"하나님은 우리 모두가 성공적인 인생을 살기를 원하십니다. 이것이 하나님의 뜻입니다. 그러나 우리는 인간적인 생각으로 하나님을 두려워하지 않고 자기 멋대로 판단하고 하나님의 뜻에 순종하지 않기 때문에 풍요로운 삶을 누리지 못합니다. 하나님의 뜻대로 하지 않으면 처음에는 잘되는 것 같다가도 결국 실패한 인생이 되는 것입니다. 나는 이 다섯 가지의 원칙을 지켰기에 성공한 인생을 살았습니다."

1. 구약의 안식일을 신약에서 주일로 지키는 이유는 무엇입니까?

① 예수님이 부활하신 날이 주일이기 때문입니다.

Q 〈마가복음〉 16장 9절을 기록해 보세요.

예수님이 우리의 구원을 완성하신 날은 바로 구약의 안식 후 첫 날, 지금의 주일입니다. 구약에서 가장 큰 사건은 하나님이 천지 만물을 창조하신 것입니다. 또한 신약에서 가장 위대한 사건은 예수님이 십자가에서 달려 죽으시고 사흘 만에 다시 살아나신 부활의 사건입니다.

② 안식일의 주인이신 예수님을 따라다녔던 사도들이 주일을 지켰기 때문입니다.

Q **〈요한복음〉 20장 19절을 기록해 보세요.**

초대교회 지도자들은 안식일의 주인이신 예수님을 따라다녔던 자들입니다. 그들은 예수님의 죽음과 부활을 직접 보았습니다. 3년 내내 예수님을 따라다니며 예수님의 가르침을 받으면서 그분이 어떻게 했는지를 살펴보았습니다. 제자들은 자연스럽게 예수님의 가르침을 받고 예수님이 하셨던 것처럼 안식일을 주일로 지킨 것입니다. 오늘날 안식일을 주일로 지키는 것은 초대교회 때부터 내려왔던 전통을 이어가는 것입니다.

③ 오순절 성령이 임하시고 초대교회가 처음 시작된 날이 주일이기 때문입니다.

Q **〈사도행전〉 2장 1절을 기록해 보세요.**

당시 초대교회의 가장 큰 기쁨은 주님이 부활하신 것이었습니다. 그 부활을 기뻐하며 하나님에게 영광을 돌리기 위하여 함께 모여 예배를 드렸습니다.

2. 주일을 어떻게 지켜야 하는지 알아봅시다.

① 기억하여 지켜야 합니다.

Q 〈출애굽기〉 20장 8절을 기록해 보세요.

우리를 구원하신 하나님을 찬양하고 감사하라는 것입니다. 주일은 기념일입니다. 기념일은 기쁨의 날입니다.

우리는 광복절이 되면 우리나라가 광복한 것을 기억합니다. 한글날이 되면 세종대왕을 생각하고 한글에 대한 고마움을 생각하며 경축합니다.

주일은 세상을 창조하시고 우리를 구원해주신 하나님이 바로 나의 하나님임을 고백하고, 그분을 경배하고 날 구원하여 주신 하나님에게 감사하며 기쁜 날을 감격하는 마음으로 찬양하는 것입니다.

② 예배하며 감사함으로 지켜야 합니다.

Q 〈시편〉 100편 1~2절을 기록해 보세요.

주일을 지키는 것은 구원에 대해, 하나님의 보호와 인도하심에 대해, 대속해주신 은혜에 대해 찬양하고 기억하며 감사함을 고백하는 것입니다.

③ 기쁨으로 찬양하며 지켜야 합니다.

Q 〈시편〉 101편 1절을 기록해 보세요.

안식일은 쉼이 있는 날입니다. 안식일은 세상의 일을 하지 않고 주님의 일을 하는 날입니다. 안식일은 가족의 날, 효도의 날이기도 합니다. 그러므로 여러분들은 가정에 가서 아름다운 시간을 마음껏 보내세요.

우리들이 주일을 거룩하게 지키지 못하게 방해되는 것이 있으면 정리하고 결단해야 합니다. 어떤 사람은 골프 치는 것 때문에 주일날 예배 드리는 것에 부담을 느끼기도 합니다. 취미생활 등이 주일에까지 영향을 준다면 반드시 단절해야 합니다. 하나님 앞에 거룩함으로 예배하는 일에 방해가 된다면 그 부분은 결단하고 정리해야 합니다.

④ 6일 동안 우리의 일상에서 최선을 다해 일하고 노력하며 지켜야 합니다.

Q 〈출애굽기〉 20장 9절을 기록해 보세요.

제4계명에는 6일 동안은 힘써 열심히 일하라는 내용이 있습니다. 성도들은 사업장에서도 최선을 다해야 합니다. 직장의 일에도 최선을 다해야 합니다. 주부들은 가정에서, 또 학생들은 학교에서 공부하는 일에 최선을 다해야 합니다. 이는 예외가 없습니다.

3. 주일을 거룩하게 지키면 하나님이 책임져 주십니다.

Q 〈이사야서〉 58장 13~14절을 기록해 보세요.

하나님은 일주일에 하루씩 쉬는 것에 대해서는 하나님이 책임져 주시겠다 말씀하셨습니다. 하루 더 부지런을 떨어봤자 달라질 것이 없습니다. 성도에게는 안식과 함께 주님에게 영광을 돌리며 하루를 보내는 것이 최고의 휴식입니다. 우리가 주님과 함께 주님의 안식에 동참하며 주일을 거룩하게 지키면 하나님은 우리의 삶을 책임져 주십니다.

《참된 행복의 기대》라는 책에 보면 서울 경복고등학교에 다니는 '이영표' 학생의 이야기가 있습니다. 이영표 학생은 고등학교 1학년 때 예수님을 영접하였습니다. 열심히 신앙생활을 하다가 이제 온전히 주일을 지키기 위해 주일에 공부를 하지 않겠다고 결심을 하였습니다.

그때 이영표 학생의 성적은 반에서 중간 정도였습니다. 고등학교에 처음 들어갔는데 아이가 이렇게 주일에 공부를 하지 않겠다고 하니 부모님은 화가 났습니다. 그러자 이영표 학생이 말했습니다.

"엄마아빠, 두 달만 지켜봐 주세요. 만약 두 달 동안 제가 성적이 떨어지면 그때는 교회에 나가지 않겠습니다."

그런데 그 당시 경복고등학교는 매일 아침마다 시험을 쳤습니다. 매일매일 최선을 다해서 공부를 해야만 시험을 잘 칠 수 있었습니다. 주일도 예외

일 수는 없었습니다.

그런데 다행스럽게도 이영표 학생은 두 달 동안 매일 조금씩 성적이 올라갔습니다. 반에서 중간 정도의 성적이었던 이영표 학생이 두 달 뒤에는 마침내 반에서 10등 안에 든 것입니다. 그렇게 3학년이 되었습니다. 지금까지는 문제가 없었는데 입시전쟁으로 정신이 없는 3학년이 되었습니다. 이영표 학생이 어느 정도 성적이 오르니 부모님도 욕심이 생겨 아들을 더 죄기 시작했습니다.

"영표야, 대학 들어가고 열심히 교회 다니면 되는 것 아니냐. 올해만 참아라." 이영표 학생이 또 부모님께 부탁을 했습니다.

"부모님 두 달만 지켜봐주세요."

이영표 학생은 지금까지 해왔던 것보다 더 집중해서 최선을 다해 공부했습니다. 6일 동안 공부하는데, 1주일 동안 성적이 월요일에는 10등, 화요일에는 9등, 수요일에는 5등, 목요일에는 3등, 금요일에는 1등이 되었습니다. 그는 3학년이 되어 부모님의 핍박에도 여전히 평일에 최선을 다해서 집중하여 공부를 한 덕에 졸업 때는 전교 수석으로 졸업을 했답니다.

이영표 학생은 나중에 서울대 의대를 졸업하고 의사가 되었습니다.

최근에 그는 인터뷰를 했는데 "당신은 어떻게 해서 그렇게 주일날 공부도 하지 않고 여기까지 올 수 있었습니까?" 하고 기자가 물었습니다.

그러자 그는 이렇게 말했습니다.

"많은 시간을 책상 앞에 앉아 있는다고 공부가 되는 것은 아닙니다. 공부는 얼마나 최선을 다하고 집중하느냐의 문제입니다. 주님께 기도하면 집중이 잘 되었습니다. 나는 주님과 영광스럽게 지낼 수 있는 주일을 지키기 위해 남은 엿새 동안은 정말 목숨을 걸고 최선을 다해서 공부했습니다."

주님과 동행하기

1. 거룩한 주일을 위해서 실천해 봅시다.

① 준비된 마음으로 주일을 준비해야 합니다.

Q 〈요한복음〉 4장 24절을 기록해 보세요.

사모하는 마음으로 정성껏 주일을 준비해야 합니다. 전날부터 목욕도 하고 청소도 하며 갈아입을 새 옷도 준비하는 등 몸과 마음을 정결케 해야 합니다. 예물이나 다른 필요한 것, 우리가 해야 할 것들을 위해 정성스럽게 준비하고 기도하며 사모함으로 주일을 기다려야 합니다.

② 온전한 주일을 지켜야 합니다.

Q 〈출애굽기〉 20장 11절을 기록해 보세요.

주일은 우리 주님의 날입니다. 그분에게만 영광을 돌리고, 기뻐해야 합니다. 아무리 바쁘고, 중요한 일이 있어도 예배와 주일 성수는 철저히 지켜야 합니다.

③ 우리의 즐거움을 구하지 말아야 합니다.

Q 〈출애굽기〉 20장 10절을 기록해 보세요.

안식일은 우리의 즐거움을 채우기 위한 날이 아닙니다. 우리의 만족과 유익을 위해 안식일을 함부로 범하며, 하나님의 방법이 아닌 우리의 방법대로 지키게 된다면, 안식일은 더 이상 창조와 부활을 기념하는 날로 여겨지지 않을 것입니다.

2. 안식의 4가지 원리를 실천해 봅시다.

《풍부의 법칙》이라는 책에 보면 안식의 4가지 원리가 있습니다. 이 원리대로 한 주간의 삶을 살고 점검해 봅시다.

안식의 4가지 원리	자기 점검표		
	매우 그렇다	그렇다	아니다
1. 어떤 일을 정신없이 일주일간 최선을 다하다가 주일에는 잠시 멈추었습니다(멈춤입니다).			
2. 하나님을 신뢰하며 '하나님이 책임지실 것이다.' 라는 마음으로 하나님 앞에 내려놓고 쉬었습니다(쉼입니다).			
3. 거룩하게 하나님 앞에 예배함으로 하나님이 주시는 재충전의 은혜를 받았습니다(받는 것입니다).			
4. 주일은 축제의 날이며 잔치의 날임을 경험하였습니다(축제입니다).			

십 계 명
05

네 부모를 공경하라

✣ 〈출애굽기〉 20장 12절

12 네 부모를 공경하라 그리하면 네 하나님 여호와가 네게 준 땅에서 네 생명이 길리라

세상 돌아보기

부모님이 살아 계실 때 꼭 해야 할 효도는 무엇이라고 생각합니까?

실천 사항	실행 여부
1. 사랑한다고 자주 고백하자. 쑥스러우면 편지라도 쓰자.	
2. 늙음을 이해하자. "너도 늙어 봐라."는 소리는 듣지 말자.	
3. 웃음을 선물하자.	
4. 용돈을 꼭 챙겨 드리자. 부모님의 통장 만들어 드리자.	

5. 부모님에게도 일거리를 드리자. 생의 의미를 발견하게 하자.	
6. 이야기를 자주해 드리자. 부모님들이 간절히 원하는 것은 말 상대다.	
7. 밝은 표정은 부모님을 대하자. 밝은 낯빛으로 위로를 드려야 한다.	
8. 정기적으로 건강검진을 해 드리자.	
9. 작은 일도 상의하고 문안 인사를 잘 드리자. 사소한 일이라도 자주 상의 하고 집에 들어오면 안부를 물어라.	
10. 부모님의 방식을 인정해 드리자. '부모님 인생은 부모님의 것'임을 잊어서는 안 된다.	

"네 부모를 공경하라"는 것은 하나님이 우리에게 주신 중요한 명령입니다. 늘 이 명령을 기억하면 우리들의 마음속에 있는 생각이나 행동들이 바뀌어 축복의 통로인 부모님을 통하여 여러분과 여러분의 후손들까지도 주님의 놀라운 은혜로 형통케 되고 잘되는 복을 경험하게 될 것입니다.

주님 알아가기

"딸아이를 변화시킨 효행" (충신교회 구영천 목사님 가정)

충신교회를 담임하는 구영천 목사님에게는 성격도 거칠고 부모님에게 반항하고 공부도 제대로 하지 않는 굉장히 문제가 많은 딸아이가 있었습니다. 구영천 목사님의 어머님이 많이 편찮으셔서 어머니를 집으로 모시고 오게 되었는데, 이 일로 딸아이는 싫다고 난리가 났습니다.

할머니는 한 번씩 정신이 나갈 때도 있었고, 누군가는 할머니의 대소변을 받아내야 했습니다. 그런데 이상한 일이 벌어졌습니다. 일 년, 이 년이 지나면서 아이가 바뀌기 시작하는 것입니다. 할머니가 교육한 것도 아니고 할머니가 무슨 일을 벌인 것도 아닌데 말입니다. 한번은 어버이 주일날 손녀가 할머니께 쓴 편지를 구영천 목사님이 우연히 보게 되었습니다. 그 편지의 내용이 이러했습니다.

"할머니 진심으로 어버이날을 축하해요. 할머니가 처음 집에 왔을 때 솔직히 나는 너무너무 싫었어요. 그런데 지금은 시간이 지나면 지날수록 할머니를 통해서 많은 것을 배워요. 나는 할머니가 있다는 것이 너무 행복해요. 할머니, 할머니의 똥오줌도 일주일에 세 번은 제가 받을게요."

딸아이가 이렇게 할머니에게 편지를 쓰고 난 다음부터는 공부도 열심히 하게 되었다고 합니다. 부모가 교육으로 해도 되지 않고 목사 자녀여도 안 되던 것이 늙고 병든 어머니가 계심으로 변하였습니다.

인간에게 하나님이 주신 계명 중에 가장 무거운 계명이 부모를 공경하라는 것입니다.

1. 부모 공경이라는 계명은 인간에게 주신 가장 무거운 계명입니다.

하나님은 사람과의 관계에 대해서는 "용서해라", "사랑해라"라고 하십니다. 하지만 부모에 대한 계명은 신구약 성경 전체를 통해 들으면 섬뜩할 정도로 강하게 말씀하십니다.

① 불효하는 자는 저주 받아 비참하게 죽을 것이라고 말씀합니다.

Q 〈잠언〉 30장 17절을 기록해 보세요.

아버지를 조롱하고 어머니에게 불순종하는 자녀는 골짜기의 까마귀에게 눈이 쪼이고 독수리의 새끼에게 먹히리라고 말씀하십니다.

부모를 때리거나 버린 것도 아닌데 이렇게 엄하게 말씀하고 있습니다. 이 말은 부모님을 조롱하고 불순종하면 그로 인해 저주를 받아 비참하게 죽게 된다는 경고의 말입니다. 그만큼 하나님은 우리에게 부모 공경의 계명에 대해 강하고도 엄중하게 말씀하고 있습니다.

② 불효하는 자는 하나님의 진노를 면하지 못할 것이라고 말씀합니다.

Q 〈마태복음〉 15장 4절을 기록해 보세요.

부모를 공경하라는 명령은 성경의 여러 부분에서 우리의 생각보다 더 강하게 말씀하셨습니다. '효'라는 것은 해도 되고 안 해도 되는 선택 사항이 아닙니다. 이것은 하나님이 목숨과 같이 생각하는 명령이기 때문에 우리가 철저하게 지킬 것을 말씀하시는 것입니다.

부모님이 나에게 해 준 것이 없고, 나를 이해하지 못하고, 섭섭하고 속상하게 한다고 해서 부모님을 함부로 대해서는 안 됩니다. 때로는 부모님에게 토라지기도 하고, 욕하기도 하고, 함부로 말하는 경우도 있습니다. 그러나 이런 모든 경우가 바로 사형죄에 해당된다는 것을 알아야 합니다. 그냥 부모라는 사실 하나만으로도 부모님은 우리에게 효도를 받을 자격이 충분합니다.

주님 바라보기

세계의 위대한 부자를 꼽을 때 꼭 강철왕 카네기가 들어갑니다. 카네기는 스코틀랜드 출신입니다. 그는 정말 지지리도 없는 가난한 집에서 태어났습니다. 그런 카네기는 어릴 때 엄마와 함께 미국으로 이민을 가게 되었습니다. 추운 동부지방에 살게 되었는데 내의가 한 벌밖에 없어서 엄마는 추위에 덜덜 떨면서 내의도 못 입었습니다. 카네기는 내의가 한 벌밖에 없어서 빨고 말려서 그 다음 날 아침에 입고 학교에 갔습니다. 카네기는 어릴 때부터 이렇게 이야기하곤 했습니다.

"엄마 엄마, 나는 하나님께서 복을 많이 주셔서 돈을 많이 벌어서 엄마 좋은 옷과 내복을 사 드리고 엄마 수고하신 만큼 편안하게 해 드린 다음 결혼할 거예요."

그 후 30년간 카네기는 엄마에게 좋은 옷을 사 드리려고 열심히 일했습니다. 하나님은 그에게 놀라운 복을 주셨습니다. 그리고 그는 쉰두 살에 결혼을 하고, 예순두 살에 첫 아들을 얻었습니다. 사람들이 그에게 물었습니다.

"카네기, 당신은 왜 그렇게 늦게 장가를 갔지요?"

"나는 어릴 때 어머니에게 많은 은혜를 받았습니다. 그래서 내 인생에 돈 버는 목적 중 첫째는 하나님 영광이요, 두 번째는 우리 어머니 때문입니다. 돈을 벌어서 어머니께 좋은 옷을 사 드리고 수고한 만큼 평안하게 해 드린 후 내 생각으로 그 정도면 됐다고 생각할 때 장가를 가겠다 결심했습니다. 그때가 바로 지금입니다"

"네 부모를 공경하라"는 하나님이 우리에게 주신 중요한 명령입니다. 카네기의 일화에서 볼 수 있듯이 우리가 이 말씀에 순종할 때 우리 자신뿐만 아니라 우리의 후손까지도 형통케 되고 잘되는 놀라운 복이 임하게 될 것입니다.

1. 부모를 공경해야 할 이유에 대해서 알아봅시다.

① 하나님의 명령이기 때문입니다.

Q 〈신명기〉 5장 16절을 기록해 보세요.

부모를 공경하는 문제는 선택의 문제가 아닙니다. 하나님의 명령이십니다. 자녀라면 반드시 부모를 공경하고, 부모에게 순종해야 하는 의무가 있다는 것입니다. 특별히 그 명령이 하나님의 명령이기에 우리는 그것을 어떤 부담보다 크게 느껴야 합니다.

② 부모님은 생명의 근원이시기 때문입니다.

Q 〈잠언〉 23장 25절을 기록해 보세요.

우리 생명의 대근원은 물론 하나님이십니다. 하지만 부모님은 우리에게 생명을 주신 소근원이십니다. 하나님 없이는 내가 존재할 수 없고, 부모님 없이는 내가 생겨날 수 없습니다.

③ 우리를 사랑으로 낳으시고 기르셨기 때문입니다.

Q 〈사무엘하〉 18장 33절을 기록해 보세요.

부모님은 우리를 낳아주시고 길러주시고 사랑해 주시는 분입니다. 다윗이 자신에게 반역했던 아들 압살롬도 진정 사랑하고 아꼈던 것처럼 부모님은 자녀가 어떤 모습이든 자녀를 버리지 않고 사랑합니다.

요즘 젊은 사람들은 자기가 어려울 때 조금 잘 해준 사람에게는 팍 엎어지고, 자기를 좀 알아주는 사람에게는 온갖 것을 다해 주면서 최선을 다하지만 일평생 갚을 길 없는 부모님의 은혜는 제대로 알지 못하는 것 같습니다. 부모님의 사랑은 희생적인 사랑입니다. 온갖 고생을 다하시며 손발이 다 닳도록 수고하셨고, 밤잠 못 주무시면서 우리에게 희생적인 사랑을 주셨습니다.

불과 몇 년 전, 미국 시카고에서 있었던 일입니다. 가난한 아파트 단지에서 화재가 났는데 가스와 연기가 올라오는데 아래층으로는 내려갈 수가 없어서 온 아파트가 난리가 났습니다.

그 아파트 7층에 아이 셋을 기르는 어머니가 있었습니다. 시카고에는 아주 가까이 붙어 있는 아파트들이 많습니다. 아이의 엄마는 내 아이들을 어떻게 할까 생각하다가 던질 것도 없고 다리를 놓을 것도 없어서 맞은편 아파트의 창문을 두드렸습니다. 다행히 창문이 열렸고 엄마는 이쪽에는 자신의 다리를 걸치고 저쪽은 손으로 잡고는 아이들에게 자신을 밟고 건너가라고 하였습니다.

"엄마 무서워 못가겠어요." "가거라. 어서 가거라."

아이들을 설득해서 아이 하나를 억지로 엄마를 타고 건너 보냈습니다. 그런데 여인네가 힘이 있다면 얼마나 있겠습니까. 그래도 그 엄마는 굴하지 않고 또 둘째 아이를 건너 보냈습니다. 셋째 아이를 보낼 때는 초인적인 힘을 발휘하며 버텼습니다. 셋째 아이가 건너편 창문으로 건너가는 순간에 그 엄마는 그만 힘이 빠져서 밑으로 떨어져서 죽게 되었습니다.

이렇듯 부모님의 사랑은 동서고금을 막론하고 동일하지 않을까 생각해 봅니다. 자식들이 다른 것이지 부모님이 다른 것이 아닙니다.

부모님의 사랑은 무조건적인 사랑입니다. 대가를 바라지 않고 다 주고도 더 못 줘서 늘 자녀들을 보면 "미안하다 미안하다"라고 하십니다. 부모님의 사랑은 변하지 않는 사랑입니다. 자식에게 버림받은 부모는 많습니다. 그러나 그 버림받은 부모님이 자식을 향하여 "저 자식 죽일 놈"이라고 욕하는 부모님은 아무도 없습니다.

모든 부모님은 "내가 잘못해서", "저놈이 부모 잘못 만나", 그리고 "자식만 잘살면 나는 됐어"라고 생각하십니다. 이것이 부모님의 마음입니다. 부모님의 사랑은 영원한 사랑입니다.

④ 하나님의 축복을 계승해 주시는 분이기 때문입니다.

Q **〈에베소서〉 6장 2~3절을 기록해 보세요.**

하나님은 부모님을 통해 축복을 계승해 주십니다. 아무리 열심히 노력하며 살아도 부모님에게 불효하는 자들에게는 절대로 복을 주시지 않습니다.

하나님은 부모님을 통하여 우리에게 복을 전수하십니다. 그러므로 우리가 잘되기 위해서라도 부모님에게 극진히 효도를 해야 합니다.

부모님 그 자체가 축복입니다. 늙고 병든 어머니, 아버지를 무시하지 말고, 부모님 존재 자체가 축복인 줄 믿으십시오. 부모님은 선과 축복을 계승해 주는 분이기에 우리가 그분들을 공경해야 할 이유가 있습니다.

2. 우리가 공경해야 할 부모님이 누구인가를 살펴봅시다.

웨스트민스터 소요리 문답 124문에 보면 '제5계명에 있는 부모는 누구를 뜻합니까?'라는 질문에 '제5계명에 있는 부모는 혈육 관계에 있는 부모뿐만 아니라 연령이 높은 사람이나 은사 등 모든 윗사람과 특히 하나님의 규례에 의하여 가정과 교회와 국가 등 우리 위에 권위에 있는 자리에 있는 자를 포함한다.'라고 답하고 있습니다.

① 정치적인 부모입니다.

Q 〈베드로전서〉 2장 13절을 기록해 보세요.

왕이나 국가의 지도자들을 의미합니다. 요즈음에는 국가의 통치자나 정치가들을 너무나 쉽게 비판하고 판단합니다. 어떻게 보면 그들은 우리나라의 얼굴이고, 우리를 대표하는 인물들입니다. 하찮게 보고, 조롱할 대상이 아니라 오히려 기도해 주고 격려해 주어야 할 대상입니다. 우리는 대통령이나 국가 지도자들을 향하여 공경하는 마음을 가지고 항상 기도해 주어야 합니다.

② 연령의 부모입니다.

Q 〈레위기〉 19장 32절을 기록해 보세요.

연세가 많으신 어르신들을 말합니다. 연세가 많다는 사실 그 하나만으로 우리는 그분들을 공경하고 대접해야 합니다. 나이 많고, 늙고, 힘이 없다고 해서 무시해서는 안 됩니다. 그들을 돕고, 보호해야 하고, 우리에게 젊음이 있다면 젊음으로 그들에게 힘이 되어 주어야 합니다.

③ 영적인 부모입니다.

Q 〈히브리서〉 13장 17절을 기록해 보세요.

하나님의 말씀을 가르치는 목사를 말합니다. 목사도 영적인 부모로서 공경해야 합니다. 목회자는 항상 성도가 올바른 길을 걸어가기를 바라고, 주님 앞에 바로 서기를 원합니다. 때로는 그것을 위해 쓴소리를 할 때도 있고, 격려하고 사랑의 말을 할 때도 있습니다. 그 모든 때에 우리는 그들을 업신여기거나, 악한 마음을 품지 말고 하나님의 대리자로 인정하여 섬길 수 있는 마음이 필요합니다.

④ 사회적인 부모입니다.

Q 〈에베소서〉 6장 5절을 기록해 보세요.

직장 생활을 하면서는 상사나 은사를, 학교에서는 선생님들을 존경하고 공경해야 합니다. 성숙한 그리스도인이라면 살아가면서 항상 겸손하고, 윗사람을 섬길 줄 아는 모범적인 사람이 되어야 합니다.

⑤ 생명의 부모입니다.

Q 〈신명기〉 5장 16절을 기록해 보세요.

생명의 근원인 부모님에게 극진히 효도를 다해야 합니다. 부모님을 공경하는 자에게는 하나님의 복이 임합니다. 결국 효는 잘되고 형통할 수 있는 비결입니다. 자신이 잘되고 자신의 후손이 잘되기 위해서라도 우리는 부모님에게 극진히 잘해야 합니다.

3. 우리는 육신의 부모님에게 어떤 마음을 가져야 할까요?

① 부모님을 존경하는 마음을 가지세요.

Q 〈잠언〉 1장 7~9절을 기록해 보세요.

마음으로도, 외적인 태도로도, 말로도 우리는 부모님에게 공경과 감사를 해야 합니다. 부모님의 훈계를 잊어서는 안 됩니다. 그분들의 말씀과 법을 떠나서는 안 됩니다.

똑같은 부모 섬김에도 부양이 있고 효도가 있습니다.
부양가족이라는 말이 있습니다. 대다수의 사람들은 부양했다는 것으로 부모님에게 효도를 다했다고 생각하는데, 아닙니다. 부양은 먹여 드리는 것, 입혀 드리는 것, 부모님이 아프면 병원에 모셔 드리는 것인데, 그것은 애완동물에게도 합니다. 어느 통계를 보니까 130만 명 이상의 노인들이 애완동물보다 못한 취급을 받는다고 합니다. 애완동물도 아프면 주인은 온갖 일들을 다합니다. 부양한다는 것은 무인격적인 것입니다. 존경하고 감사하는 것이 아닙니다. 부모의 은혜를 감사하는 마음으로 효도해야 됩니다. 부모님은 짐이 아니라 기쁨입니다.

② 부모님에게 감사하는 마음을 가지세요.

Q 〈디모데후서〉 3장 2절을 기록해 보세요.

부모님의 은혜에 감사하는 마음으로 모든 것을 하는 것이 기본입니다. 우리는 어떤 경우에도 부모님을 이해하려고 노력해야 합니다. 우리와 의견 차이가 있다고 해서 무시해서는 안 됩니다. 그것도 죄입니다. 부모님을 함부로 하고 부모님의 말씀에 거역하는 자체가 마지막 때의 징조로 나타나는 것입니다.

주님과 동행하기

1. 부모님에게 효도하는 구체적인 방법을 살펴봅시다.

① 최선을 다해 부모님을 공양해 드리세요.

Q 〈골로새서〉 3장 23절을 기록해 보세요.

공양한다는 말은 어르신들이 잘 드시도록 해 드린다는 뜻입니다. 어르신들의 삶의 즐거움은 먹는 데 있습니다. "아이구, 우리 어머니는 너무 먹는 것을 밝히시네."가 아닙니다. 이는 본성입니다.

그리고 어르신들은 입는 데 자부심을 가지십니다. 많은 자녀들이 본인들은 백화점 가서 엄청나게 비싼 옷 사 입고, 부모님은 시장에서 2만 원짜리 옷을 입힙니다. 그것도 죄입니다.

부모님께 좋은 옷을 입히고, 좋은 음식을 드시게 하는 것은 허세가 아닙니다. 부모님께서 왜 좋은 옷을 입으셔야 하느냐 하면 자식을 자랑할 수 있기 때문입니다.

"아이구, 이것 우리 아들이 해 준 거야.", "이건 시집간 딸이 해줬어.", "아이구, 바쁠 텐데 이런 것을 보내왔네."

어르신들은 이가 좋지 않으셔도 드시는 것에서 즐거움을 느끼십니다. 그만큼 외롭고 힘드니까 먹는 데 예민해지십니다.

지금 이 순간부터 우리는 부모님이 드시고, 입으시는 것을 부양의 의미로 해 드리지 말고, 효도의 의미로 생각하여 더욱 신경을 써야 합니다.

② 부모님의 모든 것을 이해하세요.

Q **〈골로새서〉 3장 20절을 기록해 보세요.**

부모님의 약점, 무식, 허물을 받아들이고 이해해야 합니다. 이것은 순종의 기본입니다.

어느 심리학자가 효도에 대한 재미있는 통계를 내 놓았습니다.
어린아이 때는 부모님이 우주이기에 전적으로 순종한다고 합니다.
그런데 이것이 20대가 되면 완전 정반대가 된다는 것입니다.
"부모님은 나를 이해하지 못해, 세대 차이를 느껴."

이것이 40대가 되면 또 바뀌기 시작합니다. 아이를 하나둘 낳으면 '옛날에 우리 부모님의 말씀이 일리가 있네.'라고 마침내 느끼기 시작한다는 것입니다. 그리고 50이 넘어가면 '그래 옛날에 부모님의 말씀이 100% 다 맞아.'라며 다시 어린아이 때처럼 된다고 합니다.

앞으로는 여러분들이 살아가면서 부모님이나 시부모님이 이해가 되지 않고 섭섭한 말을 할 때 '아 그렇구나. 내가 아직 때가 안 되었구나. 나중에 내가 어머니 나이가 되면 느끼겠지.'라고 생각하며 인내해야 합니다.

③ 부모님의 마음을 편안하게 해 드리세요.

Q 〈잠언〉 1장 8~9절을 기록해 보세요.

우리가 부모님의 마음에 염려 거리가 되면 아무리 교회에 와서 찬양하고 예배 드리고 기도해도 이미 우리들은 죄인 중의 괴수가 되는 것입니다.

부모님의 마음을 아프게 하면 안 됩니다. 부모님의 마음을 편안하게 해드리는 방법은

(1) 자녀들이 믿음생활을 잘하는 것입니다.

(2) 형제끼리 화목하는 것입니다.

(3) 세상에 나가 열심히 살아서 성공하는 것입니다.

(4) 부부가 화목하게 사는 것입니다.

2. 연세가 드신 부모님들이 가지는 4가지의 욕구에 대해서 알아봅시다.

① 건강의 욕구

어르신들은 "아이구 야야, 이제 빨리 죽어야 된다." 하시지만 사는 날 동안은 일찍 돌아가시든지 늦게 돌아가시든지 간에 건강하게 자식에게 욕 안 보이고 살기를 원하십니다.

② 용돈의 욕구 : 승용차의 기름과 같은 것입니다.

승용차의 기름이 가득히 차 있으면 왠지 차를 몰고 가도 든든합니다. 하지만 기름이 떨어져서 불이 들어오면 아직 10km 이상을 갈 수 있다 해도 왠지 불안합니다. 어르신들도 그렇습니다. 어르신들이 맛있는 것 드시고, 본인들이 잘 즐기기 위해서만 돈이 필요한 것이 아닙니다. 어르신들도 나름대로 돈이 필요한 곳이 많습니다. 승용차의 기름을 채우는 것처럼 어르신들의 용돈의 욕구도 든든히 채워 드려야 합니다.

③ 대화의 욕구 : 어르신들은 말 상대가 필요합니다.

어르신들은 외롭습니다. 이야기의 상대가 필요합니다. 그래서 어르신들 세대의 주제곡이 있습니다.

"해는 져서 어두운데 찾아오는 사람 없어~~"

어디를 가더라도 모시고 다니고 계속해서 외롭지 않도록 만들어 드려야 합니다. 그것이 효도입니다.

④ 직업의 욕구 : 역할입니다.

어르신들은 연세가 드셔서 은퇴를 하시고 할 일이 없으면 그것이 가장 힘들다고 하십니다. 집안의 어른으로서 역할을 만들어 드려야 합니다.

3. (시)부모님과의 관계를 회복하기 위해서 효도 십계명을 실천해 봅시다.

NO	실 천 사 항	실천 여부	
		YES	NO
1	나(남편)를 길러주신 은혜에 감사하세요. (잠 3:1~2)		
2	(시)부모님과 화해하세요. (엡 4:31~32)		
3	기회가 닿는 대로 사랑을 표현하세요. (벧전 4:8)		
4	(시)부모님과 동고동락하세요. (롬 12:15)		
5	순종하며 평안하게 모시세요. (엡 6:1)		
6	물질로도 부족함 없이 공경하세요. (엡 6:2)		
7	하나님이 갚아주실 것을 기대하세요. (엡 6:3)		
8	효도할 기회가 많지 않음을 기억하세요. (시 39:4~6)		
9	신앙의 유산을 이어 가세요. (수 24:15)		
10	사후에는 추도예배를 드리세요. (출 20:5~6)		

십 계 명

06 살인하지 말라

✢ 〈출애굽기〉 20장 13절

13 살인하지 말라

세상 돌아보기

갈등(Dilemma)

상황 설명 인천에서 배를 이용해서 제주도로 여행을 가다가 배가 난파되어 모두 실종되었습니다. 그러나 당신은 구사일생으로 파도에 밀려 무인도에 도착했습니다. 도착하고 보니 그 섬에는 당신 말고도 다른 4명이 파도에 밀려 이미 도착해 있었습니다. 그 섬에서 3명밖에 탈 수 없는 뗏목을 발견했는데 서로 타려고 발버둥치고 있습니다.

이 상황에서 당신은 어떻게 하겠습니까? 누가 그 뗏목을 타야 할까요?

등장 인물 (무인도에 남아 있는 사람들)

① 4~5세 된 어린아이가 엄마를 찾으며 울고 있습니다.

② 70세가 넘어 보이는 할머니가 "나는 뗏목을 꼭 타야 한다."며 뗏목을 붙들고 있습니다.

③ 30세가 조금 넘어 보이는 젊은 목사님이 조용히 기도하고 있습니다.

④ 20대 후반의 임신한 여자가 배를 안고 있습니다.

⑤ 그리고 그 모습을 지켜보고 서 있는 당신이 있습니다.

선택한 사람들 :

① ② ③

선택한 이유 :

주님 알아가기

2006년 의정부에 사는 80세의 노인이 아내를 살해했습니다. 남편은 부인으로부터 "남편 키가 작아서 함께 다니기 창피하다."는 말을 듣고 격분해서 둔기로 머리를 쳐서 아내를 죽인 것입니다. 또 원주에서는 집 주인이 월세를 올려 달라고 해서 집 주인을 죽인 사건이 있었습니다. 같은 날에 인천에서는 8개월 된 아이가 운다고 아이를 벽에 던져서 죽인 일이 있었습니다. 서울에서는 빚 갚으라고 독촉하는 옛 여자친구를 때려서 죽지도 않았는데 산에 생매장한 사건도 있었습니다.

참 정상적인 인간으로서는 할 수가 없는 일입니다.

앞서 몇 가지 언급한 내용을 보면 엄청난 동기가 있어서 살인을 저지른 것이 아니고, 아주 사소한 일로부터 시작해서 결국은 살인까지 이르게 된 것을 알 수 있습니다.

1. 제6계명은 적극적인 의미로 사람의 생명을 사랑하라는 의미입니다.

"살인하지 말라"는 계명은 단순하게 남을 죽이지 말라는 의미에만 머무르는 것이 아닙니다. 소극적으로는 남을 죽이지 말라는 의미이지만 적극적으로는 사람의 생명을 사랑하고 생명을 고귀하게 여기며 사랑하며 살라는 적극적인 의미도 그 계명 속에 다 포함되어 있습니다.

Q 〈창세기〉 9장 6절을 기록해 보세요.

사람이 다른 사람에게 피를 흘리게 한다는 것은 하나님의 형상대로 인간을 창조하신 하나님에 대한 도전이고 모독입니다.

특히 역사상 오늘날처럼 사람의 목숨이 파리 목숨처럼 천시되고 함부로 다루어지는 때는 없었습니다. 우리나라뿐만이 아닙니다. 미국은 20초마다 총이 한 자루씩 생산되고, 6시간마다 어린아이가 총에 맞아 죽으며, 일 년에 약 4만 명이 총으로 생명을 잃는다고 합니다.

이렇게 생명 경시 풍조가 온 세상에 퍼진 것을 보면서 정말 마지막 때가 다 되었다는 것을 느낍니다. 성도들뿐만 아니라 모든 사람들을 넘어뜨리려고 하는 악한 사탄의 궤계라고 생각합니다.

요즘 청소년들을 보면 앞으로 어떻게 될까 하는 걱정이 됩니다. 청소년들이 하는 온라인 게임을 보면 전부 죽이는 것과 관련되어 있습니다. 자기 땅을 확장하기 위해 병사들을 잔인하게 살해합니다. 그럴 때마다 피가 터집니다. 피가 터지는 모습을 보면서 아이들은 생명에 대한 감각이 없어집니다. 아이들이 그렇게 자라나니 사소한 일에도 사람을 죽이는 일이 벌어지는 것입니다.

주님 바라보기

"인생을 바꾼 말 한마디"

한 학생이 미술 시간에 크레파스를 가지고 오지 않았습니다. 학생이 준비물을 못 챙겨온 것은 잊어 버려서가 아니라 집이 너무 가난해서 크레파스를 살 돈이 없었기 때문입니다. 선생님은 그것도 모르고 아이가 몇 번이나 준비물을 가지고 오지 않자 아이에게 화를 마구 냈습니다.

"도대체 이번이 몇 번째야? 다음에 올 때는 준비물이 준비 안 되면 훔쳐서라도 가지고 와!"

그 아이는 17년 후에 '지존파'라는 이름으로 법정에 섰습니다. 법정에서 그는 이렇게 이야기했습니다.

"초등학교 때 선생님의 말 한마디가 내 인생을 이렇게 바꾸어 놓았습니다."

선생님의 말 한마디가 어린 학생을 도둑으로 만들고 가치 판단의 기준을 흐리게 하여 결국에는 살인죄까지 저지르는 원인 제공을 한 셈입니다.

이와 반대되는 사건도 있습니다. 미국의 어느 마을에 사생아로 태어난 못생긴 아이가 있었습니다. 동네 모든 사람들이 "저놈은 더러운 엄마에게서 난 아비도 없는 놈이야."라며 손가락질했습니다. 친구들도 그 아이를 왕따시켰고, 아이는 갈 곳이 없었습니다. 그 아이가 12살 때에 아이가 사는 곳으로 젊은 목사님이 새로 부임해 오셨습니다. 아이는 목사님이 말씀을 참 재미있고 은혜롭게 하신다는 말을 듣고 가보고 싶었지만 친구들과 사람들이 또 자신을 놀릴까봐 가지 못했습니다. 하루는 예배를 시작한 다음에 뒷자리에 앉아서 조용히 예배를 드리는데 너무 말씀이 좋아서 그 말씀을 통해 예수님을 영접하게 되었습니다. 아이는 늦게 조용히 들어와서 예배를 드리고 교인들이 볼까봐 예배를 마치기 전에 빨리 빠져 나왔습니다. 그런데 어느 날은 기도를 하느라 조금 늦게 나갔습니다. 사람들이 수군거리면서 나가는데 그때 목사님이 아이에게 물었습니다.

"얘야, 너는 누구니? 네 부모님은 누구시니?"

아이는 가슴이 또 철렁 내려앉았습니다. 아이는 '저 목사님도 내가 아버지가 없는 사생아인 줄 아는 모양이네.' 아이가 당황스러워서 망설이고 있는데 그때 "잠깐만, 너의 얼굴을 보니 나는 너의 아버지가 누구인지 대번에 알겠다."라고 말씀하셨습니다. 아이가 '목사님이 우리 아버지가 누군지 아는 모양이지.'라고 생각하는데, "나는 너의 아버지가 누구인지 안단다. 너의 얼굴을 보니 너의 아버지는 바로 하나님이시구나."

바로 그 12살 된 소년이 자라서 미국 주지사 중 가장 존경받는 사람 중의 한 명이 되었습니다. 그는 바로 테네시 주지사를 연임했던 '벤 후퍼'입니다. 벤 후퍼는 사람들을 만날 때마다 "12살 때에 목사님의 그 말씀 한마디로 내 인생이 바뀌었습니다."라고 말하였습니다.

1. 제6계명의 '살인하지 말라'의 범위는 어디까지 일까요?

소요리문답 69문에는 '제 6계명이 금하는 것은 불의하게 우리의 생명이나 이웃의 생명을 빼앗거나 해하는 일들이다.'라고 말하고 있습니다.

2. 일반적인 살인에는 어떤 것들이 있을까요?

① 자신을 죽이는 자살입니다.

Q 〈사무엘상〉 31장 5절을 기록해 보세요.

자기 자신을 죽이는 것을 자살이라고 합니다. 우리의 생명은 우리의 것이 아닙니다. 우리에게 생명을 주신 분은 하나님이십니다. 우리의 생명이 우리 것이 아닌데, 마음대로 자신의 생명을 끊는 것은 하나님을 모독하고 창조주를 부인하는 것입니다. 예수를 믿고, 천국을 믿고, 지옥을 믿고, 내세를 믿는다면, 죽음 이후에 더 무서운 지옥과 영원한 생활이 있는데, 자기 생명을 끊는 것은 예수를 믿지 않는다는 이야기입니다.

하나님의 성품을 닮은 우리의 생명은 고귀한 것입니다. 그러므로 자기 스스로 목숨을 끊는다는 것은 하나님에 대한 도전이고 엄청난 반역입니다.

최근에 충격적인 사건이 있었습니다. 전라도 정읍에서 아홉 살 난 초등학생이 일주일 동안 쓸 용돈을 하루 만에 다 썼다고 엄마에게 야단을 맞았습니다. 그러자 그 아이는 목을 매어서 자살을 해 버렸습니다.

② 남의 생명을 해하는 살인입니다.

Q 〈마태복음〉 5장 21절을 기록해 보세요.

꼭 죽이지 않았어도 그 생명에 상해를 가하는 것도 살인입니다.

군대에서 종종 구타를 합니다. 꼭 죽어야 살인입니까? 때리다가 사람이 죽을 수 있습니다. 이것도 살인입니다. 그래서 성경은 우리에게 자살과 남을 죽이는 타살과 남의 생명에 피해를 주고 상해를 입히는 것까지도 살인의 계명에 속한다고 말하고 있습니다.

3. 불의하지 않은 살인도 있습니다.

① 사형 집행에 의한 살인

국법에 따라 질서를 세우기 위해서 중범죄자에게 사형을 집행하는 사형 집행관은 살인자가 아닙니다.

② 전쟁 중에서의 살인

전쟁에 의해서 사람을 죽이는 것도 살인이라고 볼 수 없습니다. 이것은 어떤 의미에서 정당방위입니다. 자신의 국권과 인권을 위해서 군인이 전쟁을 통하여 합법적으로 사람을 죽인 것입니다.

③ 정당방위로 인한 살인

도둑이 들어와서 흉기로 가족들을 위협할 때 그것을 피하고 막다가 도둑을 죽였습니다. 이것은 살인죄가 아닙니다. 정당방위입니다.

④ 과실치사에 의한 살인

고의가 아닌 과실로 인하여 사람을 죽게 한 것을 말합니다. 과실치사는 죄는 죄이지만 이해는 될 수 있습니다.

하나님은 이런 특별한 경우를 제외하고는 "모든 것들에 살인하지 말라" 고 하셨습니다.

4. 성경에서 금하는 구체적인 살인 행위는 무엇입니까?

① 직접적인 행동의 살인이 있습니다.

Q 〈창세기〉 4장 8절을 기록해 보세요.

직접적으로 살인의 의도를 가지고 행동한 결과의 살인입니다. 가인은 '왜 하나님은 내 제사는 안 받으시고 동생의 제사만 받으시지? 저놈만 없으면 하나님이 나의 제사를 받으실 거야. 하나님은 왜 저놈만 사랑하지?' 라고 악한 마음을 품고 직접적 행동으로 살인했습니다.

② 간접적인 행동의 살인이 있습니다.

ⓐ 우리아를 죽인 다윗

Q 〈사무엘하〉 11장 14~15절을 기록해 보세요.

다윗은 자신의 부하 우리아의 아내 밧세바를 범하고 그 죄의 알리바이를 만들기 위해서 노력했습니다. 그러나 그것이 뜻대로 되지 않자 결국에는 우리아를 죽일 결심을 했습니다. 그래서 요압 장군에게 편지를 띄웁니다. 편지 내용은 헷 사람 우리아를 전쟁터 제일 앞에 나가서 싸우게 하라는 것이었습니다. 전장의 맨 앞에서 싸우게 해서 죽게 하려는 의도였습니다. 결국에 우리아가 죽었습니다.

다윗이 직접 우리아를 칼로 찔러 죽이지는 않았지만 하나님은 "다윗 네가 직접 우리아를 죽였다."고 평가하셨습니다.

ⓑ 선한 사마리아 사건

Q 〈누가복음〉 10장 30~32절을 기록해 보세요.

예루살렘에서 여리고로 내려가는 길에 강도를 만나 숨이 꼴딱꼴딱 넘어갈 정도로 다 죽어가는 사람이 누워 있었습니다. 그때 누워 있는 사람 옆으로 제사장이 지나가고 레위인이 지나갔는데, 제사장은 '저 인간은 더러우니 거룩한 우리의 손에 그의 피를 묻히면 안 된다.'는 자기 합리화를 하면서 지나가 버렸습니다. 레위인도 이 상황은 나와 상관이 없다고 회피하며 가버렸습니다. 제사장과 레위인은 그 사람을 두들겨 팬 일도 없고 그 사람에게 강도짓을 한 적도 없지만 죽어가는 사람을 방치했기 때문에 두 사람 다 살인자인 것입니다.

여러분이 밥을 굶고 다쳐 쓰러져 있는 사람에게 음식을 줄 수 있는데도 주지 않았다면 그것도 살인입니다. 우리는 방관자가 되어서는 안 됩니다. 그것도 어떤 의미에서는 간접적인 살인입니다.

마더 데레사가 캘커타에서 가난하고 병들고 고통받는 사람들을 극진하게 보호하고 간호할 때 기자들이 물었습니다.
"마더 데레사, 당신은 이 일을 하면서 한 번도 짜증난 적이 없습니까?"
"없습니다."
"아니 어떻게 그럴 수가 있습니까?"
"나는 이 사람들의 얼굴에서 예수님의 얼굴을 보았습니다. 그렇기에 어느 한 사람에게도 대충 대할 수 없습니다. 혹시 예수님일지 모르니까 모두에게 최선을 다하는 것입니다."

③ 마음으로 범하는 살인이 있습니다.

Q 〈창세기〉 4장 4~5절을 기록해 보세요.

살인이 구체적인 형태로 드러나지 않아도 그 마음에 살의를 품고 있으면 성경은 살인자라고 합니다. 가인은 아벨에 대하여 이미 악한 감정을 가지고 있었고, 이미 마음으로 살인과 동등한 감정을 품고 있었던 것입니다.

④ 말로 범하는 살인이 있습니다.

Q 〈야고보서〉 3장 8절을 기록해 보세요.

남을 비방하고 헐뜯고 모함함으로써 남에게 해를 입히는 경우가 있습니다. 말로 남의 인격을 손상시키거나 그 말 때문에 남이 고통스러워하며 죽었다면 우리는 말 한마디로 사람을 죽인 것입니다.

확실히 알지 못하면서 추측으로 내뱉은 말과 남을 모욕하는 말들은 그 당사자들에게 깊은 상처를 줍니다. 남의 마음에 해를 입혔기 때문에 살인자입니다. 그것으로 인해 상대방이 죽었다면 직접적인 살인자가 되기도 합니다.

⑤ 영적인 살인이 있습니다.

Q 〈마태복음〉 7장 15절을 기록해 보세요.

이단이 여기에 해당됩니다. 이단은 사람의 영혼을 파멸의 길로 잘못 이끌어 갑니다. 그들은 다른 사람을 파멸과 타락의 길로 이끌어 가는 살인자입니다.

⑥ 전도하지 않는 살인이 있습니다.

Q 〈디모데후서〉 4장 2절을 기록해 보세요.

우리가 예수 그리스도와 천국과 지옥을 믿는다면 주변에 예수를 믿지 않아 지옥을 향하여 달려가는 자들에게 복음을 증거해야 합니다. 그렇지 않으면 우리는 간접적으로 죽음을 방치한 자들이 됩니다.

5. 마음으로 범하는 살인 행위는 어떤 것들이 있을까요?

① 시기와 질투

Q 〈창세기〉 37장 18~20절을 기록해 보세요.

요셉의 형들이 요셉을 죽이려고 하는 이유도 시기와 질투에서 비롯된 것입니다. '아버지는 저놈만 사랑해. 저놈은 우리의 속을 완전히 뒤집는 소리만 하고, 저놈만 잘났나?' 하는 그 시기와 질투가 나중에는 분노로 바뀌었습니다. 그래서 동생을 죽이려고 했고 그다음에는 물이 없는 우물에 빠뜨렸다가 나중에는 동생을 먼 나라에 노예로 팔기까지 했습니다.

② 미움

Q 〈요한일서〉 3장 15절을 기록해 보세요.

남을 미워하는 것이 무슨 살인 행위냐 할지 모르지만 성경에서는 미워하는 것 자체도 살인이라 이야기하고 있습니다.

③ 분노

Q 〈마태복음〉 5장 21~22절을 기록해 보세요.

예수님의 기준은 '형제에게 노하는 자마다' 이미 살인했다는 것입니다.

D.A 카슨이라는 분의 책을 보면 이 부분에 대하여 예수님의 마음을 굉장히

잘 묘사해 놓았습니다.

"야, 이 바리새인과 서기관들아! 너희들은 정말 화인 찍힌 양심이다. 너희들은 겉으로 사람을 죽이지 않았고, 살인죄를 범하지 말라는 율법을 지켰다고 하지만, 아니다. 너희들의 마음에는 저놈이 죽어버렸으면 좋겠다는 온갖 분노가 가득 차 있으면서도 행동으로 나타내지 않을 뿐이다. 너희들은 살인자이다!"

마음으로 하는 살인의 과정이 있습니다. 시기, 질투 자체로 문제가 있는 것이 아닙니다. 시기, 질투가 있은 후에는 반드시 미워하는 마음이 생깁니다. 미워하는 마음은 분노하는 마음으로 바뀝니다.

맥밀런이라는 의학박사는 그의 책에서 분노에 대해서 이렇게 이야기합니다.

"내가 미워하는 그 사람은 분명히 내 잠자리에서 수십 리 떨어져 있다. 하지만 그는 노예 감독보다도 더 무자비하고 잔인해서 내 생각에 채찍을 가하여 평안한 침상을 고문틀로 바꾸어 놓는구나. 아무리 천한 종이라도 단잠이 들겠거늘 나는 그렇지 못하는구나. 진정 나는 내 자신이 진노를 퍼부은 모든 사람들의 종이 되어 있음을 인정하지 않을 수 없다."

분노를 가지고 있으면 자기에게 해롭습니다. 분노는 남을 죽이기도 하지만 자기도 죽입니다. 우리 자신이 분노를 느끼고 미워하는 그 사람은 그 밤에 아무 문제가 없이 잠도 잘 잡니다. 심지어 천한 종 같은 사람도 편안하게 잘 잡니다. 그런데 그 사람에게 분노를 느끼고 질투하고 괴로워하고 미워하는 자신은 밤새도록 고민하고 괴로워하며 자신을 죽인다는 겁니다. 결국은 내 침상을 고문틀로 만들어 버린다고 했습니다. 이것은 스스로에게 고문을 가하는 것과 마찬가지라는 것입니다. 그 사람에 대한 분노와 미움에서 자유로워질 수 있게 그 사람을 용서해야 합니다.

주님과 동행하기

1. 적극적으로 제6계명을 지키는 방법을 알아봅시다.

① 모든 사람의 인격을 존중해야 합니다.

Q 〈출애굽기〉 19장 6절을 기록해 보세요.

우리 모두는 하나님의 형상으로 지음받았습니다. 하나님의 피조물로서, 가치가 있고 존재해야 할 이유도 하나님에게 있습니다. 따라서 피조물이 다른 피조물을 무시하거나 미워하지 말아야 합니다.

② 모든 사람에게 무관심하지 말아야 합니다.

Q 〈야고보서〉 4장 17절을 기록해 보세요.

우리가 도와줄 수 있으면 도와주어야 합니다. 가난하고, 배고프고, 병들고, 목마르고, 고통받는 자들에게 우리는 도움의 손길을 뻗어야 할 것입니다.

③ 어떤 잘못도 용서해야 합니다.

Q 〈누가복음〉 17장 4절을 기록해 보세요.

나같이 더러운 죄인을 구원하신 하나님의 사랑을 생각하고 남을 용서하며 사랑하며 적극적으로 살아야 할 것입니다.

2. 한 주 동안 병원 응급실이나 장애인 복지 시설을 방문하여 느낀 점을 기록하고 서로 나누어 봅시다.

느낀 점

3. 나 같은 죄인을 용서하여 주신 하나님의 사랑을 생각하며 아직까지 용서하지 못한 사람이 있다면 용서하여 주고 사랑한다고 고백합시다.

십 계 명 07

간음하지 말라

✣ 〈출애굽기〉 20장 14절

14 간음하지 말라

세상 돌아보기

나쁜 짓(Wrong)

① 예문에 제시된 나쁜 짓의 내용을 읽고, 그 일이 얼마만큼 나쁜가의 정도를 범례에 따라 표시합니다.

②그 일이 왜 악한 일이며 나쁜 일인지 그 이유를 설명해 줍니다.

NO	내 용	평 가				이 유
		①	②	③	④	
1	부정한 성적 상상을 하는 행위					
2	강제적인 성 행위					
3	부부 외에 다른 이성과 성 관계를 갖는 행위					
4	친구의 애인을 뺏는 행위					
5	미혼모가 아이를 낳고 유기하는 행위					

범례 : ① 아주 나쁘다. ② 그럴 수 있다. ③ 나쁘지 않다. ④ 전혀 나쁘지 않다.

주님 알아가기

'혼다 켄'이 쓴《부자가 되려면 부자에게 점심을 사라》는 책이 있습니다. 켄은 일본에서 연간 세금 1000만 엔 이상을 내는 1만 2천 명의 부자를 대상으로 설문 조사를 했습니다.

그중 약 1천 명과는 직접 인터뷰를 하고 부자들에 대해 연구하고 조사하였습니다. 그와 똑같은 방법으로 평범한 사람 2천 명과 인터뷰를 하고 그들에 대해서도 연구하고 조사하였습니다. 부자들의 의식을 좀 더 객관적으로 조사하기 위해 평범한 사람들과 비교하였던 것입니다.

흥미로운 사실은 부자에게는 애인이 많을 것이라는 선입견이 있다는 것입니다. 그러나 그들은 부부관계를 매우 중요하게 여기고 있었으며, 지금의 배우자가 있었기 때문에 부자가 될 수 있었고, 성공할 수 있었다고 말했습니다.

켄은 이런 조사를 통해 건강한 부부관계가 인생 성공의 기초이며, 행복의 가장 중요한 열쇠가 된다고 기록하고 있습니다.

동물에게는 중요한 본능이 있습니다. 그것은 바로 식욕과 성욕입니다. 인간도 예외는 아닙니다. 하나님께서는 식욕을 주셔서 우리에게 생명을 유지하게 하시고, 충만한 기쁨을 누리게 해 주셨습니다. 성욕도 마찬가지입니다. 번식을 위한 의미도 있지만 아름다운 성관계를 통해 하나님의 창조의 섭리를 배우고 알게 해 주셨습니다.

하나님이 인간에게 주신 모든 것은 선물입니다. 그중에 정식으로 결혼한 부부에게만 허락하신 선물이 바로 성(性)이라는 선물입니다. 성(性)은 분명 인간이 살아가면서 하나님의 은혜 속에 누릴 수 있는 놀라운 축복이요, 특권입니다. 그만큼 귀하기 때문에 조심히 다루어야 하며 항상 하나님이 원하시는 방법으로 주신 축복을 누릴 수 있어야 합니다.

왜냐하면 오늘날 사회와 가정과 개인을 파괴하기 위해 사탄이 강력한 무기로 성(性)을 사용하고 있기 때문입니다. 성(性)은 이 시대의 가장 큰 축복이면서 우리를 위험에 빠뜨릴 가장 강력한 적이 될 수도 있습니다.

주님 바라보기

켈리 플린 사건

1997년 6월 미국의 텔레비전과 신문을 떠들썩하게 했던 사건이 있었습니다. 당시 26살의 나이로 미공군 최정예 전략 폭격기인 B52의 첫 여조종사가 된 켈리 플린 중위의 사건이었습니다. 그녀는 모든 남자 생도들을 제치고, 단연 으뜸으로 조종사가 되었고, 모두의 선망의 대상이 되었습니다.
B52는 장거리 비행을 하는데다 핵폭탄을 장착하기 때문에 조종사는 고도의 긴장을 이겨낼 수 있는 체력은 물론 집중력을 함께 갖춘 사람이 아니곤 엄두도 못 냈기 때문입니다.
그녀는 공군 TV 광고 모델로 캐스팅되는 등 겉으로는 화려해 보였지만 실제 군생활은 그렇게 행복하지 못했습니다. 시골 외딴 곳에 있는 군부대에서 생활하는 것이 젊은 여성에게는 따분하기 짝이 없었고, 갈 곳이라곤 장교 부인 클럽밖에 없었습니다. 장교 클럽도 갈 수 있었지만 공군 규정상 상관과도, 부하와도 데이트할 수 없었기 때문에 불필요한 오해를 사고 싶지 않았던 것입니다. 그녀는 혼자 산책을 하다가 어린이들에게 축구를 지도하고 있는 민간인 코치를 우연히 만나게 되었습니다. 그녀는 바로 사랑에 빠졌습니다. 그녀는 이혼 수속을 밟고 있는 중이라는 코치를 믿고 깊은 사랑을 나누게 되었습니다. 그런데 코치의 부인은 현재 군생활을 하고 있는 여군이었고, 켈리 플린을 간통죄로 고소하였습니다. 갑자기 벼랑으로 몰리게 된 켈리는 처음에는 코치가 시킨 대로 관계를 갖지 않았다고 진술했습니다. 하지만 다른 사건에도 연루되어 있었던 이 코치가 군 검찰에 그녀와의 관계를 자백했습니다. 그 결과 그녀는 간통죄에다 허위 보고, 명령 불복종죄가 중첩된 죄인으로 군법회의에 서게 되었습니다.

그녀는 순간의 실수로 엄청난 결과를 맞이하게 되면서 이렇게 말했습니다.

"나는 날지 않아도 살 수 있다. 하지만 분명한 것은 가장 중요한 것을 잃어버렸다는 것이다."

가정이 있는 남자와 간음을 행할 때에는 스릴과 쾌락이 있었을 것입니다. 그러나 그녀의 일생은 회복할 수 없는 부끄러움과 후회와 패배로 끝나 버리고 말았습니다.

우리가 진정한 그리스도인이요, 성숙한 하나님의 백성이라면 잘못된 사랑의 관계도 철저하게 경계해야 합니다. 한 번의 실수와 잠시의 쾌락으로 죽을 때까지 되씹고 또 되씹어야 할 아픔과 수치와 불행과 멸망에 빠지게 될 것이기 때문입니다.

1. 성경에서 말하는 '간음하지 말라' 의미는 무엇일까요?

① 불법적인 성관계를 금하는 것입니다.

Q 〈잠언〉 5장 15~20절을 기록해 보세요.

'간음'이란 말은 히브리어로 '나합'이란 말로 정상적인 관계(부부)가 아닌 모든 상황의 성관계를 의미합니다. 자기 남편이나 아내 이외의 이성과 맺는 불법적인 관계나 성적 행위가 포함됩니다. 여기에는 각종 성범죄, 남색, 수음, 동성연애, 매음, 혼전 성관계 등을 포함하여 말합니다.

② 신성한 가정생활을 지키라는 것입니다.

Q **〈말라기〉 2장 14절을 기록해 보세요.**

하나님이 허락하신 가정은 대단히 신성한 것입니다. 건강한 가정 가운데 경건하게 자손을 생산하여 가정이 온전해지게 하려는 하나님의 섭리가 있기 때문입니다. 이러한 온전한 가정을 지키지 못하고 간음이라는 죄를 짓게 되면 자신뿐만 아니라 상처받고 고통받는 사람이 곱절로 늘어날 것입니다.

2. 성(性)에 대한 잘못된 생각은 무엇인가요?

① 금욕주의적인 생각입니다.

Q **〈마태복음〉 5장 28절을 기록해 보세요.**

성생활 자체를 경건치 못한 행동으로 보고 성생활을 더럽게 생각하거나 거부하는 것입니다. 정상적으로 성적인 매력을 느끼고, 호감을 느끼는 것 자체를 혐오스럽게 생각하여 정죄하는 것도 하나님이 주신 선물인 성을 올바로 이해하지 못하는 것입니다.

② 쾌락주의적인 생각입니다.

Q 〈전도서〉 9장 9절을 기록해 보세요.

감정에 충실한다는 명목으로 결혼 전이든지 결혼 후든지 자신이 원하기만 하면 그 대상이 누구든지 간에 성관계를 맺는 것입니다. 하나님께서 허락하신 성이라는 선물은 정상적인 가정을 통해 주시는 것이지 무조건적인 쾌락을 위해 주신 것이 아닙니다.

3. 절대로 간음하지 말아야 하는 이유는 무엇일까요?

① 간음은 하나님을 모욕하고 무시하는 행위입니다.

Q 〈고린도전서〉 6장 19절을 기록해 보세요.

하나님은 우리에게 귀한 생명을 주셨습니다. 특별히 하나님은 생명 창조의 통로로 가정이라는 아름다운 관계를 허락하여 주셨습니다. 성(性)도 하나님이 생명 창조의 통로로 짝지어 주신 부부에게만 허락하신 것입니다. 그러나 간음은 하나님의 거룩하신 생명 창조 사역을 업신여기며 하나님이 정하신 규정(Rule)을 어기는 것입니다. 특히 하나님이 주신 고귀한 몸을 더럽히는 일이기에 엄청나게 큰 죄입니다.

② 자신의 인격과 삶을 파괴합니다.

Q 〈잠언〉 6장 32절을 기록해 보세요.

Q 〈고린도전서〉 6장 18절을 기록해 보세요.

하나님의 형상을 닮은 사람이 간음죄에 빠지면 그 영혼의 눈은 빛을 잃게 됩니다. 하나님에게 예배하고 영적으로 성숙한 사람이 죄악에 빠져들고 피폐해집니다. 더 나아가 점점 하나님과 멀어지게 됩니다. 간음은 육체의 질병뿐만 아니라 영혼의 판단력이 상실되게 하고, 정욕의 노예가 되게 하는 문제를 초래합니다.

③ 행복한 가정을 무너뜨립니다.

Q 〈데살로니가전서〉 4장 3~4절을 기록해 보세요.

결혼은 가장 신성하고 아름다운 것입니다. 한 남자와 한 여자가 만나서 깨끗하고 순결한 사랑을 이루는 것은 하나님의 뜻이요, 기쁨입니다. 하지만 간음은 일시적 쾌락으로 가정 전체에 씻을 수 없는 고통과 상처를 남깁니다.

④ 공동체와 국가를 무너뜨립니다.

Q 〈고린도전서〉 6장 9절을 기록해 보세요.

간음은 단순한 개인적인 죄일 뿐 아니라 공동체에 미치는 영향도 지대합니다. 성경의 소돔, 고모라와 폼페이시의 화산 폭발, 심지어는 로마의 멸망에도 그 원인을 간음과 타락한 성문화에서 찾을 수 있습니다.

에드워드 기븐이란 학자가 1787년 출판한《로마제국의 멸망》이란 책에서는 로마제국이 멸망하는 데 크게 영향을 준 직접적인 5가지 원인에 대해 말하고 있습니다.
첫째, 이혼율의 급속한 증가로 가정이 파괴되었습니다. 가정의 소중함을 무시하며 부부간에 이혼이 성행하였고, 가정은 건강하지 못했습니다. 이는 다음 세대의 주역이 될 자녀들에게 좋은 영향을 끼칠 수 없었을 것입니다.

둘째, 과중한 세금을 거둬들이고, 인기를 끌기 위한 정책을 펼쳤습니다.

국가의 재정 충당을 위해서 세금을 높였고, 백성들은 높은 세금에 불만을 토로했습니다. 그것을 잠재우기 위해 번화가에서 무료로 공연을 벌이고, 음식을 나누어 주어 시간이 지날수록 재정의 적자는 커질 수밖에 없었습니다.

셋째, 놀고 즐기는 쾌락에 열중했습니다. 퇴폐적인 유흥 문화와 잔인하고 야만스러운 스포츠 경기가 생겨나기 시작했고, 사람들은 거기에 열광하며 빠져 있었습니다.

넷째, 외적 위험도 없는데 엄청나게 군비를 확장했으며, 내정에는 전혀 투자하지 않고 관심을 가지지 않았습니다.

다섯째, 기독교가 힘을 잃어갔습니다. 신실한 성도들이 기도하며 국가를 위해 부르짖을 때는 국가가 종교를 탄압하고, 국가가 다시 기독교를 인정했을 때는 성직자들과 신도들이 타락하여 더 이상 신앙의 힘을 발휘하지 못했습니다.

이 다섯 가지의 현상은 우리의 현재 모습과 그다지 다르지 않다는 것을 어렵지 않게 눈치챌 수 있을 것입니다.

4. 간음죄를 범하지 않고 승리할 수 있는 비결은 무엇일까요?

① 모든 경우의 성적 유혹에서 피해야 합니다.

Q 〈디모데후서〉 2장 22절을 기록해 보세요.

오늘날 우리는 세상의 과도한 성적 유혹과 문란한 사회 현상으로 인해 많은 성적 문화에 노출되어 있습니다. 그것은 성인이나 미성년자나 동일합니다. 의도적으로 우리가 찾지 않아도, 쉽게 접할 수밖에 없고, 빠지게 되어 있습니다. 어떻게 하든지 그러한 문화에서 멀리 떨어지기 위해 노력하고, 그 문화가 시야에서 사라질 수 있도록 환경을 정리해야 합니다. 할 수 있는 대로 피하고, 경계하여 이겨내야 합니다.

토마스 왓슨(Thomas Watson) 목사는 우리가 피해야 할 것이 무엇인가를 구체적으로 제시하였습니다.

a. 매춘부 및 성적 유혹하는 모든 사람을 피해야 합니다. 대표적인 예가 창세기 39장에서 요셉이 보디발의 아내를 피한 사건입니다.
b. 악한 친구를 피해야 합니다. 음란한 것을 좋아하는 친구, 음란한 이야기를 늘 하는 친구, 악한 것에 동참시키고자 하는 친구. 이런 모든 친구들을 피해야 합니다.
c. 죄를 짓거나 죄짓게 만드는 곳을 보는 것을 피해야 합니다. 음란한 영화, 동영상, 연극, 잡지 등을 피해야 합니다.
d. 음란한 패설을 피해야 합니다. 그러한 이야기를 하는 무리에도 있으면 안 됩니다.
e. 남녀 간의 춤이나 신체 접촉을 피해야 합니다.
f. 술 취함을 피해야 합니다. 술에 취하면 판단력이 흐려지고 자신의 감정에 따라 행동하게 됩니다.
g. 한가한 시간을 피해야 합니다. 다윗왕도 평소에는 자기가 맡은 일에 충실하다가 바쁘지 않을 때 한가하게 왕궁을 거닐다가 간음죄를 범하게 되었습니다.

제롬은 "항상 하나님의 포도밭에서 일하여, 마귀의 시험에 들지 않도록 하라."고 말하였습니다.

② 잘못된 사고나 음란한 생각을 하지 말아야 합니다.

Q 〈데살로니가전서〉 5장 22절을 기록해 보세요.

대부분의 생각이 현실이 되는 경우가 많습니다. 기억해야 할 것은 하나님은 음란한 생각까지도 간음의 범주로 말씀하신다는 것입니다. 어떤 모양이라도 악한 생각은 버리고, 죄악의 씨앗에도 가까이 가지 말며, 스스로가 하나님 앞에서 거룩하여지기를 노력해야 합니다.

③ 하나님을 경외하는 코람데오(Coram Deo)의 생활을 해야 합니다.

Q 〈잠언〉 16장 6절을 기록해 보세요.

우리는 하나님이 어떤 곳이나 어떤 시간이나 우리를 지켜 보고 계신다는 하나님의 임재를 느끼며 살아가야 합니다.

진정으로 하나님을 두려워하는 사람은 하나님을 어떤 순간에도 의식하며 삽니다. 그것은 특히 죄악의 자리나 유혹의 자리에서 더욱 드러나야 합니다. Coram Deo(여호와의 면전에) 신앙의 대표적 인물이 〈창세기〉 39장의 요셉입니다.

Q 〈창세기〉 39장 9절을 기록해 보세요.

성의 개방과 성적인 문란은 과거 고대 세계의 문제만은 아닙니다. 말세로 달려가는 오늘날에 더욱 강력하게 나타나고 있습니다. 하나님이 주신 각종 축복과 도구를 인간들은 오히려 쾌락의 도구로 사용하고 있습니다.

주님과 동행하기

1. 간음죄로부터 승리할 수 있는 비결

① 부부간에 에로스적인 사랑이 아닌 아가페적인 사랑을 나눠야 합니다.

Q 〈에베소서〉 5장 25절을 기록해 보세요.

사람들은 부부의 사랑은 육체적인 사랑이 전부라고 생각하는데 그것이 전부가 아닙니다. 부부의 사랑은 그리스도께서 우리를 사랑하신 십자가의 사랑과 같이 아가페적인 사랑이어야 합니다. 모든 것을 주고 용납하는 사랑이 되어야만 부부의 진정한 관계가 성립되는 것입니다.

어느 정도의 적당한 선에서 우리의 사랑을 타협하려고 해서는 안 됩니다.

우리를 위해 목숨까지 내어 주신 그리스도의 사랑을 생각하며 열정적으로 사랑해야 합니다. 이렇게 해야 부부간에 은밀하고 긴밀한 사랑의 관계가 생겨납니다. 이것이 깨어지면 간음이 생기는 것입니다.

② 간음을 이기겠다는 굳은 결단과 행함이 있어야 합니다.

Q 〈요한복음〉 11장 8절을 기록해 보세요.

간음죄는 오랫동안 사람의 마음에 자리 잡고 있으며 또 다른 죄로 나아갈 수 있는 원인이 될 확률이 매우 높습니다. 그만큼 무서운 죄입니다.

순간적인 실수나 연약함 때문에 죄를 범하였다면 예수 그리스도께 나와 지 · 정 · 의의 회개를 해야 합니다. 진실된 통회와 자복하는 마음을 가지고 주님에게로 나아가야 합니다. 모든 죄를 회개하고, 죄를 끊어버리겠다는 결단과 행함이 있을 때 주님은 우리의 죄를 용서해 주시고 놀라운 회복과 평안을 주실 것입니다.

③ 가정을 지키고 부부간의 사랑을 키워가야 합니다.

Q 〈마태복음〉 5장 31~32절을 기록해 보세요.

제7계명을 주신 것은 간음하지 말라는 말씀 속에 적극적으로 가정을 지키고 부부가 하나되어야 함을 강조하신 것입니다.

결혼은 하나님이 정하신 것이기에 두 사람이 쉽게 나누어져서는 안 됩니다. 부부는 죽음이 두 사람을 갈라놓을 때까지 사람이 절대 나눌 수 없습니다. 많은 사람들이 이혼을 하는 이유 중에는 배우자의 간음이 있습니다. 하나님이 정하신 가정을 깨뜨리는 이혼은 단순한 죄가 아니라 하나님을 무시한 엄청난 죄입니다. 그러나 설사 배우자가 외도를 했다 할지라도 그것이 큰 죄이므로 자동으로 이혼하라는 말이 아닙니다. 부정을 저지른 배우자가 진실된 회개와 돌아섬이 있다면 성도는 용서해 주는 것이 마땅합니다.

린다 딜로우 여사가 쓴《너의 남자를 진정으로 사랑하려면》이라는 책에 보면 성(性)에 대해서 4가지로 설명하고 있습니다.
출산, 일체성(하나됨), 기쁨, 위로입니다. 부부간의 아름다운 성생활은 하나님께서 우리에게 주신 소중하고 놀라운 축복입니다.

하나님이 정해 주신 규율 안에서 부부간에 깊은 영적, 육체적 만족을 누리십시오. 성(性)은 하나님이 부부에게만 허락하신 기쁨입니다.

2. 배우자를 위한 사랑의 기도

1. 현재의 배우자나 장차 배우자가 될 사람을 위해 축복의 기도문을 만들어 봅시다(특별한 이유로 헤어짐을 겪었다 하더라도 축복하며 기도해 봅시다).

기도문

2. 자신의 가정과 부부관계를 중심으로 다음의 물음에 대답하며 문제를 파악하고, 해결하기 위해 노력할 수 있기를 바랍니다.

① 지금 당신의 가정과 배우자에 대해 당신의 만족도는 어떠합니까? 그 이유는 무엇이라고 생각하나요?

② 당신은 당신의 가정이 어떠했으면 좋겠다고 생각하나요?

③ 당신은 당신이 꿈꾸는 가정과 배우자를 위해 어떤 노력을 하고 있나요?

십 계 명

08 도적질하지 말라

✣ 〈출애굽기〉 20장 15절

15 도적질 하지 말라

세상 돌아보기

우리는 하나님에게 24시간이라는 시간을 받은 청지기입니다.

오늘 나에게 주어진 24시간을 어떻게 사용했는지 하루 일정표를 작성해 보십시오.

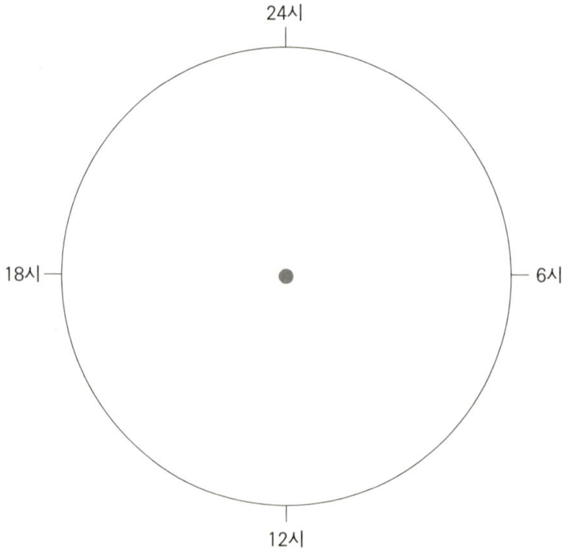

주님 알아가기

레슬레 트라셔라는 화가의 재미있고 의미 있는 그림이 있습니다.
어떤 그림인가 하면, 시골 마을에 있는 정육점의 풍경을 그려놓은 것인데, 묘사를 하자면 대략 이렇습니다.
한 여인이 고기 사는 것을 주시해서 보고 있고, 정육점 안에서는 주인과 고객이 저울을 갖다놓고 서로 마주봅니다. 주인은 정육점 고기를 재는 저울을 보이지 않게 손가락으로 누르고 있고, 손님은 보이지 않게 저울 밑에서 손가락으로 받치고 있습니다. 동시에 주인도 야릇한 미소를 띄고 있고, 손님도 야릇한 미소를 띄고 있습니다.

이것은 인간의 본성이 어떠한 것인지를 참 잘 보여 주는 그림입니다.

인간은 본능적으로 남을 속이고 남의 것을 도적질하려고 하는 못된 본성을 가지고 있습니다.

1. 8계명이 말씀하는 본질적인 의미는 무엇일까요?

① 이웃을 사랑하며 존중하고 타인의 재산을 보호하라는 의미가 있습니다.

Q 〈잠언〉 17장 5절을 기록해 보세요.

8계명은 하나님이 단순하게 우리에게 절도죄를 범하지 말라는 것이 아닙니다. 이웃의 물건이나 재산을 보호하고, 지켜주라는 것입니다. 그들을 돕고 사랑하라는 의미까지 담고 있습니다.

② 정직하고 열심히 살라는 노동의 의미가 있습니다.

Q 〈데살로니가후서〉 3장 10절을 기록해 보세요.

거기다가 더 적극적인 의미는 너희들이 도적질하지 않기 위해서는 정직하고, 열심히 일하는 하나님의 노동관도 포함되어 있습니다.

주님 바라보기

"1917년 평양 대부흥운동"(나는 도둑놈입니다)

1917년 평양에서는 대부흥운동이 일어났습니다. 평양 대부흥운동으로 말미암아 한국에 급속도로 기독교가 퍼지게 되었는데, 그것의 계기는 길선주 목사님의 회개의 고백이었습니다.
토마스 하디라는 선교사님이 그들에게 불을 지폈습니다만 궁극적으로 성도들의 마음이 열리고 애통하며 회개하는 그러한 부흥운동이 일어났던 계기는 당시에 목회자였던 길선주 목사님 때문이었습니다. 그는 교인들 앞에서 이렇게 고백을 했습니다.
"여러분, 저는 하나님과 여러분 앞에 죽을 죄인입니다. 저는 도둑놈입니다. 제가 예수 믿기 전에 저와 막역한 친구였던 한 친구가 병들어 죽으면서 저에게 부탁을 했습니다. "여보게 내 아내가 무식하니까 자네가 내 재산을 처리를 해주게." 저는 그 친구의 재산을 처리하면서 친구의 돈 백 원을 도적질해서 감추었습니다. 저는 그것을 회개합니다. 울면서 회개합니다."

이 사건 이후로 자신도 모르게 남의 돈을 토색하거나 외상값을 갚지 않았거나 도둑질했던 사람들이 외상을 갚고 남에게 빌린 돈을 갚고 도둑질한 것을 다시 돌려주었습니다. 이러한 기적 같은 일들이 벌어졌습니다.

미국의 시카고에 있는 트리니티 신학교에 가보면 당시 선교사님들이 모국어로 작성하여 미국으로 보냈던 선교 보고가 그대로 남아 있습니다.

선교 보고의 내용들을 보면 '지금 한국의 평양이 미쳤다.'고 표현합니다. '거룩하게 미쳤다.'고 했습니다.

1. 하나님의 것에 대한 도둑질에는 어떤 것이 있을까요?

오늘날 땅에서 하나님이 사람에게 어떤 것을 구별하여 하나님께 바치라고 한 것이 있다면 그것은 원래 하나님의 것이었기에 우리는 순전한 마음으로 드려야 합니다. 우리는 하나님의 청지기입니다. 하나님이 요구하신다면 당연히 하나님에게 드려야 합니다. 그런데 세상적인 욕심으로 그것들을 감추고 내 것으로 하는 사람들이 있습니다. 그것이 하나님 것에 대한 도둑질입니다.

① 하나님의 시간을 훔치는 것입니다.

Q 〈이사야서〉 58장 13~14절을 기록해 보세요.

구약의 안식일과 신약의 주일은 하나님의 날입니다. 모든 날이 하나님의 것이지만 하나님은 우리가 6일 동안은 세상에서 기쁘고 열심히 살고, 하루만은 하나님을 위해서 살고 온전히 예배하는 인생이 되기를 원하셨습니다. 그런데 우리가 주일에 예배하지 않고 성수하지 않는 것은 하나님의 시간, 하나님의 것을 도둑질하는 것입니다.

② 하나님의 물질을 훔치는 것입니다.

Q 〈말라기〉 3장 8절을 기록해 보세요.

하나님은 돈이 필요하신 분이 아닙니다. 하나님은 가난하신 분이 아닙니다. 그럼에도 하나님은 십의 일조라는 율법을 만드셔서 우리에게 물질을 요구하십니다. 하나님은 이것을 통하여 우리의 믿음을 보시고 더 많은 복을 주시려고 하는 것입니다.

십일조는 하나님의 창조 섭리를 믿는 성도의 마땅한 의무입니다. 의무를 지키지 않는 자는 하나님의 물건을 도둑질하는 자입니다.

십일조는 부담이 아니라 축복의 통로입니다.

2. 사람에 대한 도둑질에는 어떤 것이 있을까요?

탈세나 공금 횡령 같은 은밀한 도둑질도 있습니다. 탈세는 국가의 돈을 도둑질하는 것입니다. 예수 믿는 사람은 손해를 봐도 탈세를 해서는 안 됩니다. 공금 횡령이라고 하는 것은 심각한 죄악입니다.

① 고용주가 노동자의 임금을 착취하는 것도 도둑질입니다.

Q 〈야고보서〉 5장 4절을 기록해 보세요.

'내가 주는 돈인데.'라고 생각해서는 안 됩니다. 노동자가 열심히 일한 대가를 내가 빼앗았기 때문에 이것도 엄연히 도둑질입니다.

임금 착취는 단순한 도둑질이 아니라 노동자에게 아픔을 주는 죄입니다. 사람의 생명을 업신여기는 죄입니다. 절대로 고용주가 노동 임금을 착취해서는 안 됩니다.

해외에서 돈 벌러 들어온 외국인 노동자를 함부로 취급하지 말아야 합니다. 우리 한국 사람보다 임금을 적게 주고, 어떨 때는 주지도 않고 온갖 어려운 일을 시킵니다. 외국인 노동자도 사람입니다. 그분들의 임금을 착취하는 것도 도둑질입니다.

② 해야 할 일에 최선을 다하지 않는 것도 도둑질입니다.

Q 〈누가복음〉 16장 10절을 기록해 보세요.

직장 생활을 하면 직장에서 최선을 다해 일을 해야 합니다. 업무 시간에 엉뚱한 일로 시간을 낭비해서는 안 됩니다.

주인은 정상적으로 임금을 주고 일을 시키는데, 자기는 거기에 대해 최선을 다하지 않으면서 돈을 받았기 때문에 주인의 돈을 착취한 것입니다. 예수 믿는 사람은 직장 생활이 아무리 힘들어도 남보다 더 성실하게 일해야 합니다. 주인이 보지 않는 자리에서도 최선을 다해 일을 해야 합니다.

③ 남을 속이는 것도 도둑질입니다.

Q 〈잠언〉 20장 23절을 기록해 보세요.

상거래 중에 터무니없이 비싼 값을 받거나 물건의 함량을 속이는 것도 도둑질입니다. 물건 함량을 속이고 물건 값을 비싸게 받는 것은 하나님 앞에 죄가 되고, 하나님이 미워하시는 것입니다. 다른 사람을 속이지 말고 정직해야 됩니다.

④ 빌린 것을 갚지 않는 것도 도둑질입니다.

Q 〈잠언〉 22장 27절을 기록해 보세요.

남의 것을 빌리고 주지 않거나 남에게 빌린 돈을 갚지 않는 것은 도둑질입니다. 적은 액수의 돈일지라도 꼭 갚아야 합니다.

돈을 빌린 사람은 몰라도 빌려준 사람은 끝까지 기억합니다. 모르는 것이 아니라 자존심 때문에 모르는 척하는 것임을 기억해야 합니다.

⑤ 이자를 지나치게 많이 받는 것도 도둑질입니다.

Q 〈레위기〉 25절 37절을 기록해 보세요.

이윤을 남기는 자체는 죄가 아닙니다. 그러나 누구나 허용할 수 있는 범위여야 합니다. 그러므로 고리대금업자처럼 원금보다 터무니없이 비싼 이자를 붙이는 것은 죄이고, 도둑질입니다.

⑥ 도박하는 행위도 도둑질입니다.

Q 〈잠언〉 13장 11절을 기록해 보세요.

도박은 불로소득으로 남의 소득을 약탈하는 도둑질입니다. 그러한 방법으로 얻은 소득은 곧 줄어갈 것이며, 성실하게 모은 것만이 하나님의 영광을 위해 사용될 것이며, 그 부가 오래갑니다. 한탕주의가 아닌 성실하게 힘써 노력하여 벌어야 그 부귀와 영화가 우리 삶에 넘칠 것입니다.

⑦ 타인을 비난하는 것도 도둑질입니다.

Q 〈갈라디아서〉 5장 26절을 기록해 보세요.

다른 사람 험담을 하는 것과 상대방의 명예를 모독하는 것은 그 사람의 인격을 도둑질하는 행위입니다. 절대 우리는 다른 사람의 험담을 하면 안 됩니다. 눈으로 보지 않고 얘기하면 도둑질입니다. 자기도 모르면서 거짓말 합니다. 이것은 남의 인격을 도둑질하는 무서운 것입니다.

⑧ 충성스럽지 못한 것도 도둑질입니다.

Q 〈잠언〉 25장 13절을 기록해 보세요.

나라를 사랑하고 백성들을 위하여 정치를 하라고 국회의원들을 국회로 보내놨더니 일은 하지 않고, 국민의 혈세로 외국에 여행만 다니는 것도 도둑질입니다. 나라를 지키는 군인이 엉뚱한 짓을 하는 것과 군 장성들이 한가롭게 골프를 치는 것도 도둑질입니다.

3. 자신의 것에 대한 도둑질에는 어떤 것이 있을까요?

소요리문답 75번과 답에 보면 '제 8계명에서는 우리 자신과 이웃과 그들의 재물과 산업을 부당하게 방해하거나 방해될 만한 일을 하는 것을 금한다.'고 되어 있습니다. 재물만이 아니라 시간도 중요합니다.

① 세월을 허비하는 도둑질입니다.

Q 〈에베소서〉 5장 16절을 기록해 보세요.

우리에게 주어진 시간은 모두 하나님의 역사 아래 주관되는 것이며, 그 시간 동안 주님을 기쁘게 하고, 그분의 영광을 위해 살아야 할 책임이 있기 때문입니다. 내 시간이라고 함부로 시간을 보내는 것은 하나님이 우리에게 주신 시간을 도둑질하는 것입니다.

② 내 자신과 남에게 인색한 것도 도둑질입니다.

Q **〈고린도후서〉 9장 7절을 기록해 보세요.**

하나님은 빈손 들고 온 우리에게 청지기의 삶을 주셨습니다. 하나님이 우리에게 많은 것을 주신 것은 혼자만 가지라고 주신 것이 아닙니다. 그런데 그것을 베풀지 않고 인색하다면 그 자체도 도둑질입니다. 베풀고, 나누어 주고, 섬기는 연습이 되어야 합니다.

③ 사치와 허영도 자신의 것을 도둑질하는 것입니다.

Q **〈잠언〉 19장 10절을 기록해 보세요.**

인색한 것도 문제지만 예수 믿는 사람이 사치와 허영에 빠져 생활하는 것은 하나님이 주신 것을 자기가 허비하는 도둑질입니다. 하나님의 것을 자기 것으로 생각해서 막 쓰는 것입니다.

필리핀 마르크스 대통령의 부인 이멜다는 말라카낭 궁에 살았습니다. 백성들은 굶어 죽어가는데 이멜다는 구두가 삼천 켤레, 가운이 이천 벌, 속옷이 삼천 오백 벌, 수백 개의 보석상자가 있었습니다. 이것은 죄입니다. 이멜다는 매일 돌아다니면서 "나는 아름다워야 하는 의무가 있다."고 말했습니다. 참으로 어처구니가 없는 말입니다. 자기 것이라고 함부로 하면 안 됩니다.

주님과 동행하기

1. 도둑질하지 않고 승리하는 삶의 비결은 무엇일까요?

① 과대한 욕망을 버리세요.

Q 〈디모데전서〉 6장 10절을 기록해 보세요.

탐심은 우리 인생에게 허락된 보석을 빼앗는 것과 같습니다. 탐욕이 가득한 사람은 행복을 찾지 못합니다. 하나님이 우리에게 허락하신 보석을 캐내지 못합니다. 가족도, 이웃도, 사명도, 행복도 보지 못합니다. 오직 탐욕스러운 마음으로 살다가 다 내려놓고 가는 어리석은 인생이 되는 것입니다. 탐심은 결국 하나님을 보지 못하게 만듭니다.

② 자족의 은혜를 누리세요.

Q 〈잠언〉 30장 8~9절을 기록해 보세요.

아굴은 자기가 죽기 전에 이루고 싶은 두 가지 소원이 있었습니다. 하나는 거짓말하지 않고 신실하게 사는 것이고, 또 하나는 풍족할 때는 하나님을 모른다 할까 겁나고, 너무 없을 때는 도둑질하여 하나님의 영광을 가릴까 두려워했습니다. 현재 내가 가진 것에 만족하고 감사하는 마음이 중요합니다. 이것이 하나님이 내게 주신 은혜임을 깨달아야 합니다.

Q 〈빌립보서〉 4장 11절을 기록해 보세요.

바울 선생은 "나는 자족의 비결을 배웠다."고 했습니다. 배웠다는 것은 자꾸 연습해서 숙련되어 도가 텄다는 것입니다.

인간이 가질 수 있는 최상의 고상한 태도는 자족하는 것입니다. 자족하는 사람은 누구도 건드리거나 유혹할 수 없습니다. 자족하는 사람은 절대 도둑질하는 죄를 범하지 않습니다. 왜냐하면 지금 그 사람은 하나님이 주신 것에 만족하여 남의 것을 빼앗을 이유가 없기 때문입니다. 자족의 대상은 사람이나 물질이 다 해당됩니다.

트롬모이 교회에 가면 교회 묘지가 있습니다.
어느 할머니의 묘비에 다음과 같은 인상적인 글이 적혀 있습니다.
"내가 베푼 것만이 내가 가진 것, 내가 쌓아둔 것은 남겨두고 떠나는 것."

공감되는 글입니다. 하나님이 우리에게 주신 것에 자족하며 살고, 하나님이 우리에게 주신 풍성한 것을 이 세상에서 베풀고 나누었을 때 비로소 그것이 천국에서 우리에게 남는 것입니다.

③ 부지런한 인생을 살아가세요.

Q 〈데살로니가후서〉 3장 10절을 기록해 보세요.

'분주한 꿀벌에게는 염려할 시간도 없다'는 속담이 있습니다. 미친 듯이 꿀을 얻기 바쁜 벌에게는 염려할 시간조차 없습니다. 마찬가지로 바쁘고 열심히 활동하는 사람에게는 죄의 유혹도, 유혹받을 시간도 없습니다. 한가하게 게으름 피우고 빈둥빈둥 노는 사람에게 꼭 유혹의 손길이 뻗칩니다.

가정주부 중에도 게으른 주부에게 문제가 생깁니다. 남자도 바쁘게 열심히 살지 않는 한가한 사람에게 문제가 생깁니다. 학생들도 마찬가지입니다. 학생들이 언제 도둑질을 합니까? 열심히 공부하지 않으니까 커닝을 하고 남의 지식을 도둑질합니다. 열심히 하지 않으니까 남의 리포트를 베끼는 것입니다.

부지런한 사람은 남의 것을 도둑질하고, 남의 것을 탐할 이유가 없습니다. 그리스도인들은 남의 것을 빼앗아 가지는 것이 아니라 부지런히 일해서 다른 사람에게 주는 생활을 해야 합니다.

④ 정직하게 살아가세요.

Q 〈에베소서〉 4장 28절을 기록해 보세요.

남들을 도와주기 위해서 열심히 살아야 합니다. 게으른 자의 미래는 빈궁과 곤핍, 죄의 유혹과 도둑질입니다. 게으른 자는 편법을 쓰게 됩니다. 하지만 하나님은 근면한 자에게는 길을 열어 주시고, 인생의 복을 주십니다.

인생의 승리자들은 정직하게 성공합니다. 하나님은 부지런하고 정직하게 일하는 자의 손을 들어 주십니다. 하나님은 눈물의 씨앗을 뿌리는 자의 손을 들어 주십니다.

2. 청지기로서 하나님이 주신 물질과 시간을 어떻게 사용했는지 점검해 봅시다.

① 하나님에게 드리는 헌금(십일조)은 제대로 하고 있습니까?

② 하나님의 시간인 주일은 철저하게 성수하고 있습니까?

③ 속임수로 부당하게 얻은 수입이 없습니까?

④ 하나님이 주신 물질과 시간을 이웃이 필요로 할 때 언제나 희생할 수 있는 마음의 준비를 하고 있습니까?

3. 도둑질하는 죄를 범하지 않기 위해서는 자족하는 마음이 필요합니다.

나의 삶을 자족하며 감사의 목록을 작성해 봅시다.

나의 감사 목록

십 계 명

09

네 이웃에 대하여 거짓 증거 하지 말라

✣ 〈출애굽기〉 20장 16절

16 네 이웃에 대하여 거짓 증거 하지 말라

세상 돌아보기

당신은 어떻게 하시겠습니까?

① 어떤 사람이 지인의 집에 식사 초대를 받아서 갔습니다. 식사가 끝난 후에 "많이 드셨습니까?", "맛있게 드셨습니까?" 라는 질문을 받았는데 그날 음식은 정말 맛이 없었습니다. 당신은 어떻게 대답하시겠습니까?

② 2차 대전 중 독일군에게 점령당한 곳에서는 독일군의 수색을 피해서 민가에 은신해 있던 유태인들이 많았습니다. 독일군들은 집집마다 돌아다니며 가택수색을 하여 유태인들을 잡아들였습니다. 이때 민가의 많은 사람들이 집에 유태인 은신자를 두고는 없다고 부인하여 독일군을 돌려보내서 생명을 건진 일이 있었습니다. 만약 당신이 민가의 사람이었다면 어떻게 하시겠습니까?

첫 번째 질문은 대부분의 사람들이 예의상 적절한 선에서 거짓말을 합니다.

"예, 충분히 먹었습니다.", "맛있게 먹었습니다."

그러나 "아니요, 음식이 조금 부족하군요.", "음식이 입에 잘 맞지 않는군요."라고 정직하게 대답하면 비록 그 말이 사실일지라도 그 말이 상대방에게 정신적인 상처를 줄 수 있습니다. 그렇기 때문에 자신은 정직한 말을 했다고 할 수 있을지 몰라도 바른 행동을 했다고 할 수는 없습니다.

두 번째 질문은 불가피하게 거짓말을 하게 되는 대표적인 사례입니다.

성경에도 이와 같은 불가피한 거짓말의 사례들이 있습니다.

바로왕 앞의 히브리 여인인 십브라와 부아입니다. 그녀들은 하나님을 경외하여 남자 아이들을 살렸습니다. 또 기생 라합이 여리고 성을 정탐하러 들어온 두 명의 이스라엘 사람을 숨겨준 사건이 있습니다.

주님 알아가기

《프루타루크 영웅전》에서는 무시무시한 이야기 하나를 소개하고 있습니다.

어떤 소년이 포도밭에 가서 주인 몰래 포도를 따 먹었습니다. 그때 갑자기 주인이 나타났습니다. 소녀는 너무 급해서 자기가 땄던 포도를 급하게 자기 옷 안에 숨겼습니다. 그러나 주인은 이미 모든 것을 알고 있었습니다. 주인이 물었습니다. "얘야, 너가 포도를 훔쳤지?" 소녀는 포도를 훔친 것이 발각되면 크게 혼날 것 같아서 거짓말을 했습니다.

"나는 포도를 훔치지 않았어요." 주인은 다시 다그쳤습니다.

"너가 훔쳤잖아?" "나 안 훔쳤어요." 실랑이가 계속되었습니다. 그런데 큰 일이 벌어졌습니다. 소년이 훔친 포도를 옷 안에 숨길 때, 그만 작은 뱀이 같이 따라 들어간 것입니다. 소년의 품속에 포도와 같이 들어간 뱀이 소년을 물었는데도 소년은 두려워서 끝까지 숨기다가 결국은 죽었습니다.

이 이야기는 별것 아닌 두려움과 거짓말 한 마디 때문에 때로는 자기 인생이 파멸의 길로 떨어질 수 있다는 것을 보여줍니다.

1. 하나님은 우리 인간에게 언어의 특권을 주셨습니다.

① 사람들은 언어를 통해 새로운 힘을 불어넣을 수 있습니다.

Q 〈민수기〉 6장 27절을 기록해 보세요.

언어는 동물에게는 없는 것으로, 사람만이 언어를 통해서 소통을 합니다. 심지어 언어로써 사람을 살리기도 하고 죽이기도 합니다. 또한 언어로써 어깨가 처진 사람들에게 위로와 격려를 하며 처진 어깨를 세우기도 하고 힘차게 앞으로 나아가게도 합니다.

② 사람들은 언어를 통해 사람들을 죽이기도 합니다.

Q 〈마가복음〉 6장 24절을 기록해 보세요.

거짓된 말은 남에게 상처나 손해를 끼칠 수 있고, 자기 자신을 파멸의 길로 이끌 수도 있습니다. 그럼에도 이것이 죄라고 금방 드러나는 것이 아니기 때문에 수많은 사람들은 거짓된 말 속에서 살아갑니다. 특히 예수를 믿는다고 하면서도 그 삶 속에서 거짓말을 입에 달고 다니는 사람도 의외로 많이 보게 됩니다.

자신이 무의식적으로 뱉는 말 중 수많은 거짓말과 잘못된 말들이 많다는 것을 인정해야 합니다. 하나님은 진리의 하나님이시고, 진리를 사랑하십니다. 그렇기에 당연히 하나님은 거짓을 미워하시고, 거짓말을 증오하십니다.

주님 바라보기

"거짓말한 대통령에 대한 분노"

캘리포니아의 오렌지카운티에 요바린다라는 곳이 있습니다. 디즈니랜드에서 차를 타고 7분 정도 가면 나오는 조용한 곳입니다. 지금은 주택가이지만 과거에는 오렌지 농장이 있었던 지역입니다. 그곳에 가면 미국의 한 대통령을 기념하는 기념관이 있고, 기념관 옆쪽에는 대통령이 태어났던 생가와 대통령 부부의 무덤이 있습니다. 이 대통령이 오렌지 농장을 운영하는 가난한 집 아들로 태어난 것을 쉽게 알 수 있습니다.

기념관과 무덤은 바로 미국 최초로 임기를 채우지 못하고 사임한 닉슨 대통령의 것입니다. 무덤 앞에서 문득 이런 생각을 했습니다.

'이런 촌동네에서 나서 대통령까지 당선되려면 얼마나 많은 수고와 고생을 하였을까?'

'세계를 움직이는 미국의 대통령이 임기를 채우지 못하고 사임을 했다면 미국인들의 마음에 얼마나 큰 증오와 분노를 주었기 때문일까?'

아마 많은 분들이 닉슨 대통령이 사임하게 된 이유를 알고 계실 것입니다.

1972년 6월 미국의 대통령은 공화당의 닉슨이었고, 당시의 민주당의 전국 위원회는 워싱턴 D.C에 있는 '워터게이트'라는 빌딩에 있었습니다. 그때 빌딩에 다섯 명의 괴한이 들어가서 민주당 전국 위원회에 도청 장치를 설치했고, 결국 그것이 발각이 되어 나중에 재판까지 가게 되는 사건이 있었습니다. 그 건물의 이름을 따서 '워터게이트 사건'이라고 합니다.

사건 후 장장 1년 반에서 2년 동안의 지루한 법정 공방과 재판이 열리게 되었습니다. 그때 '과연 이 일을 백악관이 알고 있었느냐? 아니면 백악관이 도청을 주도했느냐? 더 나아가서 대통령이 그 사건에 대해서 얼마나 알고 있었느냐?'가 사람들의 주된 관심거리였습니다. 대통령과 백악관의 참모들은 이를 부인했습니다. 자신들은 전혀 알지 못하는 일이며 쿠바 난민들이 와서 벌인 사건이라고 매도를 하기도 했습니다.

그때에 관련되었던 보좌관들 중 한 사람이 양심고백을 했습니다. 대통령이 관련되어 있음을 증명하는 대화가 녹음된 18분 30초 분량의 테이프가 백악관에 있다고 증언하였습니다. 그것조차도 백악관과 대통령은 모르는 일이라고 거짓말을 하였습니다. 모른다는 것입니다. 결국 나중에 이것이 발각이 되고, 보좌관 등 이 사건과 관련된 많은 사람들이 감옥에 가게 되고, 닉슨 대통령도 사임에 대한 압박을 받게 되었습니다.

대다수의 미국 국민들은 도청이라는 불법 행위에 대해서도 분노했지만 대통령이 국민들을 향하여 수십 번에 걸쳐 거짓말을 했다는 것에 더 큰 분노를 느끼고 용서할 수 없었었던 것입니다. 할 수 없이 1974년에 닉슨 대통령은 자진 사임을 하게 되었고, 변호사 자격도 박탈당하게 되었습니다.

닉슨 대통령의 워터게이트 사건을 보면서 이것이 바로 인생의 모습이라는 생각을 합니다. 사람들에게 있어서 도둑질하고 칼로 찔러 죽이는 살인도 큰 죄지만, 거짓말도 엄청난 죄라고 하는 것을 잘 보여 주는 예입니다. 사람들은 도청이라고 하는 불법도 그렇지만, 거짓말한 대통령에 대해서 더 크게 분노하게 된 것입니다.

① 거짓말은 자신도 모르게 배운 것입니다.

Q 〈요한복음〉 8장 44절을 기록해 보세요.

거짓말은 교육을 한 적이 없어도 보는 것만으로 스스로 배운다는 것입니다.

예를 들면, 전화가 걸려 왔을 때 부모님은 귀찮거나 만나기 싫은 사람이면, "엄마 없다고 해라."라고 말합니다. 그러면 아이들은 '아! 저런 때는 저렇게 해야 하는구나. 아! 거짓말은 자연스럽구나.'라고 속으로 생각하며 배우는 것입니다. 아이들은 결국 부모를 통해서 거짓말을 체득한다는 것입니다.

② 의도적으로 남을 해치려고 거짓말을 합니다.

Q 〈느헤미야서〉 6장 2절을 기록해 보세요.

사람을 죽이기 위해서 없는 것을 지어냅니다. 없는 것을 지어내어서 그 사람을 끄집어 내립니다. 그러므로 음해하는 것은 큰 거짓말의 죄라고 할 수 있습니다.

③ **두려움 때문에 거짓말을 합니다.**

Q 〈창세기〉 12장 11~13절을 기록해 보세요.

겁이 나고, 두려우면 자기도 모르게 거짓말이 튀어 나오게 됩니다. 별것 아닌 두려움과 별것 아닌 거짓말 한마디 때문에 때로는 자기 인생의 길이 파멸의 길로 갈 수 있다는 것을 알아야 합니다.

④ **부주의 때문에 거짓말을 합니다.**

Q 〈에베소서〉 5장 4절을 기록해 보세요.

사소한 부주의로 인하여 아무렇지도 않게 거짓말을 합니다. 이것은 본인이 잘못을 전혀 느끼지 못한다는 위험성을 안고 있습니다. 인간의 악한 본성에 해당하는 부분이기도 합니다.

⑤ 허영심 때문에 거짓말을 합니다.

Q 〈베드로후서〉 2장 18절을 기록해 보세요.

흔히들 허풍을 떤다고 하는 것이 여기에 해당합니다. 허세를 부리고 허풍 떨기 위해서, 자신을 포장하기 위해서 거짓말을 하는 것입니다.

사람들은 누구에게나 자신을 드러내려고 하는 습성이 있습니다. 마귀는 그것을 누구보다도 잘 알고 있기 때문에 본래 사실에 대해 유리하게 해석하거나 덧붙여서 과장되게 이야기하도록 만드는 것입니다. 이것은 우리에게 죄책감 없이 쉽게 거짓말을 하도록 만듭니다. 그러므로 우리는 하나님 앞에 날마다 자신을 낮추어야 합니다. 겸손하지 않으면 누구나 쉽게 범할 수 있는 잘못입니다.

⑥ 이기심 때문에 거짓말을 합니다.

Q 〈열왕기하〉 5장 22~23절을 기록해 보세요.

자신만을 생각하다 보면 모든 말을 자신의 입장에서 해석하고 없는 말을 지어내기도 합니다.

자기 자신을 합리화하며 이야기하다 보면 자기 자신조차도 옳다고 믿어 버리는 경우도 있습니다.

2. 하나님이 우리에게 거짓말을 금하신 이유가 무엇입니까?

① 하나님은 진실을 원하시는 분이기 때문입니다.

Q 〈시편〉 51장 6절을 기록해 보세요.

진실한 사람은 거짓된 사람을 싫어합니다. 하나님은 진실하시고, 거룩한 분이시기 때문에 하나님의 자녀인 우리가 거룩하고 진실되게 살고, 거짓말하지 않기를 원하십니다. 거짓말은 마귀가 좋아하는 것입니다.

② 우리가 주의 자녀로서 명예를 지키기를 원하시기 때문입니다.

Q 〈예레미야서〉 14장 14절을 기록해 보세요.

거짓말을 하는 사람은 다른 사람이 믿지 않습니다. 결국은 본인도 낭패에 떨어집니다. 자기 인격이 바닥에 떨어집니다. 아무리 좋은 대학을 졸업하고, 대학원을 졸업하고, 박사학위를 받고, 사회적인 지위가 있어도 "아, 저 사람은 늘 입에 거짓말을 달고 다닌다."라고 하면 아무도 그 사람을 신뢰하지 않습니다. 자기 인격과 명예를 위해서라도 하나님은 우리가 거짓말하지 않기를 원하시는 겁니다.

③ 이웃을 사랑하기를 원하시기 때문입니다.

Q 〈신명기〉 19장 14절을 기록해 보세요.

정말 예수님을 구주로 믿는 사람이라면 어떤 사람이든지 용서하고, 사랑해야 한다는 마음의 소리에 정직하게 반응합니다. 그리하여 참된 것을 행하며 사랑하며 사는 것입니다. 자신의 이득을 위하여 남을 속이는 일은 절대하지 않습니다. 심지어 자신이 손해를 보는 한이 있더라도 정직하게 대하며 진실되게 행합니다.

3. 거짓말에는 어떤 종류가 있을까요?

① 명예를 훼손시키는 거짓말이 있습니다.

Q 〈누가복음〉 7장 33~34절을 기록해 보세요.

중상이란 다른 사람의 명예를 훼손시키기 위해 거짓 선전을 하는 것입니다. 바리새인들이 중상 모략한 몇 가지의 예를 보면 경건한 세례 요한을 보고 "귀신이 들렸다."고 했고, 심지어는 예수님을 보고도 "먹기를 좋아하는 죄인들의 친구"라고 했습니다.

② 거짓 증언의 거짓말이 있습니다.

Q 〈창세기〉 39장 13~14절을 기록해 보세요.

위증이라는 것은 참으로 무서운 것입니다. 죄를 짓지 않은 사람도 위증으로 인해 감옥에 보내질 수 있고, 심지어 죽임을 당할 수도 있습니다. 입으로 하는 거짓 증거는 힘들지 않지만, 그 결과는 엄청나게 크게 나타날 수 있다는 것을 기억해야 합니다.

위증은 공적인 거짓말입니다. 맹세와 서약을 한 다음에 한 거짓말이기에 더욱 심각한 것입니다. 거짓 증언은 단순하게 거짓말에서 머무는 죄가 아닙니다. 이것은 상해가 될 수도 있고, 살인이 될 수도 있습니다. 자신이 손해를 보더라도 남에게 거짓으로 해를 입혀서는 안 됩니다.

③ 악하고 간사한 거짓말이 있습니다.

Q 〈창세기〉 3장 4~5절을 기록해 보세요.

간사한 말을 한다는 것은 결국은 남을 해하려는 의도가 그 속에 포함되어 있거나 남을 속이려고 하는 것입니다. 간사하다는 말은 눈을 속인다는 뜻입니다. 최근 수많은 이단들이 간사한 말을 통하여 성도들을 미혹합니다. 그들의 말에는 거짓과 미혹의 영이 들어가 있습니다.

④ 아첨이나 지나친 과장의 거짓말이 있습니다.

Q 〈데살로니가전서〉 2장 5절을 기록해 보세요.

있는 그대로 이야기해야 됩니다. 과장된 이야기도 거짓말입니다. 과장하는 것은 진리에 덧붙였기 때문에 그것은 거짓말입니다. 또 아첨은 금방은 좋을지 몰라도 문제가 많습니다. 왜냐하면 아첨과 과장은 상황을 정확하게 진단할 수 없게 만듭니다. 문제가 있어도 파악하지 못하게 합니다. 그리하여 우리에게 문제를 대처하거나 준비할 수 없게 만듭니다.

⑤ 파괴적인 비판과 근거 없는 비난의 거짓말이 있습니다.

Q 〈마가복음〉 3장 22절을 기록해 보세요.

내용을 알지도 못 하면서 근거 없이, 일단은 비난하고 보는 것입니다. 정확하지 않은 것을 자신이 보고 듣고 아는 것으로 판단해 버리고 함부로 말하는 것이 여기에 해당됩니다.

⑥ 거짓말이 섞인 농담도 거짓말입니다.

Q 〈잠언〉 2장 12절을 기록해 보세요.

농담으로 인해 다른 사람이 상처를 받을 수 있고 엄청난 수고를 해야 하는 경우가 생길 수 있습니다. 왜냐하면 다른 사람은 그 농담을 농담으로 받아들이지 않을 수도 있기 때문입니다.

4월 1일 만우절이 되면 우리나라 소방서와 경찰서에서는 많은 어려움을 당합니다. 절대 그분들에게 거짓말을 해서는 안 됩니다. 옆에 친구들에게도 장난으로라도 농담을 해서는 안 됩니다.

⑦ 침묵의 거짓말도 거짓말입니다.

침묵의 거짓말이라는 것은 '동조하고, 방조한다'는 것을 말합니다. 자신은 거짓말인 줄 알지만 "야~그것은 거짓말이야." 라고 알려주지 않고 그 사람이 미우니까 그냥 가만히 있는 것입니다. 그러면 자기도 그 거짓말에 동조를 하는 것입니다. 침묵도 거짓말입니다. 진리의 편에서 진실을 진실이라고 말하지 않는 것은 결코 거짓말의 죄에서 벗어나지 못합니다.

⑧ 하얀 거짓말도 거짓말입니다.

Q 〈출애굽기〉 1장 19절을 기록해 보세요.

하얀 거짓말이 죄인가, 죄가 아닌가? 하는 문제는 오랜 시간 조직신학에서 윤리학적인 문제로 대두되어 왔습니다. 결론부터 이야기하면 그것도 죄입니다. 하지만 하나님께서 생명과 선함과 하나님의 뜻을 위하여 때로는 하얀 거짓말은 허용해 주시기도 합니다.

주님과 동행하기

1. 생활에서 올바른 언어생활과 제9계명을 잘 지키기 위한 적극적인 방법은 무엇입니까?

① 하나님 앞에 정결하고 아름다운 언어를 사용해야 합니다.

Q 〈베드로전서〉 3장 10~11절을 기록해 보세요.

다음 찬양을 우리가 당당하게 부를 수 있을 정도가 되면 얼마나 좋을까? 하는 생각을 해 봅니다.

"내 말하는 것이, 내 마음의 생각이, 하나님께 그대로 들려 올라가기를 나는 원한다."

늘 긍정의 말, 감사의 말, 칭찬의 말, 공경의 말, 진실된 말을 하게 되면, 그 말들이 다 하나님께 영광이 되는 것입니다. 당신의 마음이 깨끗하고 진실된 생각으로 하나님께로 잘 들려 올라가도록 기도해야 합니다.

② 말하기 전에 꼭 세 가지를 생각하고 말해야 합니다.

1) 이 말은 사실인가?

2) 이 말을 상대방에게 하는 것이 좋은가?

3) 이 말을 꼭 해야 하는가?

③ 좋은 언어의 씨앗을 많이 심고 훈련해야 합니다.

Q 〈전도서〉 10장 12절을 기록해 보세요.

하나님께서 우리가 생활 속에 이런 좋은 언어의 씨앗을 심을 때, 좋은 열매를 맺게 하실 것입니다. 언어의 승리자는 삶의 승리자입니다.

"거짓 증거하지 말라"는 계명은 단순하게 거짓말하지 말라는 의미에서 머무는 것이 아닙니다. 그리스도인으로서 언어의 승리자가 되고 언어의 씨앗을 잘 심어 풍성한 축복의 열매를 맺으라는 계명입니다.

2. 나의 언어생활을 생각해보며 얼마나 좋은 언어의 씨앗을 심었는지 점검해 봅시다.

좋은 언어의 씨앗	자기 점검표		
	매우 그렇다	그렇다	아니다
1. 감사의 말을 심었습니까?			
2. 은혜의 말을 심었습니까?			
3. 덕을 세우는 말을 심었습니까?			
4. 칭찬의 말을 심었습니까?			
5. 공경의 말을 심었습니까?			
6. 진실된 말을 심었습니까?			

십 계 명

10

네 이웃의 집을 탐내지 말라

✢ 〈출애굽기〉 20장 17절

17 네 이웃의 집을 탐내지 말라 네 이웃의 아내나 그의 남종이나 그의 여종이나 그의 소나 그의 나귀나 무릇 네 이웃의 소유를 탐내지 말라

세상 돌아보기

만일 집에 불이 나서 모두 타 버리게 되는 경우가 생겨 5분 이내에 물건 5가지만 가지고 나올 수 있다면 어떤 것을 가지고 나오겠습니까?

① 가지고 온 것 가운데 제일 중요하게 생각되는 것부터 순서대로 적으세요.

② 그것에 어떤 가치가 있는지 얘기해 보세요.
(경제적, 영적, 감정적, 사회적, 직업적으로 분석)

③ 그것을 선택하게 된 이유를 설명해 보세요.

NO.	가지고 온 것	가치					순위
		경제적	감정적	영적	사회적	직업적	
1							
2							
3							
4							
5							

주님 알아가기

19세기 독일의 단막극 가운데 '돈부리'라고 하는 짧은 단막극이 있습니다. 돈이 참 많은 거부 아버지가 있었습니다. 아들과 딸을 두고 단란한 가정을 이루고 있었는데 그만 어머니가 일찍 돌아가시고 새로운 계모를 모시게 되었습니다. 계모는 참 진실되고 믿음이 있는 사람이었습니다. 아들과 딸을 자기 친자식처럼 여기고 사랑했습니다. 정말 아름다운 가정의 모습이었습니다.

그런데 시간이 얼마 지나지 않아서 아버지가 갑작스럽게 죽게 되었습니다. 그때부터 극의 상황은 완전히 바뀌었습니다. 남편의 갑작스러운 죽음으로 가정의 분위기가 완전히 변하게 되었습니다. 죽은 아버지의 시체를 가운데 놓고 계모와 아들딸이 논쟁을 벌이고 싸움을 했습니다. 유산 때문이었습니다.

"내가 더 권리가 많다." "내가 권한이 더 많다." "나도 거기에 권한이 있다." 소리를 지르며 싸움을 했습니다. 그때 세 명 중 아들의 머리에 스쳐 지나가는 생각이 있었습니다.

'지금 우리가 무슨 행동을 하는 것인가? 그렇게도 단란하고 행복했던 우리 가정이 아버지의 죽음 때문에 유산으로 싸움을 벌이고 있다니...'

아들은 더 소중한 것을 보지 못하고 있다는 것을 깨달았습니다. 아들이 먼저 이렇게 이야기했습니다.

"어머니, 저는 아버지의 재산을 포기하겠어요. 저는 아버지의 재산보다 우리 가정이 더 소중하다는 것을 이제야 깨달았어요. 어머니와 여동생도 더 소중한 것을 보았으면 좋겠어요."

그러자 어머니가 이야기를 했습니다.

"나도 포기하겠다."

계속해서 딸도 포기하겠다고 말했습니다. 그들은 아버지의 재산이 얼마나 되는가 확인하기 위해서 아버지의 금고를 열어 보았습니다. 금고에는 평소에 아버지가 모아 놓았던 현찰이 가득했습니다. 세 사람은 누구 하나 말할 것 없이 빙그레 웃으면서 지폐에 불을 붙이기 시작했습니다. 불이 타오르자 옆에 있던 딸이 지폐에 붙은 불을 쬐면서 이렇게 이야기했습니다.

"야! 따뜻하다."

글을 읽으면서 이 돈이 아깝다는 생각을 떨칠 수 없을 것입니다. 가난한 사람을 도울 수도 있고, 가정을 위해 더 좋은 일에 쓸 수도 있는데, 왜 태웠을까? 하고 생각하는 사람도 있을 것입니다.

돈을 태우면서 딸이 "야 따뜻하다."고 하는 것이 굉장히 어리석게 보입니다. 돈을 불태워 버린다고 해결되는 문제가 아닌데, 우리들로 하여금 참 많은 생각을 하게 하는 글입니다. 여기 '돈부리'에서 나오는 세 사람은 잠깐이었지만, 사랑과 가족 · 부모 · 형제와 아름다움과 믿음이라는 우리가 지켜야 될 것들을 보지 못했습니다. 그들은 탐심으로부터 소중한 것을 지키기 위해서 차라리 돈을 태워버리게 된 것입니다.

"TV 전도자 짐베이커의 탐심"

과거 미국에 짐베이커라는 유명한 TV 전도자 때문에 난리가 난 적이 있었습니다. 그가 설교를 하면 수천 명의 사람들이 주께로 돌아오는 등 엄청난 기적을 일으켰습니다. TV를 통해서 전도의 메시지를 선포하고, 아픈 사람에게는 손을 얹으라 하고, TV에서 기도를 했습니다. 그러면 갑자기 병자가 거뜬히 일어나고, 기적이 일어나는 것입니다.
온 미국이 난리가 났습니다. 바로 그 짐베이커라고 하는 사람이 한번은 TV에 나와서 선교에 대한 이야기를 하면서 선교헌금을 내라고 말했습니다. 그는 자기 계좌를 알려줬고, 사람들은 엄청나게 많은 선교예물을 보냈습니다. 그것을 우리 돈으로 계산을 해보니까 95억 원 정도 되었습니다. 수많은 돈이 자기 통장으로 들어와 엄청나게 많은 돈이 생겼습니다. 여기에 대해 검사하는 사람, 조사하는 사람도 없었습니다. 그때 탐욕이 그의 안에 들어갔습니다. 짐베이커는 그때부터 흥청망청 멋대로 살기 시작했습니다. 돈을 다 어떻게 썼겠습니까? 나중에 조사를 해보니까 자기 집 마당에 있는 개에게도 에어컨을 달아줬다고 합니다. 결국 그는 재판에 회부되었습니다. 재판 중에 판사가 이렇게 말했습니다.
"당신은 성경을 아는 사람으로 성경이 진리라고 선포했습니다. 그런데 〈디모데전서〉 6장 10절을 무시하며 살았습니다."

목회자도 조심해야 됩니다. 직분자도 조심해야 됩니다. 우리는 자신을 너무 믿으면 안 됩니다. 우리가 안도하는 순간에 마귀는 탐심을 슬며시 우리 속에 집어넣습니다. 우리의 작은 틈을 이용해서 거대한 죄를 범하게 하는 것이지, 계획하고 음모를 꾸미는 것이 아닙니다. 우리가 하찮게 여기는 탐심이라는 것을 마음에 쏙 집어넣어서 우리를 파멸의 길로 이끄는 것입니다.

1. 탐심이란 무엇일까요?

소요리문답 제81문에 보면 이렇게 답을 합니다.

'십계명에서 금하는 것은 우리 자신의 처지에 대한 모든 불만과 이웃의 행복을 시기하거나 좋지 않게 여기는 것과 이웃에 속한 어떤 물건에 대한 모든 부당한 행동과 감정이다.'

① 하나님이 주신 것에 대해 만족할 수 없는 욕망을 탐심이라고 합니다.

Q 〈창세기〉 3장 2~5절을 기록해 보세요.

하나님은 우리에게 다 주셨습니다. 건강도 주셨고, 물질도 주셨고, 삶도 주셨고, 자녀도 주셨고, 많은 것을 주셨습니다. 그러나 사람들은 하나님이 주신 것에 대해 만족하지 않기 때문에 탐심을 가지게 됩니다.

② 세상에 대한 지나친 사랑도 탐심입니다.

Q 〈디모데전서〉 6장 10절을 기록해 보세요.

'칼빈' 선생이 말했듯이 예수를 제대로 믿는데 3년 안에 부자가 안 되면 신앙생활을 제대로 한 것이 아닙니다. 적당히 하니까 부자가 못 되는 것입니다. 그 말은 예수 믿는 사람도 건전한 경제관을 가지고 최선의 노력과 열심을 다해서 돈을 많이 벌어야 된다는 것입니다. 놀지 말고 최선을 다하고 남보다 더 많이 벌어서 남보다 더 부자가 되어야 합니다. 그래서 하나님의 영광을 위해서 쓰기도 하고 남에게 베풀며 살아야 합니다.

그러나 문제는 그것이 전부라고 생각하는 것입니다. 말은 그럴듯하게 하고, 예배하고, 하나님 영광이 어떻고, 천국이 어떻고 하지만 그 깊은 내면에는 돈! 돈!돈! 돈밖에 없습니다. 그러다가는 돈 사람이 되고 맙니다.

③ 남의 것을 욕망하는 것이 탐심입니다.

Q 〈열왕기상〉 21장 15~16절을 기록해 보세요.

우리가 삶 속에서 주변 사람들이 가진 것이 내가 가진 것보다 더 좋게 느낄 때부터 사탄이 우리에게 탐심의 마음을 심었다고 생각하면 됩니다.

날마다 내 자신을 쳐서 탐심을 없애고 복종한다는 말은 하나님의 틀에 나를 맞추는 것입니다. 하나님의 틀에 내가 안 맞을 때에 자꾸 그 틀에 나를 맞추어 가야 합니다. 그것을 하나님께서는 예쁘고 사랑스럽게 봐주십니다.

2. 십계명에서 금한 탐심의 내용은 무엇입니까?

① 물질에 대한 탐심입니다.

Q 〈여호수아서〉 7장 1절을 기록해 보세요.

우리 인간이 살아가는 데에는 여러 가지 물질이 필요합니다. 타락한 인간들은 모든 물질과 돈에 대한 탐욕스러움을 가지고 있습니다.

성경에는 유난히 물질에 대한 탐심 때문에 죄 지은 사람을 많이 소개하고 있습니다.

여호수아가 아이성 전투에서 패한 이유는 아간이라고 하는 탐욕스러운 사람 때문이었습니다. 또 아합왕이라는 탐욕스러운 사람도 있습니다. 자신은 백 가지를 가지고 없는 것 없이 모든 것을 누리는 왕이었습니다. 그런데 포도원 하나를 강제를 빼앗아 버렸습니다.
또 신약성경에는 남자 노예 한 사람의 값밖에 안 되는 돈 때문에 엄청난 죄를 짓는 사람이 나옵니다. 예수님을 3년 동안 같이 따라 다녔고, 그분이 행하신 기적을 보았고, 말씀을 들었고, 그분이 하나님이신 줄을 알았지만 몇 푼의 돈 때문에 예수님을 판 '가룟 유다'입니다.
또 '아나니아와 삽비라'처럼 하나님에게 드려야 할 예물을 숨겼다가 죽었던 탐욕스러운 사람도 있습니다.

② 이웃이 소유한 것에 대한 탐심입니다.

Q 〈전도서〉 5장 10절을 기록해 보세요.

우리는 이불을 깔고 누울 집이 있으면 감사해야 됩니다. 좋고 나쁘고를 따져서는 안 됩니다. 크고 작은 것을 가려서도 안 됩니다. 이웃의 소유도 절대로 탐내서는 안 됩니다. 사람에게는 남의 것이 더 좋게 보이는 이상한 심리가 있습니다. 똑같은 것이 있어도 남의 것이 좋아 보입니다. 속담에도 '남의 밭에 콩이 더 굵어 보인다.'라는 말이 있습니다.

③ 사람에 대한 탐심입니다.

Q 〈잠언〉 5장 18~20절을 기록해 보세요.

"네 이웃의 아내나 그의 남종이나 그의 여종이나 무릇 네 이웃의 소유를 탐하지 말라"

사람을 탐하는 것도 엄청난 죄입니다. 남의 아내를 부러워하는 것도 죄입니다. 남의 남편을 부러워하는 것도 죄입니다. 하나님이 짝지어 주신 자기 아내와 자기 남편으로 만족하며 살아야 합니다.

사탄은 사람의 눈을 뒤집히게 만듭니다. 하나님의 시각으로 바라보면 모두 다 소중하고 아름답습니다. 다 귀한 겁니다. 당신의 사랑하는 아내가 암사슴같이, 암노루같이 보이지 않는다면 당신은 이미 죄를 짓고 있는 겁니다.

④ 시기하는 탐심입니다.

Q 〈사무엘상〉 17장 28절을 기록해 보세요.

주로 시기 질투는 같은 또래 문화에서 이뤄집니다. 자기의 동료들을 대상으로 합니다. 즉 가장 가까이 있는 사람을 시기 질투합니다. 당신이 그리스도를 구주로 고백한다면 이웃, 동료, 형제, 친척, 성도에게 시기 질투를 해서는 안 됩니다.

3. 우리 삶에서 탐심을 버리지 못하면 어떤 결과가 찾아올까요?

① 신앙이 성장하지 않습니다.

Q 〈디모데전서〉 6장 4절을 기록해 보세요.

신앙생활을 하고, 예수를 믿는 것 같지만 이는 의례적인 행위로 진정성이 없는 경우가 많습니다.

탐심으로 인해 자신을 돌아보지 못하고, 항상 다른 사람과 비교하고, 악한 마음을 품기 때문에 신앙이 자라지 않고, 오히려 여러 가지 문제를 일으키는 사람이 되고 마는 것입니다.

② 건강이 파괴됩니다.

Q 〈잠언〉 28장 16절을 기록해 보세요.

지나친 탐심으로 인해 건강이 나빠지고, 결국에는 스스로를 파멸의 길로 몰고 갑니다.

③ 여러 가지 시험에 빠지게 됩니다.

Q 〈디모데전서〉 6장 9절을 기록해 보세요.

탐심의 늪은 한 번 빠지면 쉽게 빠져 나올 수 없습니다. 더 많은 것을 가지려고 하고, 더 좋은 것을 얻고자 하는 마음 때문에 다른 많은 시험과 악한 일에 빠지게 됩니다.

④ 우리의 공동체를 파괴시킵니다.

Q 〈디모데전서〉 6장 5절을 기록해 보세요.

탐심은 다툼을 유발하고, 자신의 이익을 위해 수단과 방법을 가리지 않기 때문에 다른 사람에게 상처를 줄 수밖에 없습니다.

⑤ 하나님 나라에 들어가지 못합니다.

> **Q 〈에베소서〉 5장 5절을 기록해 보세요.**

탐심의 끝은 결국 파멸이요, 영원한 고통입니다. 더러운 것을 탐하다가 영혼이 병들어가고, 주위의 사람도 병들게 하고, 모두를 타락의 나락으로 빠져들게 합니다.

주님과 동행하기

1. 탐심에서 해방되기 위해 어떻게 해야 할까요?

① 자기 처지에 만족하세요.

> **Q 〈빌립보서〉 4장 11~12절을 기록해 보세요.**

가장 강하고 무서운 사람이 자족하며 사는 사람, 감사하며 사는 사람입니다. 그 사람은 어떤 유혹에도 넘어가지 않고, 자기 것에 만족하는 사람입니다. 남의 것을 부러워하거나 그것을 차지하려고 하지 않습니다.

우리는 깨닫지 못하지만 저 사람이 가진 것이 나에게 없을 수도, 내게 있는 것이 저 사람은 없을 수 있습니다. 우리는 나에게 있는 것을 보지 않고, 자꾸만 남에게 있는 것만 봅니다. 그것이 나도 있어야 된다는 것에 집중합니다. 나는 왜 없느냐? 불평하면 자족하지 못합니다.

② 많은 것을 소유해야 행복하다는 오해를 버리세요.

Q 〈디모데전서〉 6장 8~9절을 기록해 보세요.

많은 것을 가진다고 무조건 행복한 것은 아닙니다.

과거 미국의 유명한 배우였던 '콜린 이반스'라는 사람이 있었습니다. 그녀가 한 번은 연예인들이 모인 자리에 초청을 받아 연사가 되어 연설하게 되었습니다. 그때 그녀는 그 자리에서 공포를 했습니다.
"나는 오늘부터 제 배우직을 포기하겠어요." 그리고 이유를 말했습니다.
"나는 배우의 길을 걸어서 인기를 얻고, 돈을 많이 가지면 행복할 줄 알았어요. 그렇지만 오히려 지금 내 마음은 과거보다 더 허전합니다. 그러기에 나는 나의 마음에 새로운 것들을 채워주신 예수 그리스도를 위하여 지금의 모든 것을 포기합니다."
이렇게 이야기하고, 얼마가 지나지 않아서 이반스는 목사님과 결혼을 하고 아프리카로 선교를 떠났습니다.

③ 이웃에게 베푸는 삶을 살아가세요.

Q 〈로마서〉 12장 15절을 기록해 보세요.

이웃의 소유나 행복을 시기하고 질투할 것이 아니라 오히려 기뻐하고 즐거워 해줘야 합니다. 주는 것만으로도 기뻐할 수 있습니다. 남에게 주는 사람은 남의 것을 탐하지 않습니다. 남이 잘되는 것을 기뻐하는 사람은 시기와 질투와 원망과 불평으로 자기 인생에서 탐심의 죄를 범하지 않습니다.

십계명은 지켜지지 않는 소극적인 계명이 아닙니다. 적극적으로 주님이 주신 십계명을 지켜서 하나님의 인정을 받고 이 땅에서도 승리자로 살아가야 합니다.

2. 탐욕의 유혹을 이기는 삶을 실천해 봅시다.

① 내가 요즘 원망, 불평하고 있는지, 하고 있다면 이유를 찾아 적어 봅시다.

② 내 주변에 지금 나의 도움이 필요한 이웃이 있다면 어떤 사람이며, 구체적으로 그들을 어떻게 도울 수 있을지 생각해 보고 실천해 봅시다.

③ 내게 있는 이기심을 다 버리고, 후함으로 이웃 사랑을 실천해 봅시다.

성령의 열매(The fruit of the Holy Spirit)

하나님이 그리스도를 믿는 성도들이 삶 속에서 열매 맺게 하시는 미덕이다.
신약성경의 〈갈라디아서〉 5장 22~23절에 쓰여 있다.

2부

성령의 열매

†

오직 성령의 열매는 사랑과 희락과 화평과 오래 참음과 자비와 양선과 충성과
온유와 절제니 이 같은 것을 금지할 법이 없느니라……

_갈라디아서 5장 22~23절

성령의 열매

01 사랑

✣ 〈갈라디아서〉 5장 22~23절

22 오직 성령의 열매는 사랑과 희락과 화평과 오래 참음과 자비와 양선과 충성과 23 온유와 절제니 이 같은 것을 금지할 법이 없느니라

세상 돌아보기

가장 사랑하기 쉬운 대상부터 가장 사랑하기 어려운 대상까지 그 정도를 숫자로 표시해 보세요.

번호	대 상	순위
1	다른 인종과 문화의 사람들	
2	정치적 관점이 다른 사람들	

3	종교적 관점이 다른 사람들	
4	살인범들과 강간범들	
5	나에게 깊은 상처를 주었던 가족 중의 사람	
6	나를 배반한 친구	
7	사랑했다가 헤어진 사람	
8	나에게 불공정했던 상사	

예수님은 원수까지도 사랑할 것을 말씀하셨는데 이것을 보면 우리의 사랑은 얼마나 얕고 한정적인지를 깨닫게 됩니다.

주님 알아가기

도종환 시인이 쓴 글 가운데 꼬리 잘린 도마뱀 이야기가 있습니다.

"실제로 일본의 도쿄 올림픽 스타디움의 확장 공사를 할 때의 일입니다. 그 주변에 있는 집을 철거하고 스타디움을 확장해야 했습니다. 그런데 건축한 지 3년밖에 되지 않은 집이 한 채 있었습니다. 그 집도 매입을 해서 철거를 하고, 확장 공사를 하려고 했습니다. 인부들이 그 집의 지붕을 벗기는 순간 놀라운 광경이 벌어졌습니다. 지붕을 제거한 천장 부분에 꼬리에 못이 박힌 채 움직이지 못하는 도마뱀 한 마리가 있었습니다. 보통 도마뱀은 꼬리를 끊고 달아날 수 있는 것으로 알려져 있지만, 이 도마뱀은 아마 꼬리를 끊을 형편도 안 되었던 것 같습니다.

그 집이 3년 전에 지어졌으니까 3년 동안 그곳에 못이 박힌 채 있었던 것입니다. 3년 전에 인부가 못을 박으면서 아마 같이 못에 박혔던 것 같습니다. 당연히 죽어야만 했지만 참으로 신기하게 3년 동안 살아 있었던 것입니다. 못에 박힌 채 꼼짝도 할 수 없었는데, 먹이는 어떻게 먹었으며, 어떻게 3년간 살아 있었는지 신기할 따름이었습니다. 이상하다 싶어 공사를 중단하고 도마뱀이 어떻게 죽지 않고 살아 있었는지 살펴보기로 했습니다. 3일 동안 방송국에서도 나와 촬영을 하며 지켜보았습니다. 알고 보니 다른 도마뱀 한 마리가 나타나서 먹이를 물어다 주었습니다. 그 도마뱀은 하루에도 몇 번이나 먹이를 물어다 주었습니다. 아마 그들은 부모와 새끼일 수도 있고, 또 서로 사랑하는 사이일 수도 있고, 아니면 친구나 이웃일 수도 있었을 것입니다. 잘은 모르지만 참으로 훌륭한 도마뱀이었습니다. 다른 누군가가 고통을 겪으며 살려고 몸부림 차는 3년 동안 계속 자신을 희생하고 먹이를 물어온 것이었습니다. 꼬리에 못이 박힌 도마뱀은 오히려 죽고 싶었을 수도 있습니다. 포기하고 싶었을 것입니다. 가져온 음식을 먹지 않았을 수도 있습니다. 그러나 그는 아마 격려해주고, 자신을 열심히 사랑해주는 다른 도마뱀이 있었기에 살아 있을 수 있었던 것 같습니다. 못에 박혀 3년을 꼼짝 못하던 도마뱀은 자신을 못을 박았던 그 사람들에 의해서 다시 자유의 몸이 될 수 있었습니다."

그러면서 도종환 씨는 글 마지막에 이렇게 썼습니다.

"어두운 지붕 아래에서 두 도마뱀은 함께 사랑하고, 함께 고통을 나누며 서로 안고 잠이 들곤 하였을 것입니다. 그 3년이 얼마나 길었을까요?"

많은 것을 느끼게 하는 글입니다. 그리스도의 사랑을 받은 주의 백성들이 하찮은 미물인 도마뱀보다 못해서야 되겠냐는 것입니다. 우리는 사랑을 해도 세상 사람들과는 다르게 해야 합니다. 우리가 예수를 믿는다면 예수님에 대한 마음이 열매로 드러나야 합니다. 주님을 닮고자 노력해야 하고, 주변의 모든 것들을 사랑해야 합니다.

바울은 지금으로부터 2000년 전인 A. D. 47년경에 처음으로 1차 전도여행을 떠나게 됩니다. 안디옥이라는 도시에서 출발해서 서쪽으로 수백 리 길인 지금의 터키 지방에 있는 갈라디아 지방으로 전도하러 떠납니다. 갈라디아교회는 어느 한 교회를 지칭하는 것이 아니라 그 지방의 모든 교회를 말하는데 동서로는 150km, 남북으로는 300km로 상당히 넓은 지역입니다. 열정적으로 복음을 전했던 바울은 갈라디아 지역에 수많은 교회를 세우게 됩니다. 교회를 세운 뒤에 그가 다시 안디옥으로 돌아와서 꼭 2년 뒤인 A. D. 49년경에 한 번 더 2차 전도여행을 떠나게 됩니다. 2차 전도여행을 떠나면서 자기가 옛날에 세웠던 갈라디아 교회들을 돌아보게 됩니다. 여러 가지 많은 문제들을 발견할 수 있었지만 가장 큰 문제는 교회의 신앙이 상당 부분 삐뚤어져 있는 것이었습니다. 바울이 전했던 예수 복음의 본질이 변해 있었고, 신앙생활의 내용들이 바뀌어 있었다는 것입니다. 거짓 교사들이 나타나 믿음으로만 구원받는 사실을 의심하게 했습니다. 구약시대처럼 할례를 받아야 구원받고, 율법을 있는 그대로 지켜야만 구원받는다고 주장하면서 그리스도의 복음을 변질시켜 버렸습니다. 변질된 복음으로 인해 성도들에게는 기쁨과 감사가 사라지게 되었습니다. 오히려 그들에게는 율법을 지키지 못한 죄책감이 생기고, 반드시 그 율법을 지켜야 한다는 부담감 때문에 자유함이 없었던 것입니다.

1. 바울은 갈라디아교회 성도들에게 무엇을 당부하고 있습니까?

① 예수님 안에서 자유를 누리십시오.

Q 〈갈라디아서〉 5장 1절 말씀을 기록해 보세요.

예수 안에서 자유함을 누리고 기쁘게 신앙생활을 하라는 것입니다. 율법에 얽매여 죄책감이나 부담감 때문에 기쁨과 감사가 사라진다면 우리에게 참된 자유함을 주시려고 십자가를 지신 예수그리스도의 고난이 무의미하게 되는 것입니다.

② 예수님은 인간이 아니라 우리를 구원하신 구원자 하나님이십니다.

Q 〈골로새서〉 1장 15~17절 말씀을 기록해 보세요.

우리가 믿는 예수 그리스도는 도덕적으로 선한 삶을 살았던 성자가 아닙니다. 우리는 그런 인간 예수를 믿는 것이 아닙니다. 예수 그리스도는 근본이 하나님과 본체이시나 하나님과 동등됨을 취하지 아니하시고 자기를 낮추어 인간의 몸으로 오신 하나님이십니다. 우리는 그 하나님이신 예수 그리스도를 구주로 믿고, 구원받기 위해서 신앙생활을 하는 것입니다. 예수님은 선한 삶을 가르쳐 주신 인간이 아니라, 우리의 구원자 하나님이십니다.

③ 예수를 믿는다면 삶에서 성숙한 그리스도인다운 열매를 맺어야 합니다.

Q 〈요한복음〉 15장 8절 말씀을 기록해 보세요.

예수를 믿는 사람은 당연히 예수 믿는 사람답게 살아야 합니다. 그것이 삶에서 드러나고, 열매를 맺어야 합니다. 세상 사람들은 예수를 믿는 성도들의 열매 맺는 거룩한 삶을 통해 예수 그리스도를 보게 될 것입니다. 결국 성숙한 그리스도인으로 아름다운 열매를 맺는다면 우리는 주님의 제자가 되고, 하나님은 우리의 영광을 받으십니다.

우리는 성숙한 그리스도인으로서 삶의 현장에서 하나님을 사랑하고, 이웃을 사랑하며, 세상에 본이 되는 삶을 살면서 그리스도의 아름다운 열매를 맺어야 합니다.

2. 그리스도인이 맺어야 할 성령의 열매를 살펴봅시다.

① 성령의 9가지 열매를 알아봅시다.

Q 〈갈라디아서〉 5장 22~23절 말씀을 기록해 보세요.

② 첫 번째 열매는 사랑입니다.

Q 〈갈라디아서〉 5장 22절 말씀을 기록해 보세요.

주님 바라보기

남아프리카 공화국에 가면 시온교회라는 곳이 있습니다. 예로부터 남아프리카는 인종 차별이 심한 나라 중 하나입니다. 비록 흑인 대통령이 배출되었다고 해도 여전히 인종 차별이 심한 국가입니다. 백인과 흑인이 같이 식사도 안 하고 같이 학교도 다니지 않고, 어떤 사소한 일이라도 같이하는 일이 없었습니다. 그런 가운데 흑인들이 다니는 시온교회의 목사가 신문에 한 가지 광고를 실었습니다. 광고의 내용은 이런 것이었습니다.

"이번 고난 주간을 맞이하여 우리 시온교회에서 예수님의 사랑을 나누려고 합니다. 예수님이 제자들의 발을 씻기신 그 은혜로운 사건을 생각하며 여러분 가운데 정말 고맙고 감사한 사람이 있다면 이 주간에 세족식을 하겠습니다. 누구나 오셔서 정말 고마운 사람의 발을 씻겨 주십시오."

고난 주간이 되었습니다. 놀라지 않을 수 없는 사건이 일어났습니다. 그 교회는 흑인들만 오는 교회였고, 백인들은 흑인들과 살도 닿기 싫어하는 시대였는데, 한 명의 백인이 그 교회를 찾아온 것이었습니다. 그것도 백인 사회에서 가장 존경받는 사람 중에 한 사람이었던 '올리브'라는 판사였습니다. 어떻게 오셨냐는 질문에 판사는 광고를 보고 고마운 사람의 발을 씻기러 왔다는 것이었습니다.

"누구의 발을 씻기러 오셨습니까?"

"저는 오랜 세월을 우리 집 하인으로 있었던 '마르다 포트린'이라는 사람의 발을 씻기러 왔습니다."

예배당 안이 술렁거렸습니다. 사회적으로 문제가 된다고 절대 할 수 없다고 반대하는 사람도 있었습니다. 올리브 판사는 아무 말 없이 허리에 수건을 두르고, 무릎을 꿇고 앉아 늙은 여종 마르다 포트린의 발을 씻기기 시작했습니다. 정성껏 깨끗하게 씻겼습니다. 씻기면서도 "고맙다. 고맙다." 라는 말을 계속 반복하였습니다. 다 씻긴 다음에 그 늙은 여종의 발에 키스를 했습니다.

이것이 소문이 나서 백인 사회가 발칵 뒤집혔습니다. 백인들의 명예를 실추시켰다는 것이었습니다. 당시 올리브 판사는 사회적으로 높은 지위를 가지고 있었고 엄청난 존경을 받는 사람이었습니다. 대법원의 판사 정도가 아니라 대법원장 내정자였습니다. 그러나 이 사건이 문제가 되어 대법원장 내정이 취소되었습니다. 뿐만 아니라 기어코 이 문제를 꼬투리 잡아서 판사직에서도 물러나게 되었습니다.

그때 너무 미안한 마음에 시온교회 목사가 올리브 판사를 찾아가서 위로하고 힘을 북돋아 주었습니다. 이때 올리브 판사가 시온교회 목사에게 이렇게 이야기를 했습니다.

"저는 판사직도, 사회의 다른 어떤 지위도 무덤에 갈 때는 먼지와 같은 것이라고 생각합니다. 그런 먼지보다 오히려 하나님이 주신 사랑과 감사하는 것이 더 중요하지 않겠습니까? 제가 발을 씻겼던 마르다 포트린은 내 집의 종으로서 정말 오랜 시간 동안 내 사랑하는 가족들을 위해서 헌신한 사람입니다. 내 아들딸들을 돌보아 왔고, 내 자식들의 발을 씻어주는 모습을 나는 수백 번, 수천 번 봐왔습니다. 그녀는 정말 고마운 사람입니다. 내가 그녀의 발을 씻긴 게 무슨 죄가 되나요? 나는 지금도 후회하지 않습니다. 나는 그녀에게 정말 감사합니다."

사람은 누구나 사랑하고 사랑받고 싶은 열망이 있습니다. 예수를 만나면 만날수록 더욱 사랑하고, 사랑받고 싶은 열망이 강력하게 일게 됩니다.

"나도 예수님처럼 사랑하며 살아야 하겠다."

우리는 너무나 큰 사랑을 받았기 때문에 우리도 그분을 사랑하며, 그분의 사랑을 세상 모든 사람들에게 전하며 살아야 합니다.

1. '사랑'이라는 단어가 뜻하는 의미는 무엇일까요?

한글에서 사랑이라는 단어의 뜻은 한 가지입니다. 그러나 헬라어의 사랑은 다음 네 가지 의미를 가지고 있습니다.

① 사랑은 에로스의 의미를 가지고 있습니다.

Q 〈창세기〉 24장 67절 말씀을 기록해 보세요.

이것은 보통 남녀간의 성적인 사랑이라고 알고 있는데 그것이 아닙니다. 원래는 상대방과 하나가 되기 위한 인간의 감각적인 사랑을 이야기합니다. 반드시 성적인 것만을 이야기하는 것이 아닙니다.

남자와 여자가 좋아하면 같이 있고 싶어집니다. 같이 있으면 좋고, 손을 잡고 싶고, 어떤 상황이든 함께하고 싶어하는 감각적인 사랑이 에로스의 사랑입니다.

② 사랑은 스토르게의 의미를 가지고 있습니다.

Q 〈잠언〉 13장 24절 말씀을 기록해 보세요.

이것은 혈육간의 사랑입니다. 주로 형제간의 사랑이나 부모들이 자녀들을 아끼는 극진한 사랑을 말합니다. 그것이 스토르게의 사랑입니다.

③ 사랑은 필리아의 의미를 가지고 있습니다.

Q 〈사무엘하〉 1장 26절 말씀을 기록해 보세요.

친구 사이의 정신적이고 인격적인 사랑을 말합니다. 우정이나 의리처럼 그 안의 공동된 내용이나 모든 관계를 사랑하는 것입니다.

④ 사랑은 아가페의 의미를 가지고 있습니다.

Q 〈요한일서〉 4장 8절 말씀을 기록해 보세요.

무조건적인 사랑을 말합니다. 아가페의 사랑은 그 대상을 차별하지 않습니다. 어떠한 상황과 세월 속에서도 변하지 않습니다. 우리를 향하신 하나님의 사랑이 그렇습니다. 독생자 예수 그리스도를 우리를 위해 보내 주시고, 죽기까지 사랑하신 하나님의 사랑이 아가페의 사랑입니다.

천주교 김수환 추기경이 임종 시 던진 두 가지의 말이 온 국민의 마음에 깊이 각인되었고, 그 잔잔한 파장이 사회 전반에 영향을 끼친 적이 있습니다. 첫 번째 말은 주위 사람들에게 "고맙습니다. 고맙습니다."라는 감사의 말이었고, 두 번째는 "사랑하며 사세요."라는 말이었습니다. 인생의 종착역에서 가장 후회되는 것은 무엇을 이루지 못함도 아니요, 원수 갚는 일도 아닌 마음껏 사랑하지 못한 것이라는 그의 말은 사랑을 잃어가는 이 시대에 더욱 아름답게 들렸습니다.
사도 요한이 에베소교회를 목회하면서 늘 입에 달고 다녔던 말도 이 두 가지 말이었습니다.
"사랑하는 성도 여러분, 하나님은 여러분들을 사랑하십니다. 그러므로 여러분들도 사랑하며 사십시오."

2. 어떻게 하면 하나님을 사랑할 수 있을까요?

Q 〈마태복음〉 22장 37~38절 말씀을 기록해 보세요.

인간이 존재하는 가장 근본적인 목적은 하나님을 기쁘시게 하고, 그분을 사랑하기 위함입니다. 막연하게 입술과 감정으로 사랑한다는 고백에서 끝나서는 안 됩니다. 날마다 우리의 삶 속에서 구체적으로 표현되어 열매로 드러나야 합니다.

① 하나님을 알기 위해 노력하세요.

Q 〈신명기〉 5장 10절 말씀을 기록해 보세요.

누군가를 사랑할 때는 사랑하는 그 대상을 잘 알아야 합니다. 무엇을 좋아하고 무엇을 싫어하는지 알아야 사랑하는 대상을 기쁘게 할 수 있습니다. 하나님을 사랑할 때도 막연히 "사랑합니다."라고 고백하는 것으로 끝나서는 안 됩니다. 좀 더 하나님을 알기 위해 노력하고, 어떻게 하면 하나님을 기쁘게 할 수 있나 고민해야 합니다. 그렇게 하기 위해서는 그분의 말씀인 성경을 알아야 합니다. 성경을 읽고, 공부해야 합니다. 하나님을 제대로 알고 그분을 사랑해야 천 대까지 복 받는 믿음의 사람이 될 수 있습니다.

② 하나님을 최우선으로 사랑하세요.

Q 〈누가복음〉 16장 13절 말씀을 기록해 보세요.

세상에서 우리가 사랑하는 대상들이 너무나 많습니다. 돈, 명예, 권력, 자녀들, 그 밖에 세상의 가치 있는 모든 것들이 우리가 사랑하고 있는 사랑의 대상입니다. 과연 우리는 그것들보다 하나님을 더 사랑한다고 떳떳하게 고백할 수 있을까요? 정말 하나님을 사랑한다면 다른 어떤 것보다 오직 하나님만이 우리 삶에 전부가 되어야 합니다. 세상에서 누리고 있는 모든 것들은 하나님께서 잠시 맡겨 두신 것뿐이라는 청지기적인 생각이 필요합니다. 우리는 세상의 그 어떤 것보다 하나님을 최우선으로 사랑할 수 있어야 합니다.

③ 하나님을 세상에 자랑하세요.

Q 〈갈라디아서〉 6장 14절 말씀을 기록해 보세요.

정말 사랑하고 아낀다면 부끄러워하지 않습니다. 오히려 자랑하고, 보여 주려고 합니다. 하나님을 사랑하는 것도 마찬가지입니다. 내가 예수 믿는다는 것을 부끄러워하고, 그분이 우리 죄를 위해 십자가에 돌아가시고 우리를 구원하셨다는 사실을 전하지 않는다면 진정으로 그분을 사랑하지 않는 것입니다. 온 세상에 내가 사랑하는 예수 그리스도를 소개하고 예수의 십자가를 자랑하십시오.

3. 이웃을 내 자신과 같이 사랑하려면 어떻게 해야 할까요?

Q 〈마태복음〉 22장 39절 말씀을 기록해 보세요.

하나님은 그분이 우리를 사랑하신 것같이 우리도 서로 사랑하기를 원하십니다. 그 사랑이 이웃, 모든 사람과의 관계에서도 나타나길 원하십니다. 하나님의 사랑을 받은 그리스도인들이라면 마땅히 이웃을 사랑하며 하나님의 사랑을 세상 가운데 드러내야 합니다.

① 자기 자신을 사랑하기 위해 노력하세요.

Q 〈잠언〉 19장 8절 말씀을 기록해 보세요.

개인적인 욕심을 채우려는 이기적인 자기 사랑을 말하는 것이 아닙니다. 지혜를 얻은 자 즉, 예수 그리스도의 진리를 아는 자는 자기 영혼을 사랑한다는 것입니다. 자신을 사랑하는 사람은 하나님에게 이렇게 고백할 수 있습니다.

"하나님 아버지, 저를 지금의 모습으로 만들어 주셔서 감사합니다. 저의 외모, 능력, 부모님, 제가 가진 것, 제가 자란 모든 환경까지 감사합니다."

그렇게 고백하며 자기 자신을 사랑할 줄 아는 사람이 이웃도 사랑하며, 세상의 어렵고 힘든 사람도 사랑할 수 있게 되는 것입니다.

② 실제적인 도움의 손길을 베푸세요.

Q 〈마태복음〉 25장 35~36절 말씀을 기록해 보세요.

사랑하는 사람은 고통과 아픔을 함께 나눕니다. 이웃을 사랑하는 것에 있어서도 마찬가지입니다. 우리는 이웃의 아픔과 고통과 힘든 형편을 함께 나눌 수 있어야 합니다. 우리가 할 수 있는 부분에서 실제적인 도움을 주어야 합니다. 그것이 물질이든, 다른 방법의 협력이든, 적극적이고 구체적으로 도울 수 있어야 합니다.

③ 이웃에게 구원의 길을 소개하세요.

Q 〈디모데전서〉 2장 4절 말씀을 기록해 보세요.

전도보다 더 큰 이웃 사랑은 없습니다. 왜냐하면 죽어가는 사람에게 생명을 주는 것보다 더 중요한 것은 없기 때문입니다. 그렇다고 우리들이 직접 그 사람들을 구원하고, 그들의 생명을 살릴 수 있는 것은 아닙니다. 다만 생명의 길을 보여 주고, 어떻게 하면 구원받을 수 있는지를 알려주는 것입니다. 그것이 전도입니다. 정말 이웃을 사랑한다면 그 사람이 살 수 있는 길을 알려주어야 합니다.

4. 참 사랑이신 예수님의 사랑을 배우려면 어떻게 해야 할까요?

① 우리도 예수님처럼 희생하는 사랑을 해야 합니다.

Q 〈갈라디아서〉 1장 4절 말씀을 기록해 보세요.

예수님은 자신의 모든 삶을 통해 완전한 사랑의 진면목을 보여 주셨습니다. 먼저 하나님 자신이 인간의 육신을 입고 이 땅에 오셨습니다. 하늘의 영광을 버리시고 이 땅에 비천하고 연약한 피조물의 형상으로 오셨습니다. 우리의 죄를 사하기 위해 십자가에 못 박혀 죽으시면서까지 자신의 사랑을 주셨습니다. 예수님은 말로만 "너희들을 사랑한다"고 말씀하지 않으셨습니다. 예수님의 사랑은 마음에서만 머무르지 않았습니다. 실제적이고 구체적으로 자신의 온몸을 주시면서 사랑하셨습니다. 그 사랑이 우리를 살렸고, 그 사랑 때문에 우리가 예수 그리스도를 믿고, 천국을 소망할 수 있게 되었습니다.

② 우리도 예수님처럼 용서하는 사랑을 해야 합니다.

Q 〈골로새서〉 3장 13절 말씀을 기록해 보세요.

우리는 죄로 인하여 죽을 수밖에 없는 자들이었습니다. 하나님에게 불순종한 자들이며, 하나님을 떠난 자들이며, 영원한 형벌을 받을 수밖에 없는 자들이었습니다. 하지만 그런 우리들을 위해서 예수님이 십자가에 못 박혀 죽으셨으며, 이것으로 인하여 우리는 모든 죄에서 용서함을 받았습니다.

타인의 실수와 잘못, 심지어 자신에게 극심한 피해를 준 자를 용서한다는 것은 어쩌면 가장 어려운 일일 수도 있습니다. 그러나 죄로 인해 하나님과 원수 되었던 우리를 용서하신 예수 그리스도의 그 사랑으로 우리도 타인을 용서해야 합니다. 우리에게 아픔과 상처와 고통과 슬픔을 주었던 모든 대상을 이제 용서하고 기도할 수 있기를 바랍니다. 가장 위대한 사랑은 용서하는 사랑입니다.

③ 우리도 예수님처럼 변함 없는 사랑을 해야 합니다.

Q 〈요한복음〉 13장 1절 말씀을 기록해 보세요.

참된 사랑의 특징은 지속성에 있습니다. 우리는 순간의 감정에 이끌려 자신의 재산을 다 팔아 내어주거나, 무엇이든지 들어줄 것 같고, 영원할 것 같다가도 금방 기분 상하는 말 한마디에 상처를 받고, 알아주지 않는다고, 손해 보는 것 같다고 포기해 버리는 경향이 있습니다. 사랑을 위해 자신을 불사르는 일보다 지속적으로 사랑하는 일이 더욱 어렵고 소중한 일임을 잊지 말아야 합니다. 예수님은 어제나 오늘이나 내일이나 변함없이 우리를 사랑하십니다.

주님과 동행하기

1. 구체적인 사랑의 실천 방법을 알아봅시다.

① 장점을 보기 위해 노력하세요.

Q 〈야고보서〉 1장 5~6절 말씀을 기록해 보세요.

구약성경 아가서는 사랑의 노래입니다. 솔로몬왕과 시골 처녀 술람미 여인의 사랑 이야기이자 예수 그리스도와 교회 그리고 하나님과 성도 간의 사랑을 상징한 노래이기도 합니다.

아가서에서 술람미 여인의 형편은 매우 실망스러웠습니다. 그녀는 계모 슬하에 살며, 배다른 형제의 미움을 받았습니다. 젊은 처녀가 힘든 포도원 농사일을 했습니다. 당연히 작열하는 태양 빛 아래에서 장기간 일을 하다 보니 피부는 검게 그을렸고, 윤기도 없었을 것입니다. 전체적인 외모도 형편없었음에 틀림없었습니다. 성경에서는 그녀의 피부를 '게달'의 장막 같았다고 했습니다. '게달'은 늙고 병든 염소 가죽을 의미합니다. 구멍이 나고, 털이 숭숭하며, 뻣뻣하여 쓸 수 없는 가죽입니다. 즉 정말 볼품이 없었다는 것입니다. 하지만 술람미 여인은 자신이 사랑받는 여인임을 자랑하고 있습니다. 객관적으로 사랑받을 가치가 없어 보이는 여인이었지만 솔로몬의 진실된 사랑을 받았던 것입니다. 이스라엘 왕국의 왕이었던 솔로몬이 아름답고 매력적인 여인이 없어서 술람미 여인을 사랑한 것이 아닙니다. 솔로몬은 술람미 여인의 좋은 점만 보았던 것입니다.

"눈은 비둘기 같고, 머리털은 길르앗 산 기슭에 누운 염소 같고, 이는 목욕장에서 나온 털 깎인 암양 같고, 입술은 홍색실 같고, 뺨은 석류 한쪽 같고, 목은 용사의 방패가 달린 망대 같고, 유방은 백합화 가운데서 꼴을 먹는 쌍태 어린 사슴 같다." 라고 고백하였습니다.

아무리 사랑하기 힘들고, 내 마음을 아프게 하는 사람도 장점을 보기 위해 노력해야 합니다. 좋지 않은 잣대를 가지고 항상 미워하고, 비판하고, 사랑하지 않는다면 우리를 사랑하신 하나님의 사랑을 무시하는 결과를 가져오게 될 것입니다.

장점을 보면서 사랑할 수 있는 조건을 찾기 위해 노력해야 합니다.

② 실천하는 사랑을 하세요.

Q 〈사도행전〉 10장 2절 말씀을 기록해 보세요.

하나님께서 천사를 통해 고넬료의 기도가 "하나님 앞에 상달되어 기억하신 바가 되었다"고 말씀하셨습니다. 하나님이 보시기에 고넬료의 기도가 얼마나 아름다웠던지 그의 기도가 상달되었음은 물론이요, 하나님 앞에 기념비로 세워졌습니다.

고넬료의 기도가 하나님 앞에 상달되어 기념비로 세워진 것은 단순히 그가 경건하고, 항상 기도하는 사람이어서가 아니라, 구제와 병행된 신앙생활을 했기 때문입니다. 고넬료의 기도가 그처럼 하나님께 열납될 수 있었던 것은, 그가 사람을 사랑하는 마음과 사랑의 행위를 수반하는 '엘레에모쉬네'의 마음으로 기도하는 사람이었기 때문입니다.

지금 이 순간부터 우리의 사랑이 필요한 부분을 구체적으로 생각하고 다짐할 수 있기를 바랍니다. 행동이 수반된 사랑을 하기 위해서 실천하며 노력하는 사랑의 열매를 맺으시기를 바랍니다.

사도 요한도 젊은 시절에는 약삭빠르기도 하고, 성격이 불 같은 적이 있었습니다. 예수님을 따라 다니면서도 영적인 부분을 생각하기보다는 예수님이 왕좌에 오를 때 자신도 한자리 얻을 것이라는 인간적인 욕망으로 살았던 사람입니다. 그러나 그는 예수 그리스도의 죽으심과 부활하심 앞에서 그분이 진정한 만왕의 왕이고 구세주라는 사실을 뼈저리게 느꼈습니다. 그리고는 '하나님이 나를 사랑하셨구나. 나는 정말 없어질 세상의 것을 보고 살았다'는 후회와 아쉬움을 고백했습니다.

그의 말년에 걸을 힘도 없고 혼자 서 있지도 못 할 때 사제들이 양팔을 부축하여 강단에 세우면 그는 다른 어떤 말씀을 하기보다 "여러분 하나님은 여러분을 정말 사랑하십니다. 여러분도 서로 사랑하며 사세요."라는 이야기를 했다고 합니다.

③ 하나님의 영광을 위해 사랑하세요.

Q 〈빌립보서〉 2장 3절 말씀을 기록해 보세요.

성경은 모든 것을 다툼과 허영으로 하지 말고 사랑으로 하라고 합니다. 허영은 하나님의 영광을 드러내지 않고 자신의 영광을 취하는 이기적인 태도입니다. 허영을 가지고 하나님의 주권에 순종하기보다 개인의 명예와 욕망을 채우려 할 때 다툼이 일어나게 됩니다.

그래서 성경은 성도들에게 "자기보다 남을 낫게 여기라"며 다툼을 해결하는 겸손의 원리를 가르쳐주고 있습니다. 이는 예수님이 직접 실천하신 사랑의 원리입니다. 이러한 겸손이 없이는 진정한 사랑도 할 수 없습니다.

예수 그리스도께서 이 땅에 오심 자체가 스스로를 낮추는 것이었으며, 십자가에 죽기까지 자기를 낮춰서 구속의 사랑을 성취시키셨던 것입니다. 그러므로 주님의 겸손을 통해 구원받은 성도들은 예수님을 닮은 모습으로 남을 나보다 낫게 여기며 힘써 사랑하며 살아가야 합니다.

2. '사랑의 마니또'로 사랑을 실천하세요.

그룹 내에서 '사랑의 마니또'를 만들어서 구체적인 사랑을 실천해 봅시다. 한 주 동안 그 사람을 위해 기도해 주고, 매일매일 축복 · 위로 · 격려의 성경 구절 등을 문자 메시지로 보내 줍시다.

다음 모임 때 그러한 문자 메시지 등을 받은 사람은 그 사랑이 자신의 삶에 얼마나 큰 힘이 되었는지 고백하고, 기도와 사랑으로 섬겼던 사람은 사랑하는 것이 주는 큰 기쁨을 고백하는 시간을 가져 봅시다.

앞으로도 우리 주변에 사랑해야 할 사람을 찾아서 사랑하고, 사랑할 수 없는 상황에서도 사랑하는 훈련을 해 봅시다.

기쁨

✣ 〈갈라디아서〉 5장 22~23절

22 오직 성령의 열매는 사랑과 희락과 화평과 오래 참음과 자비와 양선과 충성과 23 온유와 절제니 이 같
은 것을 금지할 법이 없느니라

세상 돌아보기

재미있는 퀴즈입니다. 모두 한 번 풀어보고 인도자를 통해 정답을 알아봅시다.

- 금붕어는 뒤로 헤엄칠 수 있다. ( )
- 63빌딩보다도 서울타워가 더 높다. ( )
- 카멜레온은 눈가리개를 하면 몸의 색깔을 바꿀 수 없다. ( )
- 500원짜리 동전 1개는 100원짜리 동전 1개와 10원짜리 동전 1개를 합친 무게보다 더 무겁다. ( )
- 돼지 저금통은 우리나라에서 제일 먼저 만들었다. ( )
- 얼룩말의 줄무늬는 하얀색이다. ( )

- 고래도 생선이다. ( )
- 원숭이도 지문이 있다. ( )
- 뱀은 뒤로 움직일 수 있다. ( )
- 바나나도 씨가 있다. ( )
- 물고기는 혀가 있다. ( )
- 오징어의 피는 푸른색이다. ( )
- 뱀의 혀는 두 개다. ( )
- 고양이도 잠을 잘 때 꿈을 꾼다. ( )
- 은행잎은 활엽수이다. ( )
- 지하철 1량의 창문을 제외한 문의 수는 모두 8개이다. ( )
- 하마는 육식동물이다. ( )
- 광견병은 개만 걸린다. ( )
- 구기 종목 중 가장 작은 공을 사용하는 경기는 골프다. ( )
- "하루라도 책을 읽지 않으면 입안에 가시가 돋힌다."라고 한 사람은 안중근이다. ( )
- 태평양은 6대주를 합한 면적보다 넓다. ( )
- 로미오와 줄리엣은 처음 만난 날 키스를 했다. ( )
- 8만 대장경의 경판 수는 8만 개를 넘는다. ( )
- 세종로에 있는 이순신 장군 동상은 칼을 오른손에 쥐고 있다. ( )
- 귀뚜라미가 우는 이유는 자신의 영토를 주장하기 위해서다. ( )
- 로댕의 생각하는 사람은 눈을 감고 있다. ( )
- 사슴은 쓸개가 없다. ( )
- 북한에서도 은행에 저축을 하면 이자를 준다. ( )
- 북한의 제1외국어는 러시아어이다. ( )
- 북한의 국화는 진달래꽃이다. ( )
- 목구멍에 음식이 걸려 호흡 곤란이 왔을 때는 등을 세게 두드려 줘야 한다. ( )

주님 알아가기

부모님과 함께 미국으로 이민을 온 한 청년이 있었습니다. 그는 훌륭한 의사가 되어 큰돈을 벌겠다는 꿈을 꾸며 젊은 시절을 보냈습니다. 목표한 대로 의대를 졸업하고, 훌륭한 의사가 되었습니다. 물론 큰 병원 외과 의사로 근무하면서 돈도 많이 벌었습니다. 그렇게 그는 성공한 이민 1.5세대로 살아가고 있었습니다.

그런데 문제는 자신의 꿈을 이루고 목표를 성취하였으면 분명히 기쁘고 행복해야 할 텐데, 그렇지 않았던 것입니다. 그는 나름대로 신앙생활을 하고 있었기 때문에 하나님 앞에 고백하며 기도하였습니다.

"하나님! 제 꿈과 목표를 이루었는데, 제게는 만족함이 없어요. 제가 무슨 일을 어떻게 해야 참 기쁨과 행복함이 있을까요?"

그때 주님의 음성처럼 마음에 감동으로 다가온 소리가 있었습니다. 그것은 자신이 꿈꾸고 목표로 한 것을 하는 것이 아니라 정말 하고 싶은 것을 하라는 것이었습니다. 청년은 순간적으로 아프리카 오지에 가서 정말 병들고 힘든 사람들을 도와야겠다는 마음이 생겼습니다. 슈바이처처럼 의료 선교사가 되고 싶더라는 것입니다.

청년은 아프리카 오지에 가서 선교생활을 시작했습니다. 그는 의사가 없어 치료 받지 못하고, 약이 없어 고통스러워하는 아프리카 사람들을 도왔습니다. 청년은 자신의 일에 만족했을지 모르지만 청년의 아버지는 그렇지 않았습니다. 좋은 의대를 나와 많은 돈을 벌면서 성공적인 인생을 살 수 있는 길이 있는데, 힘든 길을 걸어가는 아들이 속상하고 이해할 수 없었습니다. 그래서 아버지는 항상 아들이 아프리카에서 돌아오길 간청했습니다. 그런 아버지에게 청년 의사가 이렇게 고백하였습니다.

"아버지, 저는 천 불 이상의 돈을 받고 사람들을 수술하며 치료했지만 제 속에는 진정한 기쁨이 없었습니다. 그런데 지금 여기에서는 여태껏 느껴보지 못한 기쁨으로 항상 행복한 생활을 하고 있습니다."

이 글을 보면 사람에게 기쁨이라고 하는 것은 반드시 물질적인 것만은 아닌 것 같습니다. 뭔가 좀 더 잘되고, 몸이 건강하고, 더 많이 소유하고, 걱정과 근심이 없으면 기쁠 것만 같습니다. 그러나 예수님 안에서 누리는 기쁨은 이런 것과는 차원이 다르다는 것을 깨달아야 합니다.

현대를 살아가는 대다수의 사람들은 기쁨에 대해서 너무 메마른 시간을 보내는 것 같습니다. 실제로 스스로가 원하고, 마음먹은 대로 되지 않기 때문에 고통과 아픔이 큽니다. 하는 일도 잘 안 되고, 사업도 어렵고, 건강도 여의치 못하고, 자녀는 항상 문제를 일으키고, 가정은 평안하지 못합니다. 도저히 기뻐할 수 없습니다. 그러나 우리가 예수를 믿는 사람이라면 기쁨이라는 축복을 빠뜨리고, 신앙생활에 대해서 말할 수 없다는 사실을 기억해야 합니다.

1. 우리는 왜 기뻐해야 할까요?

① 우리는 그리스도인이기 때문에 기뻐해야 합니다.

Q 〈빌립보서〉 4장 4절 말씀을 기록해 보세요.

사람들은 자신의 삶 속에서 기쁨을 찾으려고 헤매고 있습니다. 그러나 대다수는 기쁨을 발견하기보다 고통을 얻고 있습니다. 지금의 환경이나 자신의 처지를 생각하면 기뻐하지 못할 수도 있습니다. 그러나 기독교는 기쁨의 종교입니다. 우리가 예수그리스도를 믿고, 성도로 부르심을 받았다면 할 수 있는 한 최선의 기쁨을 찾기 위해 노력해야 합니다.

② 주님의 뜻이기 때문에 기뻐해야 합니다.

Q 〈데살로니가전서〉 5장 16~18절 말씀을 기록해 보세요.

기뻐하고, 기도하고, 감사하는 것은 '하나님의 뜻(god's will)'이요, '의지'라고 말씀하셨습니다. 예수를 구주로 고백하는 모든 그리스도인은 기뻐하는 것이 하나님이 우리를 향하신 뜻으로 알고 기뻐하기 위해 노력해야 한다는 것입니다. 모든 환경 속에 기뻐하며 사는 것은 하나님의 강력한 명령이고, 의지입니다. 이런데도 기뻐하지 않는 것은 예수를 믿는 것을 거부하는 것과 같습니다.

③ 예수를 믿는 가장 큰 증거이기 때문에 기뻐해야 합니다.

Q 〈이사야서〉 51장 11절 말씀을 기록해 보세요.

칼빈(John Calvin)은 "예수 믿는 사람들에게는 겉으로 드러나는 '사인'(sign)이 있는데, 그것은 기쁨과 감사다."라고 말하였습니다. 처한 환경이나 처지에 상관없이 기쁨과 감사가 넘치는 사람은 참으로 성숙한 그리스도인입니다.

빌립보서의 주제를 한마디로 이야기한다면 '기쁨'입니다. 과거의 빌립보

교회는 잘못된 율법주의와 유대주의에 빠져서 기쁨이 사라지고, 죄책감과 부담감으로 괴로워하고 있었습니다. 바울은 그들을 향하여 안타까운 마음으로 이야기하였습니다.

"주 안에서 기뻐하십시오. 다시 한 번 더 말합니다. 기뻐하십시오."

예수를 믿는다면 가장 먼저 기쁨이라는 증거가 나타나야 한다고 말하고 있습니다. 진정으로 예수를 구주로 믿는다면 기쁨이 있어야 합니다. 기쁨이 없고, 고통과 슬픔뿐이라면 천지 만물을 말씀으로 창조하시고, 우리를 죄에서 구원하여 주신 하나님의 살아 계심을 인정하지 않는 것과 다를 바가 없습니다.

우리가 정말 성숙한 그리스도인이 되기 위해서는 성령의 두 번째 열매인 희락, 즉 기쁨(joy)이 우리의 삶에 넘쳐나야 합니다.

주님 바라보기

《빙점》을 쓴 위대한 일본인 작가 이우라 아야꼬(みうらあやこ)의 책 가운데 《감사해요 고마워요.》라는 책이 있습니다. 책에서는 저자의 삶과 형편에 대해 기록하고 있습니다. 저자 미우라 아야꼬의 남편은 걸어 다니는 종합 병원으로 불렸다고 합니다. 그만큼 몸이 많이 아프고 건강하지 못했습니다. 미우라 아야꼬의 상황도 별반 다르지 않았습니다. 결핵을 앓았고, 뼈나 척추에도 문제가 있었고, 감기도 항상 달고 살았습니다.

인간적인 안목으로 보았을 때는 사는 것이 너무 괴롭고 힘들었을 것 같습니다. 건강하게 살아도 살기 힘든 세상인데, 무슨 낙으로 인생을 사나 싶을 정도입니다. 그런데 책에서는 부부가 얼마나 기쁘고 재미있게 사는지를 기록하고 있습니다.

하루는 미우라 아야꼬가 외출을 다녀오면서 천진난만한 어린아이처럼 집으로 뛰어들어 왔습니다. 2층에 있는 남편을 부르면서 신발도 벗어 던지고, 목에 둘렀던 목도리도 풀어 헤치고, 외투도 벗어 던지며 행복한 웃음을 지으며 달려갔습니다. 그것도 아주 닭살 돋게 뛰어가 안겼습니다. 남편이 아내에게 이렇게 속삭입니다.

"여보, 나는 우리가 건강하지 않은 것이 너무 감사해요."

"왜 그렇게 생각해요?" 미우라 아야꼬가 물었습니다.

"왜냐하면 우리는 둘 다 글을 쓰는 사람이기 때문에 생각이나 주관이 분명한 사람들이에요. 그런데 몸까지 건강했다면 우리는 이렇게 행복하게 살 수 없었을 것 같아요. 다른 사람들처럼 술, 담배도 즐겨 하고, 바람도 피우고, 가정이나 서로를 지금만큼 생각할 수 없었을 것 같아요. 만약 우리가 건강했다면 우리는 아마 교도소에서 만났을 거예요."

그러면서 부부가 손을 마주 잡고, 지금의 아프고 힘든 상황을 감사하며 기뻐할 수 있었다고 합니다.

참 수준 높은 기쁨의 모습입니다. 도저히 감사할 수 없는 상황에서도 감사할 거리를 찾고, 기쁘고 행복하게 사는 이런 모습이 성숙한 그리스도인이 보여야 할 모습입니다.

1. 우리는 왜 기쁨의 열매를 맺지 못할까요?

① 염려와 근심 때문입니다.

Q 〈빌립보서〉 4장 6절 말씀을 기록해 보세요.

빈부귀천을 막론하고 이 땅의 모든 사람들은 크든 작든 염려와 근심 거리를 안고 살아가고 있습니다. 심지어 아직 닥치지도 않은 것들, 나와는 전혀 상관없는 것들까지 고민하고 염려하며 살아갑니다. 하나님은 성경을 통해 550번이나 염려하지 말라고 말씀하십니다. 예수님도 우리를 향해 "염려하지 말라"고 명령하십니다. 그만큼 염려는 우리 그리스도인들까지 '하나님을 생각하지 않는' 걱정과 근심의 노예로 만듭니다.

중세 시대 유럽의 한 시골 마을에 염려와 근심으로 찌든 인생을 살던 사람이 있었습니다. 아내와는 이혼을 하고, 자녀들도 하나같이 문제투성이고, 자신의 삶은 염려와 근심으로 작은 일 하나조차 할 수 없었습니다. 천신만고 끝에 베네딕트라는 수도원에 들어갔습니다. 세상의 일들을 잊고, 염려하지 않고 기쁨을 얻기 위해서였습니다.

원장 수녀가 그 사람에게 찾아와서 이렇게 말하였습니다.

"여기 총을 한 자루 드리겠습니다. 만약 수도원에 있으면서도 세상의 염려와 근심으로 힘이 든다면 이 총을 들고 산에 올라가 방아쇠를 당기십시오. 빵 하는 총소리와 함께 염려와 근심이 사라질 것입니다.".

이 사람은 하루도 빠짐없이 산에 올라가 총을 쏘았습니다. 그만큼 염려와 근심이 사라지지 않았던 것입니다. 아무리 총을 쏘아도 염려와 근심이 사라지지 않으니까 다시 원장 수녀를 찾아 갔습니다. 다른 해결책을 원했던 것입니다. 그런데 그때 원장 수녀가 자리에 없었습니다. 그래서 다른 수녀들에게 물었습니다.

"원장 수녀님 어디 가셨나요?"

"저기 뒷산에 가면 원장 수녀님을 만날 수 있을 것입니다."

가 보니까 원장 수녀가 뒷산에서 권총도 아니고, 기관총을 쏘고 있더랍니다. 원장 수녀라고 걱정이 없는 것이 아니라 오히려 더 많았던 것입니다.

대부분의 사람들은 다가오지 않은 것까지도 걱정하고 근심합니다. 정신병원에는 걱정이 없습니다. 세상의 모든 행복한 표정은 거기에 다 있습니다. 너무 많이 알고, 매사에 계산하고, 너무 많은 것을 소유하기 때문에 닥치지도 않은 일까지 걱정하게 되는 것입니다.

오죽 했으면 닥터 '월터 케비터'라는 사람은 그의 책에서 '사람의 염려 가운데 92%는 상상에 따른 염려이고, 정말 염려하지 않아도 되는 염려를 하고 있다'고 했습니다. 단지 8%만이 진짜 염려할 거리라는 것입니다.

② 불평과 불만 때문입니다.

Q 〈민수기〉 11장 1절 말씀을 기록해 보세요.

매사에 불평하고 불만을 가진 사람은 어떤 경우에도 기뻐할 수 없습니다. 어떤 어렵고 힘든 환경에 처해 있을지라도 긍정적으로 생각하고, 그것을 축복할 수 있는 사람이 참된 기쁨을 누릴 수 있습니다. 자신에게 있는 것은 생각하지 않고, 다른 사람에게 있는 것이 자신에게 없다고 불평한다면 나도 모르게 염려와 근심, 불안이 찾아옵니다. 또한 기쁨은커녕 지금 있는 모든 것을 다 잃은 것 같은 상실감이 찾아 올 것입니다.

아무리 건강하지 않다고 하여도 지금 살아 있음에 감사하고, 원망과 불평을 줄여 가야 합니다. 체중이 많이 나간다고 불평하지 마세요. 음식 먹고 살 안 찌는 것도 죄입니다. 좀 풍성해 보여도 좋습니다. 입맛 없어 병든 것보다 얼마나 큰 축복입니까?

과거 손양원 목사님 인생은 정말로 시련의 연속이었습니다. 일평생을 일제의 압제 하에 살았고, 6.25시절에도 공산정권의 압제 속에 있었습니다. 심지어는 두 아들마저 공산당 청년에게 죽임을 당하였습니다. 행복은커녕 기뻐할 여유조차 없는 시련이 가득한 인생이었습니다.
그런 손양원 목사님이 항상 즐겨 불렀던 찬양이 두 곡 있었습니다. 그중 한 곡이 '주님 고대가'입니다. 어제나 오늘이나 주님 오실 날만을 고대하며 기다리고, 때로는 구름 한 점만 봐도 주님 오실 때가 되었는가 하고 기다린다는 것입니다. 항상 하늘에 소망을 두고 희망을 잃지 않겠다는 것입니다.
또 한 곡은 '세상 사람 날 부러워 아니하여도'라는 찬양이었습니다.
"세상 사람 날 부러워 아니하여도 나도 역시 세상사람 부럽지 않네……."
그는 "내가 구원받은 은총을 생각할 때마다 할렐루야 찬송이 저절로 납니다. 가만히 있어도 찬송이 나오고 기뻐집니다."라고 하였습니다.

자기 인생을 돌아보며 불평과 불만을 하는 사람에게는 이런 역사가 일어나지 않습니다. 내가 처한 형편을 바라보는 것이 아니라 나를 구원하신 그리스도의 크신 은혜를 생각하며 항상 감사하며 기뻐할 수 있어야 합니다.

③ 무관심과 나태함 때문입니다.

Q 〈로마서〉 12장 11절 말씀을 기록해 보세요.

무관심에 빠져들게 되면 우리는 영적으로 갇히고 매이는 것과 같습니다. 무관심은 우리를 열정 없이 살아가게 하고, 소망 없이 바라보게 하며, 행동 없이 믿으라고 유혹합니다. 나태함도 마찬가지입니다. 예수 믿는 사람은 열정적이고, 부지런하여야 합니다. 매순간 하늘에 소망을 두고 기쁜 마음으로 살아가야 합니다. 그래야만 참 기쁨과 희열을 맛볼 수 있습니다.

2. 참된 기쁨은 어떻게 찾아올까요?

① 주님 안에 있을 때 참된 기쁨이 찾아옵니다.

Q 〈빌립보서〉 4장 4절 말씀을 기록해 보세요.

사도 바울이 바울 서신에서 가장 많이 사용한 단어가 바로 '주님 안'입니다. 예수님 안에, 주님 안에, 그분 안에 있을 때 참된 기쁨을 만끽할 수 있다는 것입니다. 우리가 항상 기뻐할 수 있는 까닭은 바로 변함없으신 주님으로 인해 가능합니다. 즉 우리는 주님으로부터 기쁨을 찾을 수 있습니다.

존 버니언이 지은 위대한 책《천로역정》에 보면 이런 이야기가 나옵니다. 그리스도인 한 사람이 천국을 향해 가고 있었습니다. 한 발짝만 잘못 헛디디면 빠져 죽는 수렁을 지나게 되었습니다. 그런데 그때 갑자기 통로가 열리면서 음성이 들렸습니다.
"내 음성에 귀를 기울이라. 나를 향해 똑바로 걸어오라. 그리하면 무사할 것이다."
그것은 성령의 음성이었습니다.
아무리 인생이 어렵고 힘들어도 주님께 초점을 맞추고 주님 안에 거하면 위험한 고비나 장애물도 거뜬히 건널 수 있다는 것입니다. 참 의미 있는 이야기가 아닌가 생각합니다.

우리의 인생의 행로에서 하나님이 함께하시고, 동행해 주신다면 우리는 거기에 집중해야 합니다. 우리 삶의 전 영역을 주님께 맞추어서 그분과 동행한다면 참으로 멋있고 기쁨이 넘쳐나는 인생을 살아갈 수 있습니다.

② 하나님과 긴밀한 교제가 있을 때 참된 기쁨이 찾아옵니다.

Q 〈요한복음〉 15장 11절 말씀을 기록해 보세요.

'에덴'이라는 말은 '기쁨'이란 뜻을 갖고 있습니다. 에덴 동산은 교제와 기쁨의 동산이라는 의미를 담고 있습니다. 최초의 인간이 범죄를 저질러 우리가 에덴에서 쫓겨났고, 그 결과 교제와 기쁨을 상실하게 되었습니다. 시기와 다툼이 생기고, 최초의 살인까지도 발생하게 되었습니다. 결국 절망과 파멸의 상태로 전락하게 된 것입니다. 하지만 예수 그리스도께서 이 땅에 오셔서 십자가를 지심으로 우리와 하나님의 교제가 회복되었습니다. 그 결과 에덴의 기쁨도 다시 회복할 수 있게 되었습니다. 과거 에덴 동산에서 아담과 하와가 하나님과 대화하며 아름다운 교제를 나누었던 것같이 우리들의 삶에도 이러한 교제가 있어야 합니다. 우리의 삶은 화목 제물이 되신 예수 그리스도의 공로로 항상 하나님과 교제하며, 그분과 사랑의 언어를 나누고 기뻐할 수 있는 삶이 되어야 합니다.

③ 항상 감사할 때 참된 기쁨이 찾아옵니다.

Q 〈빌립보서〉 4장 6절 말씀을 기록해 보세요.

성령의 열매를 묵상하면 신앙생활에 가장 강조되는 것 중 하나인 감사의 열매가 빠져 있습니다. 그 이유는 감사는 늘 기쁨과 함께 가기 때문입니다. 원망과 불평 속에 결코 기쁨이 있을 수 없습니다. 매사에 우울해하고, 모든 일에 눈치 보고, 작은 일에도 인상 쓰는 사람에게는 결코 감사가 없습니다. 기뻐하라는 것은 곧 감사하라는 것입니다.

기쁨은 꼭 요란하게 떠들거나 그냥 웃고 다니는 것이 아닙니다. 기질마다 표현하는 방식과 모습이 다릅니다. 어떤 분은 빙그레 웃으며 기뻐하고 감사를 표현합니다. 어떤 분은 큰 소리로 고백하고 웃으며 감사하는 분이 있습니다. 어떤 분은 하나님에게 물질로 감사를 표시하는 분도 있습니다. 결과적으로 기쁨이 있는 사람은 모두 감사하는 사람입니다.

3. 고난 속에서도 기뻐할 수 있는 이유는 무엇일까요?

① 예수 그리스도의 구속의 은혜 때문입니다.

Q 〈요한일서〉 5장 11~12절 말씀을 기록해 보세요.

우리를 용서하셨고, 우리를 구원하여 주신 그 은혜만 생각하면 세상의 그 어떤 일도 아무것도 아닐 수 있습니다. 우리는 죽음에서 구원받았고, 주홍 같은 붉은 죄에서 깨끗하게 사함을 받았는데, 그것보다 더 큰 기쁨과 감사할 것이 있을 수 있겠냐는 것입니다.

찬송가 305장 〈나 같은 죄인 살리신〉을 함께 불러 봅시다.

인생의 수많은 고난과 아픔들이 우리를 힘들게 하여도 기뻐할 수 있는 이유가 있습니다. 예수 그리스도가 우리를 위해 십자가를 지셨고, 구원해 주셨기 때문입니다. 단지 우리를 사랑하신다는 이유 하나로 예수님이 희생하신 것입니다. 그 큰 사랑이 있는데, 어찌 기뻐하지 않고, 감사하지 않을 수 있겠습니까? 구속의 은혜로 인하여 여러분의 삶에 항상 기쁨이 넘쳐나기를 소망합니다.

② 예수 그리스도의 동행의 축복 때문입니다.

Q 〈신명기〉 31장 6절 말씀을 기록해 보세요.

주님이 우리의 평생을 함께하시겠다는 것입니다. 그것만으로도 든든합니다. 깊은 웅덩이와 수렁에 빠졌다 하여도 포기하지 않고, 그것으로 인해 낙심하여 좌절하지 않기를 바랍니다. 주님이 우리와 함께 가시며 우리를 떠나거나 버리지 아니하실 것이기 때문입니다. 지금도 우리의 아픔, 상처, 어려움 등 우리의 모든 힘든 일을 아시고, 우리와 함께하시는 예수 그리스도가 있기 때문에 우리는 기뻐할 수 있습니다.

③ 예수 그리스도로 인한 내세의 소망 때문입니다.

Q 〈로마서〉 5장 2절 말씀을 기록해 보세요.

나그네 생활이 아무리 어렵고, 힘들어도 큰 문제가 될 게 없습니다. 여행자가 아무리 피곤해도 좌절하지 않을 수 있습니다. 바로 돌아갈 집과 가정이 있기 때문입니다. 아무리 먼 길을 여행하고, 오랜 시간 떠나 있어도 돌아올 집이 있고, 평안히 거할 안식처가 있으면 안심할 수 있습니다.

믿음의 사람들에게도 이것이 동일하게 적용됩니다. 이 땅의 삶이 아무리 고통스러워도 우리에게는 돌아갈 천국이 있습니다. 우리 주 예수 그리스도께서 우리의 처소를 예비하고 기다리고 계십니다.

이 땅에서 무수히 많은 사람들에게 존귀와 칭송을 받았다고 해서, 엄청난 거부라고 해서, 무수히 많은 명예와 권력을 가졌다고 해서, 영원한 삶을 누릴 수 있는 것은 아닙니다. 우리의 인생은 100년도 안 되는 짧은 인생입니다. 모든 것이 부질없는 것입니다.

반대로 여기에서 아파하고, 힘들어하고, 좌절하고, 생명을 끊을 만큼 고통스럽다고 해도 영원한 것에 비하면 아무것도 아닙니다.

예수님 때문에 우리는 하늘의 소망을 바라보고 즐거워할 수 있습니다. 저 천국이 우리가 돌아갈 본향임을 생각한다면 빙그레 웃고, 기뻐할 수 있는 것입니다.

서부 개척 시대의 일입니다. 캘리포니아인 세 사람이 엄청난 금광맥을 발견했습니다. 그들은 관계 기관의 허락을 받아 금을 캐낼 때까지는 이 일을 비밀로 하기로 결정하고, 금을 캐기 위해 준비를 시작했습니다. 한 사람은 관계 당국의 허가를 받으러 가고, 또 한 사람은 생필품을 준비하고, 나머지 한 사람은 금을 캐기 위한 장비를 장만하였습니다. 그렇게 어느 정도 준비를 마친 후 세 사람은 금을 캐기 시작했습니다. 그런데 어떻게 된 영문인지 수많은 마을 주민들이 금을 캐는 현장에 나타났습니다. 세 사람은 일제히 "누가 정보를 누설했지?" 하며 서로 물어보았습니다. 그러나 아무도 그 사실을 말하지 않았다고 했습니다. 그래서 마을 사람들에게 어떻게 알게 되었냐고 물어 볼 수밖에 없었습니다.

"당신들, 우리가 금광을 발견하고 금을 캐려고 하는지 어떻게 알았습니까? 누가 당신들에게 말해 주었나요?"

사람들은 대답했습니다.

"누구에게 들은 것이 아닙니다. 우리는 당신들의 얼굴에 기쁨과 희망과 웃음이 가득한 것을 보고 알았습니다. 그런 행복한 웃음과 표정은 어떤 보물을 발견한 사람에게만 나타날 수 있는 것이지요."

우리는 천국이라는 보물을 발견한 사람들입니다. 아니 발견한 정도가 아니라 이미 천국을 소유한 사람들입니다. 그러므로 기뻐할 수 있기를 바랍니다. 우리 얼굴에서 웃음과 소망과 행복이 넘쳐나야 합니다.

주님과 동행하기

1. 기쁨을 실천하는 구체적인 방법은 무엇일까요?

① 기쁨을 표정으로 나타내세요.

Q 〈고린도후서〉 2장 15절 말씀을 기록해 보세요.

사람의 얼굴은 마음의 상태에 따라 달라진다고 합니다. 보통 사람의 첫인상이 결정되는 시간은 6초라고 하는데, 그 6초 동안 그 사람의 인격이나 성격, 삶의 모습 등을 알아보기는 힘듭니다. 그렇다면 결국 우리는 외모로 그 사람을 판단하게 됩니다.

적어도 그리스도인이라고 하면 믿음의 증거로 나타나는 기쁨의 표정이 얼굴에서 표현되어야 합니다. 6초가 아니라 1초를 보아도 기분이 좋고, 행복해지는 그리스도인다운 표정이 나타난다면 하나님이 더 기뻐하시리라 믿습니다.

② 기쁨을 언어로 표현하세요.

Q 〈잠언〉 16장 24절 말씀을 기록해 보세요.

성경은 말과 혀에 대한 경계의 말씀을 많이 하고 있습니다. 그만큼 언어의 긍정적인 면과 부정적인 면을 강조하고 있는 것입니다. 언어는 사람을 살리기도 하고, 죽이기도 합니다. 그렇기 때문에 그리스도인은 언어를 긍정적인 부분에서 사용해야 합니다. 사람을 살리고, 축복하고, 높여주고, 인정해주는 아름다운 말이 기쁨으로 표현되어야 합니다.

③ 기쁨을 행동으로 보여 주세요.

Q 〈고린도후서〉 5장 9절 말씀을 기록해 보세요.

형편과 상황이 좋을 때는 누구나 행복한 웃음을 짓고 기뻐할 수 있습니다. 그러나 그것이 적극적인 행동으로 드러나는 것은 실천에 해당합니다. 표정으로 기쁨을 나타내고, 언어로 표현하는 것 이상으로 행동으로 드러나도록 노력하고 힘써야 합니다. 표정과 말에서는 기쁨을 느낄 수 있는데, 나타나는 행동이나 삶의 모습에서는 그것을 느낄 수 없다면 문제가 있는 것입니다.

예수를 믿고 참된 기쁨을 누린다면 삶에서 나타나는 행동의 모습도 달라져야 합니다. 하나님을 믿는 사람으로서 좀 더 담대하게 세상을 살아가고, 열정적으로 최선을 다하며, 하나님을 가장 우선에 둔 삶을 살아야 합니다. 감사하는 생활 속에 기쁨의 표현이 항상 보여진다면 우리는 참된 기쁨을 누릴 수 있습니다.

④ 기쁨을 세상 가운데 전파하세요.

Q **〈디모데후서〉 4장 2절 말씀을 기록해 보세요.**

예수를 만난 참된 기쁨을 우리의 기쁨으로만 만족해서는 안 됩니다. 그 놀라운 구원의 비밀과 기쁨을 세상 가운데 전파하여야 합니다. 내가 만난 예수를 소개하며, 기쁨을 표현하고 나타낸다면 우리 안에 있는 참된 기쁨과 희락은 더 커질 것입니다.

2. 표정 찾기

아래의 표정들을 보면서 질문에 답하고, 이유를 설명해 봅시다.

① 지금 나는 어떤 표정을 하고 있나요? 이유는 무엇인가요?

② 지금 옆에 있는 사람의 표정은 어떤가요? 그렇게 보이는 이유는 무엇인가요?

③ 나는 앞으로 어떤 표정을 지으면서 살고 싶나요? 이유는 무엇인가요?

성령의 열매

03 화평

✣ 〈갈라디아서〉 5장 22~23절

22 오직 성령의 열매는 사랑과 희락과 화평과 오래 참음과 자비와 양선과 충성과 23 온유와 절제니 이 같
은 것을 금지할 법이 없느니라

세상 돌아보기

지금은 여러분 자신이 선정한 최고의 대상을 수여하는 시상식입니다. 여러분은 자신의 삶 속에서 만난 최고의 사람이나 최고의 것들에게 상패를 수여할 수 있습니다. 여러분의 삶 속에서 최고는 무엇이었는지 생각해보고 아래에 기록해 봅시다. 한두 가지를 선택해서 다른 사람들에게 이야기하고 나에게 특별한 의미를 가진 이유는 무엇인지 이야기해 봅시다.

번호	질 문	이 유
1	내가 어렸을 때 최고의 친구	

2	내가 만난 최고의 선생님	
3	내가 가졌던 최고의 직업(일)	
4	내가 만난 최고의 상관(상사)	
5	내가 가졌던 최고의 장난감	
6	내가 학창 시절에 속했던 최고의 학급	
7	내가 본 것 가운데 최고의 책이나 영화	
8	내가 타 본 최고의 자동차	
9	내가 보냈던 최고의 휴가(방학)	
10	내가 함께한 최고의 이웃	

주님 알아가기

존스타인벡의 《진주》라는 글에서는 평화를 갈망하는 인간의 원초적인 모습을 잘 그리고 있습니다. 글의 줄거리를 보면 이렇습니다.

작은 어촌에 '키노'와 '주아나'라는 젊은 부부가 살고 있었습니다. 이들은 진주 잡이였습니다. 늘 허탕만 치던 생활의 연속이었는데, 하루는 그들이 깊은 바다 속에서 오색영롱한 큰 조개를 발견하게 되었습니다. 그 속에는 갈매기 알만큼 큰 옥 진주가 들어 있었습니다. 그 진주는 큰돈이 될 만큼 가치가 있었습니다. 부부는 큰 진주만 생기면 고생은 끝나고 행복하고 평안해질 줄 알았습니다. 그들의 머리에는 온갖 행복한 생각들로 가득 찼습니다. 성당에서 결혼식도 하고, 자녀 교육도 훌륭하게 시킬 것이라 생각했습니다. 하지만 진주를 발견한 후 부부에게는 이상한 일들이 일어나기 시작했습니다. 부부의 건강을 지켜보던 나쁜 의사는 젊은 부부의 진주를 빼앗을 생각으로 병이 오래가도록 투약을 했습니다. 동네 사람들도 부부가 진주를 캤다는 소문을 듣고 담 너머로 기웃거리며 떠나지를 않았습니다. 심지어 한밤중에 강도가 침입한 일도 있었습니다. 얼굴도 모르던 친척이 찾아와 도와달라고 간청을 하기도 했고, 성당의 신부는 큰 헌금을 기대했습니다. 키노와 그의 아내는 진주로 인해 하루도 마음이 평안할 날이 없었습니다. 오히려 불안과 공포 속에 쫓기는 듯한 인생을 살게 되었습니다. 진주를 마음 편하게 보관할 마땅한 장소도 없었고 그들의 잃어버린 평화를 찾을 길도 없었습니다. 끝내 젊은 부부는 진주를 다시 깊은 바다에 던져버리고 말았습니다.

물질로 마음의 평화를 찾고자 하는 현대인들의 어리석음을 잘 보여 주는 이야기입니다. 결코 물질이나 세상의 조건으로 진정한 평화와 행복을 찾을 수 없음을 말하고 있습니다.

사람들은 사소한 말 한마디에 위로를 받기도 하고 평안을 누리기도 합니다. 인류의 역사가 시작된 이래로 모든 사람들은 한결같이 평화를 원합니다. 다소 덜 먹고, 덜 편리하고, 덜 좋아도 사람들은 평화롭기를 원합니다.

1. 참된 평화는 주님 안에 있을 때만 가능합니다.

Q 〈에베소서〉 2장 16~17절 말씀을 기록해 보세요.

사도 바울은 평강의 왕으로 오신 주님이 십자가를 지심으로 하나님과 이웃과의 평화로운 길을 열어 주셨으니, 참된 평화는 '주님 안에서'만 가능하다고 말합니다. 아무리 이 땅에서 모든 것을 다 갖추어도 영적 존재인 인간은 영원한 생명과 죄 사함, 구원의 확신이 없다면 허무, 불안, 초조, 근심, 염려로 결코 진정한 평화를 누릴 수 없습니다. 그저 자신이 평화롭다고 스스로를 위로할 수 있을 뿐입니다.

나그네 같은 인생, 안개와 같은 짧고 유한한 인생을 사는 우리들은 세상의 어떤 것으로도 결코 진정한 평화를 찾을 수 없습니다. 그렇지만 예수로 인해 구원의 확신을 가진 자에게는 진정한 평화가 주어질 것입니다.

① 예수님은 십자가의 사랑으로 화평을 이루셨습니다.

Q **〈에베소서〉 2장 14절 말씀을 기록해 보세요.**

하나님은 인간을 지으신 후 "보시기에 심히 좋다"고 말씀하셨습니다. 그러나 인간이 죄를 지어서 하나님과의 관계에 금이 갔고 벽이 생겼습니다. 그로 인해 인간은 더 이상 행복하지 못하고 불행하게 되었습니다. 인간은 담을 쌓고 살아갑니다. 최초에 아담이 하나님을 향해 먼저 담을 쌓았습니다. 불순종의 담이었습니다. 불행하게도 그 담은 아주 오랫동안 사람들과 하나님 사이를 가로막았습니다. 더욱더 불행한 것은 또 인간이 인간을 향해 높은 담을 쌓았다는 것입니다. 이렇게 높이 쌓인 담은 바벨탑만큼 쌓여 하나님의 분노를 가져왔습니다.

하나님은 예수 그리스도를 통해 하나님과 인간 사이를 가로막았던 그 담을 제거하셨습니다. 한순간에 막힌 담을 허셨습니다. 이로 인해 사람은 하나님과 화평을 누리고 하나님이 주시는 평화를 소유하게 되었습니다. 나아가 하나님과 무관한 자였던 이방인들에게도 하나님께로 나아갈 수 있는 길이 열렸습니다. 그리스도의 피로 이루신 화평이었습니다. 예수님이 십자가에 못 박혀 죽으신 궁극적인 목적은 하나님과 죄인인 우리와의 관계를 회복시키기 위해서였습니다. 예수님은 십자가의 희생을 통해 하나님과 인간, 인간과 인간 사이에 막힌 담을 제거하시고 화해의 역사를 만드셨습니다.

② 예수님은 성도들에게 화평을 선물로 주셨습니다.

Q **〈골로새서〉 3장 15절 말씀을 기록해 보세요.**

요즘 한국 사회에 분노가 팽배해 있습니다. 분노는 불안, 두려움과 섞여 온갖 사회 문제를 유발합니다. 사소한 문제로 인해 폭력과 살인이 비일비재하게 일어나는 이유도 여기에 있습니다.

평강(peace)은 하나님의 선물입니다. 세상이 줄 수 없는 것입니다. 그리스도는 평강의 왕입니다. 그리스도를 주로 모신 사람들은 마땅히 평강의 사람이 되어야 합니다. 평강은 그리스도인의 본질입니다. 분노와 갈등, 폭력의 한가운데에서 피스메이커로 부름받은 사람이 바로 그리스도인입니다. 공동체와 사회 평화의 전제 조건은 하나님의 평강이 그리스도인의 마음을 온전히 다스리는 것입니다.

주님 바라보기

2차 대전 중 차디찬 겨울에 있었던 일입니다. 성탄 전야인 12월 24일에 프랑스군과 독일군이 작은 강을 사이에 두고 대치하고 있었습니다. 살벌한 전쟁터는 아롱지는 별빛으로 인해 고요하고 적막해져 갔습니다.
이 고요함 가운데 참호 속에 앉았던 한 프랑스 병사가 고향 생각을 하며 무심코 낮은 휘파람으로 성탄 캐럴을 불렀습니다. 이 휘파람 소리가 적막한 강 주변에 잔잔히 울려 퍼졌고, 이내 건너편의 독일 병사들의 마음을 향수에 잠기게 했습니다. 독일 병사들도 그 멜로디를 따라 마음과 입술을 움직이게 되었고, 고요하고 적막한 강 주변은 이내 캐럴의 향연이 되었습니다.
아군도 적도 없는 성탄의 밤이었습니다. 서로 피 흘려 싸워야 하는 병사로서의 모습은 사라지고, 오직 성탄을 축하하며 고향을 그리워하는 애절한 사람의 마음만 남게 되었습니다. 그리고 강가의 캐럴 향연은 적과 아군이 한자리에서 드리는 성탄의 예배로 이어졌고, 즐거운 파티까지 하게 되었습니다.

예수님의 십자가는 하나님과의 화평뿐만 아니라 전쟁 중에 있는 원수와도 화평을 이루게 합니다. 주님은 원수된 인간을 위하여 희생하시므로 하나님과 우리 사이를 화평케 하셨습니다.

1. 화평의 열매를 맺어야 할 이유에 대해서 알아봅시다.

① 우리가 하나님으로부터 큰 평안의 은혜를 받았기 때문입니다.

Q 〈에베소서〉 2장 16절 말씀을 기록해 보세요.

예수 그리스도는 영원히 저주받고, 죽을 수밖에 없는 우리를 위해 대신 죽으셔서 원수된 것을 소멸하시고 하나님과 화평케 하셨습니다. 당연히 이 놀라운 사면과 은혜를 받은 우리는 이웃의 형제들을 껴안을 수 있는 피스 메이커가 되어야 합니다.

성경의 1만 달란트 빚진 자의 비유를 통하여 우리는 바로 우리 자신이 큰 사면과 탕감을 받은 존재임을 잊지 말아야 합니다.

〈로마서〉 5장 8절에 "우리가 아직 죄인 되었을 때에 그리스도께서 우리를 위하여 죽으심으로 우리에게 대한 하나님의 사랑을 확증하셨다"고 했습니다. 여기에서 기억해야 할 것은 우리가 아직 '죄인 되었을 때'라는 말입니다. 하나님은 도저히 용서받을 수 없는 죄인이었고 지금도 여전히 죄인인 우리를 위하여 독생자를 주시고, 그 독생자는 하나님과 우리 사이의 화평의 사도가 되어 주셨습니다.

② 화평한 삶은 성도들을 향한 하나님의 기대이기 때문입니다.

Q 〈마태복음〉 5장 9절 말씀을 기록해 보세요.

부모님이 자녀를 키우다가 가장 가슴 아픈 일이 자녀들끼리 싸우는 모습을 보는 것입니다. 하나님의 마음도 동일하십니다. 하나님은 형제가 연합하여 동거하는 것을 아름답게 여기시고, 형제끼리 우애하고 사랑하고 화평하게 지내는 것을 기뻐하십니다.

지금 이 순간도 하나님은 수많은 성도들이 화평하며 주의 자녀로서 아름다운 삶을 살아가기를 기대하고 계십니다.

③ 화평한 삶은 성도들을 향한 하나님의 요구이기 때문입니다.

Q 〈고린도후서〉 5장 18절 말씀을 기록해 보세요.

하나님은 예수 그리스도로 인하여 하나님과 화목하게 하셨고, 우리를 세상 속에서 화목하게 하는 직분을 주셨습니다. 세상과도 화목하라고 부탁하고 계신 것입니다. 우리는 다툼과 분쟁이 있는 곳을 화평케 할 사명이 있는 자들입니다.

2. 화평한 자에게는 어떤 복이 임할까요?

① 화평한 사람은 풍성한 삶을 살아가게 됩니다.

Q 〈레위기〉 26장 4절 말씀을 기록해 보세요.

하나님의 규례와 계명을 준수하면 주님이 주신 평안한 삶을 누릴 수 있습니다. 평안해서 아름다운 삶을 살아가는 것이 아니라 주의 뜻에 맞는 삶을 살기에 하나님이 평안을 주시는 것입니다. 그런 평안 가운데 우리는 화평을 누리고 풍성한 삶을 살아갈 수 있게 됩니다.

항상 배불리 먹고, 안전하게 거하며, 남에게 무언가를 꾸지 않고, 꾸어주는 복된 삶을 살 수 있게 되는 것입니다. 주님이 주신 평안 안에서 화평을 이루는 사람은 풍성한 삶을 살아가게 됩니다.

② 화평한 사람은 안전한 삶을 살아가게 됩니다.

Q 〈레위기〉 26장 7절 말씀을 기록해 보세요.

주님이 주신 평안 안에서 평화를 누리는 자는 주님이 모든 삶에 안전을 책임져 주신다는 것입니다. 원수나 대적자들이 눈앞에서 넘어질 것입니다.

지금 처한 환경과 여건이 힘들고 어려워도 이기게 하시며, 주님이 함께하시기에 그 어떤 위험도 우리를 엄습하지 못할 것입니다.

③ 화평한 사람은 번성하게 될 것입니다.

Q 〈레위기〉 26장 9절 말씀을 기록해 보세요.

하나님이 우리를 돌보시겠다는 말씀입니다. 주님이 함께하셨을 때 우리의 모든 삶은 번성하고 창대하며, 함께하심의 복을 누릴 수 있습니다.

④ 화평한 사람은 주의 백성이 될 것입니다.

Q 〈레위기〉 26장 12절 말씀을 기록해 보세요.

우리가 주님의 백성이 됩니다. 하나님은 우리의 하나님이 되십니다. 샬롬의 축복은 우리가 노력하고, 힘을 쓴다고 얻어지는 것이 아닙니다. 하나님이 함께하시고, 그리스도를 통해야만 주어지는 축복입니다.

3. 화평케 하는 사람은 어떠한 관계를 맺고 살아야 할까요?

① 자기 자신과 바른 관계를 맺어야 합니다.

Q 〈로마서〉 7장 19절 말씀을 기록해 보세요.

자신과 화평하라는 말이 모순으로 들릴 수도 있습니다. 어떤 대상과 화평하라는 것이 아니라 자기 자신과 화평하라는 말 자체가 생소하기 때문입니다. 그러나 이것은 화평의 가장 기본입니다. 우리 인간은 본래 평화롭게 살도록 지음 받은 존재입니다. 하나님의 형상대로 창조되었기 때문입니다. 그러나 인간이 하나님 말씀에 불순종하므로 미움, 분쟁, 불안, 분열이 찾아온 것입니다. 인간의 마음속에는 하나님이 창조해 놓으신 선한 본성과 인간의 타락으로 생겨난 악한 본성이 서로 갈등을 일으키고 있습니다.

자기 자신을 함부로 대하고, 멸시하고, 자신의 자존감을 깎아 내린다면 결국 불행하게 됩니다. 자기 자신이 거룩하고 소중한 하나님의 백성이요, 자녀이며, 소중한 존재임을 깨달을 때 진정한 화평이 찾아오게 됩니다.

하나님이 창조하신 나 자신을 먼저 사랑하는 사람에게 남을 사랑하는 마음이 생겨납니다. 이웃과 화평한 관계 속에 살 수 있습니다. 참된 평화와 기쁨은 하나님의 자녀인 내가 하나님의 명령대로 순종하며 살아갈 때 찾아옵니다. 기독교가 다른 종교와 다른 점은 인간의 생활 속에서 충만한 기쁨과 평화를 주는 진리를 전한다는 점입니다. 하나님이 창조하신 나 자신을 먼저 사랑하는 '자기애'에서부터 남을 사랑하는 마음이 생겨나는 것입니다. 하나님과 다른 사람들 앞에서도 부끄럽지 않은 사람은 자기 자신의 존재 가치와 위치를 아는 사람입니다. 이런 사람의 마음에는 평화가 있고, 불안과 초조의 그림자가 사라지며 기쁨과 평화가 찾아오게 되어 있습니다. 우리 모두 자신을 사랑합시다.

② 이웃과 바른 관계를 맺어야 합니다.

Q 〈시편〉 133편 1절 말씀을 기록해 보세요.

이웃과 바른 관계를 맺을 때 참된 평화가 찾아옵니다. 이웃과의 관계가 바르지 못하면 신앙생활 자체가 힘이 듭니다. 이것은 부부 사이, 부모와 자녀 사이, 성도와 성도 사이, 이웃과 이웃 사이 등 모든 인간관계에 해당될 것입니다.

온유와 겸손과 인내와 성실로 이웃과 바른 관계를 맺을 때 참된 평화가 찾아옵니다. 가정의 평화, 교회의 평화, 나라의 평화는 하나님의 축복으로 이루어지는 것입니다. 사람과 사람 사이의 평화를 지키기 위해서는 때로는 자존심을 버리고 참고 인내하는 것이 필요합니다.

하나님의 축복은 평화가 있는 곳에 임하게 됩니다. 원망, 분쟁, 불화가 있는 곳에는 하나님의 축복이 임하지 않습니다. 그것은 마치 정결한 새가 더러운 곳에 앉지 않는 것과 마찬가지입니다. 아무리 많은 물질의 축복을 받았다 할지라도 항상 원망과 불평과 불안이 생기는 곳에는 그 모든 축복이 사라지게 됩니다.

당나라 태종의 신하 중에 '장공예'라는 사람이 있었습니다. 그는 정부인을 제외하고 첩만 9명이 있었습니다. 그들에게서 난 자녀만도 무려 52명이나 되었습니다. 이상한 것은 보통 집안이라면 난리가 나도 큰 난리가 났을 것이며, 하루도 조용한 날이 없었을 것입니다. 화평은커녕 엄청난 시기, 질투, 분쟁, 다툼이 있을 것인데 장공예의 집안만큼은 너무도 화평하였습니다. 하루는 당 태종이 장공예를 불러 그러한 환경임에도 화평한 이유를 물었더니 장공예가 이렇게 대답했답니다.

"참고, 참고 또 참았기 때문입니다."

③ 하나님과 바른 관계를 맺어야 합니다.

Q 〈골로새서〉 1장 20절 말씀을 기록해 보세요.

복음의 능력은 하나님과 사람 사이를 가로막았던 죄의 벽을 헐어버리고 우리를 새로운 세상으로 이끌어내는 것입니다. 우리는 예수 그리스도를 만나 바른 믿음을 가지고 하나님과 신뢰의 관계가 되었습니다. 하나님과의 바른 관계라는 것은 하나님을 경외하는 삶을 산다는 것입니다. 경외라는 말은 '두려워한다'는 의미를 포함하고 있습니다. 즉 어떤 일이든지 하나님을 두려워하고 의지하며 살아야 합니다.

하나님과 동행한다는 것은 너무도 행복한 일입니다. 구약성경의 에녹의 삶을 보면 그는 365년을 살면서 하나님과 동행하였다고 했습니다. 그도 우리와 성정이 같은 사람이었습니다. 자식 때문에 고민하고, 생활 때문에 걱정하는 평범한 가장이었을 것입니다. 생활의 시련과 장애물이 없었다는 것이 아닙니다. 그가 늘 하나님을 두려워하였고 하나님이 그와 함께해 주셨기 때문에 그는 생활과 상관없이 평화를 누리며 살 수 있었습니다. 임마누엘의 하나님은 우리에게 평화를 주십니다. 하나님의 간섭, 섭리, 축복은 우리에게 진정한 화평을 주십니다.

하나님은 평화를 깨뜨리는 자를 용서치 않고 징계하십니다. 이것은 어느 상황이든지 마찬가지입니다. 가정의 화평을 깨는 자, 교회의 화평을 깨는 자 등 화평을 깨는 사람에게는 반드시 그 책임을 물으십니다. 자기의 감정을 다스리지 못하고 사람들과의 관계, 가정의 화평, 특히 주님이 피 흘려 사신 교회에서 화평을 깨는 자는 하나님의 엄중한 심판이 있습니다.

어떤 사람은 얼굴이 늘 어둡고 부정적이며 어디에 가든지 문제를 일으킵니다. 또 어떤 사람은 어디든지 분위기를 기쁘고 화기애애하게 만듭니다. 하나님은 화평의 사도(peace maker)가 되고자 하는 사람의 삶을 기뻐하시고 기업으로 땅을 주실 것입니다.

우리는 만나는 사람마다, 가는 곳마다 화평의 주님을 증거하고 화평해야 합니다. 좀 더 강하게 이야기한다면 화평하지 못한다면 그리스도의 자녀임을 포기하는 것입니다. 예수 그리스도를 믿고 죄 사함을 받고 하나님과 화평하게 된 사람들의 마음속에는 하나님이 주시는 놀라운 평안이 있습니다. 놀라운 평안을 누리는 자는 반드시 평화를 전하고 평화를 이룰 책임이 있음을 잊지 맙시다. 우리 모두 평화의 사도가 됩시다!

주님과 동행하기

1. 화평이라는 열매를 맺기 위해서 어떻게 해야 할까요?

① 우리가 먼저 용서를 구하고 화평하기를 힘써야 합니다.

Q 〈베드로전서〉 3장 11절 말씀을 기록해 보세요.

하나님을 믿는 우리가 먼저 찾아가서 용서를 구하고 화목하기를 힘써야 합니다. 그럴 때 우리가 진정한 하나님의 자녀가 되는 것입니다. 남에게 경제적으로 엄청난 피해를 주고도 얼굴색 하나 달라지지 않고 잘못했다는 말 한마디 하지 않는 사람이 있습니다. 이 사람은 화평하기를 거절하는 사람일 것입니다. 그러나 우리는 먼저 찾아가서 용서를 구하고, 또 상대방에게 잘못이 있다 하여도, 그리스도께 받은 그 사랑으로 먼저 그를 용서해 주어야 합니다. 서로 마음의 장벽이 높이 쌓이지 않도록 힘써야 합니다. 이것이 하나님의 자녀 된 모습을 회복하는 것이며 하나님이 기뻐하시는 사람의 모습입니다. 감사라는 열매가 기쁨으로 나타나듯이 용서라는 열매는 화평으로 나타납니다.

② 우리가 먼저 희생하고 화평하기를 노력해야 합니다.

Q 〈요한복음〉 12장 24절 말씀을 기록해 보세요.

희생은 깨어질 수밖에 없는 인간관계를 회복합니다. 예수님이 희생하셨으므로 하나님과 우리 사이가 화평하게 되었습니다. 그렇기에 우리는 깨어진 인간관계를 잇는 화평의 사도가 되어야 합니다.

희생 없이 진정한 화평은 없습니다. 나 자신이 손해보고 내가 먼저 용서할 때 화평은 지속될 수 있습니다.

③ 우리가 먼저 화평의 수호자가 되어야 합니다.

Q 〈에베소서〉 4장 3절 말씀을 기록해 보세요.

인간관계는 유리그릇과 같아 깨어지기 쉽습니다. 늘 평화가 나로 인하여 깨어지지 않도록 노력해야 하며, 깨어진 평화가 있다면 내 자신이 평화의 사도가 되어 그것을 복구할 사명이 있습니다.

세상 사람들은 성도들의 예배 의식에 감동을 받는 것이 아닙니다. 길고 유창한 기도에 감동받는 것도 아닙니다. 뛰어난 성경 지식에 감동하여 예수를 영접하는 것도 아닙니다. 아름다운 찬송을 듣고 회심하는 것도 아닙니다. 오히려 성도들이 삶의 현장에서 용서하고 희생하고 사랑하고 화평의 사도가 될 때 저들은 감동을 받으며, 그 모습을 통하여 믿음생활을 시작하는 계기가 되는 것입니다.

2. 화평은 예수 그리스도의 십자가 안에서 성취됩니다.

Q **〈로마서〉 5장 11~12절 말씀을 기록해 보세요.**

주님의 십자가는 위로는 하나님과의 화평을, 옆으로는 사람, 즉 이웃과의 화평을 이루셨습니다. 주님은 원수된 인간을 위하여 희생하심으로 하나님과 우리 사이를 화평케 하셨습니다. 우리는 보통 화해를 하고자 할 때 잘못한 쪽이 먼저 와서 용서를 구하는 것이 당연하다고 생각합니다. 하지만 주님은 아무 죄가 없으시고 죽으실 이유도 없으신 분이셨습니다. 화평을 깬 당사자도 아니셨습니다. 단지 하나님이 우리를 너무도 사랑하시기에 먼저 찾아 오셔서 화평을 이루심으로 우리를 얼마나 사랑하시는가를 확증하신 것입니다.

자기가 먼저 잘못했다고 하는 사람이 매우 드문 현실입니다. 그러나 주님은 자신의 생명을 바쳐서 화평을 이루셨습니다. 주님의 크신 십자가의 사랑과 화평보다 더 큰 화평과 용서는 없기 때문에 그것을 받은 자는 화평할 수밖에 없습니다.

우리는 이 세상에서 가장 많이 용서받은 사람들입니다. 그렇기 때문에 누구보다 더 많은 용서를 해야 합니다. 용서는 망각이 아니라 예수 그리스도를 모방하는 행위입니다. 도저히 불가능할 것 같은 상황에서도 화평을 위해 힘써야 합니다. 우리가 화평할 수 있는 것은 십자가 주님의 화평에서 그 궁극적인 이유를 찾을 수 있습니다.

여러분의 삶 속에서 화평을 깨뜨리려는 누군가가 있다면 그 사람을 위해서 기도해 봅시다. 가장 가까운 사람일 수도 있고, 평소 마음에 담고 용서하지 못했던 사람일 수도 있습니다. 그런 사람과도 화평해야 우리는 참된 그리스도인이라 할 수 있습니다. 용서하고, 화평하기 전에 그 사람을 위해 기도해 보는 것은 어떨까요? 정말 그 영혼을 사랑하고 아끼는 마음으로 그 사람을 위해 간절히 기도해 봅시다(기도문을 최대한 정성스럽게 적고, 기도함으로 용서하고 참된 화평을 누리기를 노력해 보세요).

기도문

오래 참음

✣ 갈라디아서 5장 22~23절

22 오직 성령의 열매는 사랑과 희락과 화평과 오래 참음과 자비와 양선과 충성과 23 온유와 절제니 이 같
은 것을 금지할 법이 없느니라

세상 돌아보기

아래에 있는 성령의 열매 가운데 사람들의 모습을 보며 어떤 열매와 닮았는지 빈 칸에 적어보고 그 이유를 함께 나누어 보세요.

닮은 사람	열 매	열매 설명
	사랑의 주스	달콤하고 생기가 넘치며 사랑이 많아서 항상 다른 사람들이 당신을 보고 싶어합니다.
	기쁨의 잼	당신의 말과 행동은 다른 사람들을 매우 기쁘게 해 줍니다.

	화평의 샐러드	당신의 배려와 이해로 다른 사람들은 늘 행복이 가득합니다.
	인내의 수박	목이 마를 때마다 수박이 생각나듯이 급한 일이 생기면 당신에게 도움을 요청하고 싶습니다.
	자비의 멜론	힘들고 어려운 사람을 기꺼이 도와주는 당신의 모습은 늘 우리에게 감동을 선사합니다.
	양선의 귤	당신은 우리에게 모범이 무엇인지를 보여 줍니다.
	충성의 사과	언제 어디서나 예수님을 생각하고 예수님의 뜻대로 살아가는 모습이 부럽습니다.
	온유의 배	우리 모두와 하나님의 영광을 위하여 기꺼이 다른 사람을 앞장세우고, 급한 것을 참을 줄 아는 당신이 멋있습니다.
	절제의 포도	급하지 않고, 과하지 않고 한결같은 모습으로 당당하게 살아가는 당신은 지혜로운 사람입니다.

이렇듯이 우리의 삶에서 하나님을 닮은 모든 모습은 쉽게 얻어지는 것이 아니라 오래 참음으로 얻어지는 것입니다.

주님 알아가기

대만의 저명한 역사학자 겸 작가인 백양(栢楊)이 쓴 글에 아주 의미 있고 재미있는 이야기가 있습니다. 미국을 포함한 여러 나라 사람들의 기질과 인내에 대해서 우화적으로 표현한 글입니다.

하루는 미국인, 일본인, 중국인 세 사람이 누가 돼지우리 속에서 가장 오래 참는지 내기를 하였습니다. 시간이 지나면서 가장 먼저 나온 사람은 미국인이었고 그 다음이 일본인이었습니다. 그리고 그 다음은 당연히 중국인인 줄 알았는데 중국인이 아니라 돼지였다고 합니다.
중국인의 인내심과 참을성을 잘 보여 주는 이야기입니다. 여기에 덧붙여 한국인이 그 자리에 포함되었다면 당연하게 1등이었을 것입니다. 한국인은 인내심이 부족하다고 하지만 내기에는 목숨을 걸기 때문입니다.

오래 참는다고 하는 것은 늘 성숙과 열매 맺는 것과 관련이 있습니다. 오래 참을 수 있다는 것은 성숙한 자만이 할 수 있는 것이고, 오래 참으면 반드시 훌륭한 열매가 그 속에 숨어 있을 것이기 때문입니다. 성경에서는 수많은 믿음의 선배들이 기다림과 인내의 삶을 살았음을 보여 주고 있습니다.

1. 오래 참음은 최고의 사람만이 가질 수 있는 성품입니다.

① 오래 참는 사람은 모든 사람의 본이 됩니다.

Q 〈히브리서〉 6장 12절 말씀을 기록해 보세요.

믿음의 조상으로 불리는 아브라함이 오래 참음으로 하나님과의 약속을 이룬 대표적인 인생입니다. 그가 믿음의 조상으로 불리고, 하나님이 벗이라 부를 만큼 칭송을 들을 수 있었던 이유도 여기에 있습니다.

75세 때 하나님이 자녀를 주신다고 하신 약속은 하루이틀도 아니고, 25년 만인 100세가 되어서야 이루어졌습니다. 생리가 끊어진 사라와 100세가 되어 완전히 늙어 버린 아브라함에게 자녀를 허락하신 것입니다. 하나님께서 그 소중한 자녀를 다시 재물로 바치라고 하셨을 때도 아브라함은 주저하지 않았습니다. 그렇게 기다리고 오래 참아 얻은 자녀이지만 그것보다 더한 것도 감당할 수 있고, 다시 기다릴 수 있다는 믿음이 있었기 때문입니다. 그래서 그는 믿음의 조상이라 불리게 되었고, 모든 믿는 자들의 본이 될 수 있었던 것입니다.

② 오래 참는 사람은 성숙한 신앙인이 됩니다.

Q 〈누가복음〉 8장 15절 말씀을 기록해 보세요.

성숙과 미성숙은 오래 참느냐, 그렇지 않느냐의 차이입니다. 성숙의 열매는 인내하는 자가 맺기 마련입니다.

내가 좋은 땅이고, 좋은 사람이고, 하나님의 자녀라고 하면 하나님의 말씀을 듣고 지키는 것에서 머물러서는 안 됩니다. 예수 그리스도를 믿고 구원받아 성령이 내주하는 사람은 '오래 참음'의 열매를 맺고, 또 대인관계 속에서도 그렇게 한다고 말씀하십니다. 성령받은 증거가 '오래 참음'입니다. 그리스도인들은 '기다리는 사람들'입니다.

주님 바라보기

링컨 대통령에게는 많은 적들이 있었습니다. 그중에 '에드윈 스탠톤' 같은 악랄한 사람도 있었습니다. 그는 링컨이 무슨 정책을 내놓기만 하면 사사건건 물고 늘어졌을 뿐만 아니라 링컨을 '저질광대'라고 공격하곤 했다고 합니다. 심지어는 탐험가인 '차일루'라는 사람에게 말하기를 "고릴라를 잡으러 아프리카로 가는 것은 참으로 어리석은 일이다. 진짜 고릴라는 바로 여기 스프링필드에 있다는 것을 알아야 한다."고 말하면서 링컨의 외모를 '미련한 고릴라'로 빗대어 조롱했다고 합니다. 링컨은 이런저런 비난과 중상모략을 다 당하면서도 단 한마디도 대꾸한 적이 없었습니다.

링컨이 대통령이 되고 남북전쟁이 발발했을 때였습니다. 링컨은 이 골치 덩어리 스탠톤을 국방 장관으로 기용하여 전쟁을 승리로 이끌었습니다. 주변 사람들은 전쟁 전 링컨의 결정을 의아해하며 취소할 것을 종용하였지만, 링컨은 그들에게 이렇게 말했습니다.

"내 판단으로 이 전쟁을 승리로 이끌 수 있는 사람은 그 사람밖에 없음을 확신합니다."

링컨은 주위의 만류에도 불구하고, 자신의 정적인 스탠톤을 국방 장관으로 임명하고 노예해방전쟁을 승리로 이끌었던 것입니다. 그로부터 얼마 후 워싱턴에 있는 워너극장에서 괴한의 총탄에 맞아 링컨이 쓰러진 사건이 일어났습니다. 동석했던 모든 사람들은 총성에 놀라 피하고, 몸을 숨겼지만 스탠톤은 맨 먼저 쓰러진 링컨에게로 달려갔습니다. 그는 조용히 눈물을 흘리면서 끝까지 링컨의 시신을 지켰습니다. 그는 눈물을 흘리면서 조용히 읊조렸습니다.

"이 세계 역사상 가장 위대한 정치가가 여기에 누워 있다."

기독교의 기다림, 인내는 우리를 향한 주님의 기다림과 관련이 있습니다. 만약 하나님이 오래 참고 기다리시지 못했다면 우리 모두는 멸망의 심판 속에 있었을 것입니다. 주님은 지금도 우리를 사랑하시어 오래 참고 기다리십니다. 만약 하나님이 우리에 대한 진노를 참지 못하시고 징계를 빨리 내리셨다면 우리 모두의 인생은 어떻게 되었을까요? 생각만 해도 아찔한 이야기입니다. 우리는 그저 하나님이 기다리고 참아주셨기에 우리가 존재하고 있으며 살아가고 있다는 것을 알아야 합니다.

1. 오래 참음의 의미에 대해서 몇 가지 생각해 봅시다.

구약성경에서 인내라고 하는 말은 한 가지 뜻으로 해석되지 않습니다. 동사와 결합되면서 다른 뜻으로 사용될 때가 많이 있습니다.

① 감정적인 욕구나 분노를 견딘다는 뜻이 있습니다.

Q 〈로마서〉 5장 4절 말씀을 기록해 보세요.

삶 속에서 어떠한 분노가 생길 때 하나님이 모든 것을 아신다고 생각하고 참는 것입니다. 자기 자신을 컨트롤하는 것입니다. 때로는 감정적으로 하고 싶은 대로 하고 싶은 욕구가 생길 때도 있지만 이런 것도 하나님이 기뻐하지 않으시면 참고 견디는 것입니다. 이것이 바로 우리를 더욱 연단시킬 것이며, 하나님이 원하시는 거룩한 성도로 세움을 입게 될 것입니다.

② 모든 것을 알고 계신 주님을 의지하여 기다린다는 뜻이 있습니다.

Q 〈베드로후서〉 3장 9절 말씀을 기록해 보세요.

오래 참는 것과 기다리는 것은 같지 않습니다. 금방 어떤 결과가 나타나지 않고, 참고 참아도 어떤 변화가 없을 때도 있습니다. 그때도 기다려야 합니다. 고통이 오래되어도 참고 기다려야 합니다.

모든 사람들이 회개하고 주께로 돌아오기를 원하시는 주님의 참고 기다리심도 그러하십니다. 하나님은 우리가 잘나서 참으시는 것이 아닙니다. 우리가 죄에서 돌이켜 스스로 주님 앞으로 돌아오기를 원하셔서 기다리고 계신 것입니다. 우리는 하나님의 형상을 닮은 자들입니다. 인정하지 않아도 우리에게는 하나님을 닮은 성품이 있습니다. 하나님은 우리에게도 그러한 오래 참음과 기다림을 기대하고 계십니다. 위로는 하나님의 구원과 그분의 응답하심에 대해서도 기다려야 됩니다. 아래로는 사람과의 관계 속에서도 우리는 참고 견디고, 인내하고, 기다려야 합니다. 입술을 깨물고 억지로 기다리라는 것이 아닙니다. 주님께서 모든 것을 아시기에, 주님께서 모든 것을 이해하시고 계시기에 참고 견뎌야 한다는 것입니다.

③ 소망을 품고 바란다는 뜻이 있습니다.

Q 〈시편〉 62편 5절 말씀을 기록해 보세요.

무조건 오래 참고 기다리는 것이 아니라 바라고 희망하는 것이 있기 때문에 기다리는 것입니다. 소망이 있다는 것입니다. 물론 나의 모습을 바라보았을 때는 그런 소망과 바람이 있을 수 없지만 하나님이 우리의 힘이 되시고, 산성이 되시기 때문에 우리는 그분의 소망과 역사하심을 기대하는 것입니다.

하나님이 도와주시고 회복시켜 주십니다. 결국에 우리는 주님의 품에 안

기게 하실 크신 사랑을 신뢰하기에 그것에 소망을 품고 항상 주님을 바라며 기다려야 합니다.

한국 사람들의 기질상 기다리고, 오래 참는 것은 참 어려운 일입니다. 몇몇 예를 들어 본다면 커피 자판기에서 커피를 뽑아 먹을 때의 모습을 보면 잘 알 수 있습니다. 자판기에 동전을 넣고 커피가 나올 때까지 걸리는 시간은 1분도 채 되지 않습니다. 기다렸다 '땡' 하고 불이 꺼지면 커피를 꺼내면 됩니다. 그런데 많은 사람들이 불이 꺼지기도 전에 자판기 뚜껑을 열고 손을 넣은 채 커피를 꺼낼 준비를 합니다.

길을 가다가 택시를 잡는 모습을 보아도 그렇습니다. 얼마나 급한지 차도에 내려와서 손을 흔들고 행여나 못 보고 지나갈까봐 소리까지 지릅니다. 생업인 택시 기사가 승객을 발견하지 못할 리 없습니다. 가만히 서서 손만 내밀어도 알아서 차를 세울 것이고, 혹시 발견하지 못하고 지나갔더라도 손님을 태우기 위해 다시 돌아올 것입니다.

에스컬레이터를 타는 모습도 동일합니다. 에스컬레이터는 바쁜 일상을 살아가는 현대인들에게 계단을 오르고 내리는 시간에 쉼을 주기 위해 설치된 기기입니다. 그런데 한국 사람들은 가만히 서서 에스컬레이터가 움직이는 것을 편히 지켜보지 못합니다. 계단처럼 급하게 밟고 올라가고, 뛰어갑니다. 과연 몇 분, 몇 초를 더 빨리 갈 수 있을까요? 그저 안타까울 따름입니다.

모든 것을 급하게, 급하게, 하다 보니까 기초가 부실해지고, 놓치는 것도 많고, 문제가 발생하는 것입니다. 오래 참는다고 하는 것은 기다림의 미학이라고도 볼 수 있습니다. 기다릴 줄 알아야 합니다.

2. 오래 참지 못하는 이유에 대해서 살펴봅시다.

① 자신의 의지를 버리지 못했기 때문입니다.

Q 〈잠언〉 3장 5절 말씀을 기록해 보세요.

자기 주장이 강한 사람, 자기 의지가 강한 사람은 하나님의 말씀을 들어도 마음에 새기지 못합니다. 우리는 아무리 생각과 뜻이 옳다고 느껴져도 여호와 하나님을 신뢰하고, 그분의 일하심을 기다릴 필요가 있습니다.

② 승리에 대한 확신이 없기 때문입니다.

Q 〈로마서〉 8장 37절 말씀을 기록해 보세요.

우리는 마지막 때에 반드시 승리합니다. 지금 상황이 어떻든 끝까지 오래 참고, 주님을 붙든다면 반드시 승리의 기쁨이 있을 것입니다. 이러한 승리에 대한 확신과 믿음이 없다면 인내할 수 없습니다. 지금 이 순간이 전부이고, 믿는 자에게 결국 승리가 있으리라는 확신이 없다면 순간순간이 고통과 아픔으로 얼룩질 것입니다.

그러나 우리는 우리를 사랑하시는 주님이 인내하며 오래 참는 자에게 진정한 승리를 주실 줄로 믿기 때문에 온전히 오래 참으며 승리를 확신하며 살아갈 수 있습니다.

③ 여전히 세상을 사랑하기 때문입니다.

Q 〈야고보서〉 1장 12절 말씀을 기록해 보세요.

우리가 인내하지 못하도록 하는 세 가지 유혹이 있습니다. 염려와 재물과 향락입니다. '염려'는 확신 없이 불안한 상태로 사람들로 하여금 한 걸음도 앞으로 나아가지 못하게 합니다. '재물'은 하나님의 자리를 대신할 만큼 강력한 힘을 가졌습니다. '향락'은 사람에게 일시적이나마 기쁨과 행복을 주지만 그 끝은 영원한 멸망의 늪입니다. 아무리 믿음이 좋고 신실한 사람이라도 세 가지 중 한 가지 덫에라도 걸리면 브레이크 없는 벤츠를 타는 것과 같습니다. 세상을 사랑하면 하나님의 뜻을 기다리지 못하고 오래 참지 못하며, 성급한 판단과 삐뚤어진 사고로 멸망할 수밖에 없습니다.

3. 오래 참았을 때 하나님은 우리에게 어떤 유익을 주실까요?

① 성숙한 신앙인의 길로 달려가게 하십니다.

Q 〈야고보서〉 1장 4절 말씀을 기록해 보세요.

아버지 하나님의 마음을 이해하게 됩니다. 삶의 초점이 하나님에게로 맞춰지게 됩니다. 어떠한 고난과 시련 속에서도 하나님을 바라며 평안을 누리는 성숙한 신앙인이 됩니다.

작은 고난에도 흔들리지 않고 삶의 문제와 시련 속에서도 하나님을 바라면서 평안할 수 있습니다. 오래 참는다는 것은 나쁜 것이 아닙니다. 우리에게 고통이 아닙니다. 삶의 평안을 주시는 하나님이 여러분을 더욱 성숙하게 만드는 훈련의 과정입니다.

성숙한 사람은 전체를 볼 줄 알고 깊이를 느낄 줄 압니다. 성숙한 사람은 작은 부분 하나 때문에 고통스러워하고 그것 때문에 포기하지 않습니다. 내가 잃은 것보다 가진 것에 관심을 가집니다. 작은 것보다는 큰 전체를 바라봅니다. 그래서 현재만을 바라보고 아등바등 견디는 것이 아니라 영원한 영생을 바라볼 수 있게 되는 것입니다.

② 수치를 당하지 않게 하십니다.

Q 〈이사야서〉 49장 23절 말씀을 기록해 보세요.

하나님은 나를 바라는 자, 즉 나를 기다리는 자는 수치를 당하지 않는다고 말씀하십니다. 우리의 행동, 언어, 습관, 모든 것에 있어서 참고 기다리는 훈련을 해야 합니다. 그런 사람은 수치를 당하지 않습니다. 잘 모르거나 당황할 때는 좀 더 인내하는 것, 기다리는 것이 답입니다.

재미있는 이야기가 있습니다.
연애 경험이 없는 시골 청년이 도시 아가씨와 맞선을 보게 되었습니다. 스테이크가 전문인 최고급 레스토랑에서 식사를 하게 되었습니다. 웨이터가 물었습니다.

"고기를 어떻게 해드릴까요?"

보통은 고기를 어떤 상태로 익히면 좋겠냐는 질문으로 그 대답은 잘 익혀 달라는 '웰던'이라든지 아니면 중간의 '미디움'이라고 이야기합니다. 시골 청년이 그 질문이 무엇을 의미하는지 알 리 만무하니, 차라리 아가씨에게 먼저 시키라 하고 기다리든지 종업원이 권할 때까지 기다리든지 하면 될 텐데, 당황한 나머지 이렇게 말을 했다고 합니다.

"고기는 최선을 다해 주십시오."

조금 신중히 기다리거나 침착했더라면 이런 무식한 봉변은 당하지 않았을 것입니다. 오래 참는 것은 실수를 줄이고 수치를 면할 수 있는 지혜로운 방법입니다.

③ 만족하며 살아가게 됩니다.

Q 〈시편〉 34편 10절 말씀을 기록해 보세요.

이스라엘 백성들에게 광야에서 만나를 먹도록 훈련시키신 것은 그들을 낮추시기 위함이었습니다. 하나님은 그들이 전적으로 하나님을 믿고 따르기를 원하셨습니다. 하나님이 하시는 일을 기쁨으로 받아들이기를 원하셨습니다.

그들은 당장 먹고 싶은 것을 못 먹을 뿐이지 굶주리지 않았습니다. 그들은 입고 싶은 옷을 못 입었을 뿐이지 광야 40년 동안 옷이 헤지지 않았고, 발이 부르트는 고통을 당한 적도 없습니다. 자녀 세대는 이것을 보고 자랐기 때문에 여호수아를 도와 가나안 정복에 동참할 수 있었던 것입니다.

결국 하나님은 오래 참는 모든 주의 백성들을 책임져 주시고, 부족함이 없이 채워 주신다는 사실을 알 수 있습니다.

우리가 세상 속에서 만족하지 못하는 이유는 우리의 욕망 때문이지, 부족함 때문이 아닙니다. 하나님은 우리의 목자로서 우리의 필요를 매우 잘 알고 계시기에 항상 좋은 것으로 만족케 하십니다.
우리가 어느 정도 이상을 먹으면 체한다는 사실을 알고 계십니다. 정도를 넘으면 교만해진다는 사실을 알고 계십니다. 아버지이신 하나님은 자기 자녀들에게 먹고 마시는 문제로 염려하지 말라고 하십니다. 기본적으로 필요한 의식주는 하나님이 알아서 공급할 터이니 하나님의 나라와 그의 뜻을 위해서 기도하고 헌신하라고 하십니다.

④ 새로운 힘을 주십니다.

Q 〈이사야서〉 40장 31절 말씀을 기록해 보세요.

하나님이 주시는 힘은 세상의 무엇과도 비교할 수 없습니다. 세상을 이긴 주님이 주시는 힘은 기다리는 자에게 임합니다. 몇 번 기도해 보고 포기하는 어리석음, 몇 년 기다려보고 포기하는 어리석음이 우리 속에서 사라져야 합니다. 성도의 신앙은 기다림과 오래 참음에 있습니다.

초대 교회 성도들은 10번의 대 박해 속에서도 대를 이어 기다렸습니다. 하나님은 그들에게 기다릴 수 있는 새 힘을 주셨고, 드디어 하나님의 때가 되었을 때 종교의 자유뿐만 아니라 믿는 자에게는 놀라운 은혜와 복을 주셨습니다. 여호와를 기다리는 자에게는 놀라운 새 힘이 예비되어 있습니다.

인내는 모든 문을 엽니다. 그러기에 시련이 와도 인내를 선택하십시오. 그것은 고통의 시간이 아니라 오래 참는 시간이 길수록 여러분에게 예비된 축복이 큰 것임을 잊지 마세요. 아름다운 삶을 살다간 수많은 성경 속 인물들의 공통점은 그들 모두가 시련의 터널을 지나왔다는 것과 오래 참음의 열매를 맺음으로 하나님의 감당할 수 없는 복을 누렸다는 것입니다.

⑤ 약속된 복을 허락하십니다.

Q 〈욥기〉 42장 12절 말씀을 기록해 보세요.

자신에게 닥친 고난을 인내함으로 기다리고 오래 참았던 욥에게는 고난당하기 전보다 더 큰 축복된 노년이 있었습니다. 욥의 아내와 친구들이 이해할 수 없었던 욥의 인내는 의미 없는 인내가 아니었습니다. 하나님은 그 인내를 알고 계셨고 더 큰 은혜를 준비해 놓으셨습니다. 모두 하나님이 하신 일입니다. 하나님은 약속을 지키시고, 그에게 큰 복을 허락하신 것입니다.

한국인이라면 아리랑을 모르는 사람이 없을 것입니다. 곡조나 가사를 보면 너무 슬프고, 한이 서려 있는 노래 같습니다. 그러나 좀 더 깊이 연구해 보면 아리랑이라는 노래 속에는 희망이 있음을 알 수 있습니다. 아리랑 15절 가사에는 이렇게 노래합니다.
"아리랑~ 아리랑~ 아라리요. 청천 하늘에 잔별도 많고, 우리네 가슴에는 수심도 많다."

그런데 이것이 일제시대와 6.25를 지나오면서 '수심'이라는 노랫말이 '희망'이라는 말로 바뀌어 버렸습니다. 아마 기독교의 영향이 아닌가 생각합니다.

"청천 하늘에 잔별도 많고, 우리네 가슴에는 희망도 많다."

거대한 태양과 같은 것이 아니라 아주 작은 잔별처럼 아직 희망이 많다는 것입니다. 나는 못 배우고, 못 먹어도, 내 자녀가 성장하고, 대학에 가고, 자리 잡는 그것이 희망이라고 노래를 부른 것입니다. 그래서 지금은 힘들지만 최선을 다하고 견디고 애를 쓰는 것입니다. 20절 가사는 더 위대합니다.

"나를 버리고, 가는 님 잡지를 마오~ 갔다가 올 때가 더 반갑다네~"

요즘 여성들이 듣기는 제 정신이 아닌 듯한 가사입니다. 자기를 버리고 가시는 님을 잡지 말라고 합니다. 다시 올 때는 얼마나 더 반갑겠냐고 합니다. 이 말은, 다시 돌아오면 그때는 나는 어깨에 힘주고, 너는 기죽어 살아야 된다는 말입니다.

이것은 자식을 생각하며, 가정을 생각하며, 좀 더 좋아질 미래를 생각하며 그렇게 참았다는 것입니다. 희망을 바라보았다는 것입니다.

하나님의 때가 되면 우리가 오래 참아왔던 것은 모두 보상될 것입니다. 지금 우리들의 삶에 고난이 찾아와도 주님이 회복하게 해주시고, 축복해 주실 줄로 믿고, 하나님의 약속의 말씀을 붙들고 기다려야 합니다. 한 번 두 번 실패하고, 문제가 있을 수 있습니다. 하지만 견뎌야 됩니다. 하나님이 우리와 함께하시기 때문입니다.

주님과 동행하기

1. 어떻게 오래 참아야 할까요?

① 오래 참음 가운데 소망을 품으세요.

Q 〈데살로니가전서〉 1장 3절 말씀을 기록해 보세요.

무조건 참고, 기다리는 것이 아닙니다. 포기하지 말고 희망을 가지라는 것입니다. 끝까지 견디다가 끝을 내라는 것이 아닙니다. 오래 참고 기다리되 희망을 가지라는 것입니다. 구약은 초림 예수를 희망하며 기다렸습니다. 신약은 다시 오실 예수님을 소망하며 기다리라고 말씀합니다.

예수를 믿는 성도들은 세상 속에서의 기다림도 우리를 위해 십자가를 지신 예수 그리스도 때문에 참고 견딜 수 있는 것입니다. 그것이 우리에게 소망이 되고, 참고 기다릴 수 있는 이유가 되는 것입니다.

② 오래 참음 가운데 감사를 잊지 마세요.

Q 〈야고보서〉 1장 2절 말씀을 기록해 보세요.

진정한 오래 참음은 감사하며 인내하는 것입니다. 하나님은 우리에게 고난이 있을 때 우리가 그것에 대해 세상 사람들과 다르게 반응하기를 원하십니다. 시험을 만나면 기쁘게 여기고, 오히려 감사하라고 합니다. 어떻게 그럴 수 있습니까? 그것은 시험 이후에 찾아올 하나님의 숨겨둔 축복을 생각하면 가능합니다.

주어진 환경에서 원망하고 불평하는 것이 아니라 긍정적으로 반응하고 오래 참고 기다리며 감사한다면 그것이 오히려 또 다른 감사의 기회가 될 것입니다.

③ 오래 참음 가운데 최선을 다하여 준비하세요.

Q 〈역대상〉 22장 5절 말씀을 기록해 보세요.

하나님으로부터 '피를 많이 흘려서 성전을 지을 수 없다'는 응답을 받은 다윗은 자신의 아들인 솔로몬이 성전을 지을 수 있도록 오랜 세월 동안 준비를 하였습니다. 누구보다도 성전 짓기를 갈망하였고, 욕심이 있었지만 다윗은 기다렸습니다. 손 놓고, 아무 일도 하지 않은 채 기다린 것이 아니라 자신이 할 수 있는 최선의 일을 하면서 기다렸습니다. 그는 이러한 준비를 통하여 더욱 하나님을 사모하였고 솔로몬이 성전을 건축할 모든 준비를 마쳐 두었습니다. 다윗에게는 이렇게 준비하며 기다리는 것이 기쁨이었기 때문에 그가 아름다운 기다림을 이룰 수 있었던 것입니다.

성령의 열매

05 자비

✣ 〈갈라디아서〉 5장 22~23절

22 오직 성령의 열매는 사랑과 희락과 화평과 오래 참음과 자비와 양선과 충성과 23 온유와 절제니 이 같
은 것을 금지할 법이 없느니라

세상 돌아보기

다음 음식을 살펴보면서 함께하는 사람들에게 꼭 추천하고 싶은 음식점이 있다면 말해보고 추천하고자 하는 이유도 함께 나누어 봅시다.

추천 음식점:
이유

추천 음식점:
이유

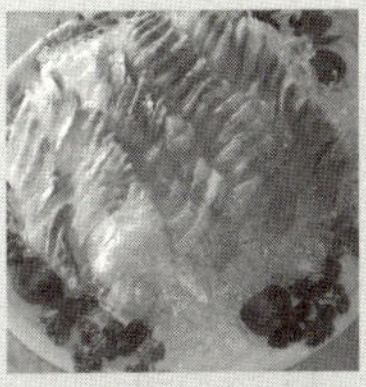

추천 음식점:
이유

추천 음식점:
이유

추천 음식점:
이유

추천 음식점:
이유

위에 여러 가지 음식을 보며 내가 알고 있는 음식점에 함께하는 사람들을 초대하여 함께 나누어 보시기 바랍니다. 자비는 작은 것을 나누는 것에서부터 시작합니다.

주님 알아가기

존 맥스웰의 《함께 승리하는 신뢰의 법칙》이란 책에 보면 작가 '댄 클라크'의 이야기가 나옵니다. 클라크가 어렸을 때 아버지와 함께 극장에 간 적이 있었습니다. 표를 사기 위해 줄을 서 있는데 그들의 앞쪽에는 여러 명의 아이들과 함께 온 한 아버지가 보였습니다. 아이들의 옷차림은 말끔하기는 했으나 가난한 집 아이들이 분명했습니다. 그런데 앞에서 표를 사던 아버지가 난처해하는 모습이 역력하였습니다. 아마 오랜만에 아이들과 구경을 왔는데 돈이 모자랐던 모양입니다. 실망하고 난처해하는 아버지와 아이들의 표정을 보던 클라크의 아버지가 20달러를 밑에 떨어뜨리고는 다시 주우면서 앞에 있는 아이들의 아버지에게 말했습니다.

"저기 아저씨, 금방 아저씨의 주머니에서 이 돈이 떨어진 것 같은데요?"
아이들의 아버지도 그 행동이 자신을 도우려는 행동이었음을 쉽게 눈치 챌 수 있었습니다.
그 아버지는 눈물을 글썽이며 고맙다는 말을 반복하고는 표를 사서 아이들과 들어갔습니다. 그러나 정작 클라크와 아버지는 극장에 들어가지 못하고 집으로 돌아오게 되었습니다.
그러나 이 모습이 클라크의 마음속에 충격적이면서도 아름다운 모습으로 자리 잡게 되었습니다. 클라크 아버지의 자비로운 행동 덕분에 클라크도 어렵고 힘든 이웃을 이해하고 더 생각하는 아름다운 삶을 살 수 있었다고 합니다.

단편적으로나마 자비라는 것이 무엇인지를 보여 주는 이야기입니다. 예수 그리스도를 영접하여 성령 세례를 받은 사람은 성격과 품성이 바뀌어야 합니다. 그 품성이 예수 그리스도를 닮게 되어야 합니다. 예수 그리스도를 믿으면서 여전히 이기적이고, 거칠고, 포악하고, 독선적이라면 분명 문제가 있습니다. 우리는 예수 믿는 사람으로서 참된 자비를 행하기 위해서 어떻게 해야 하며, 무엇을 알아야 할지를 고민해야 합니다.

1. '자비'라는 단어의 뜻에 대해서 살펴봅시다.

① 자비는 타인에게 생긴 힘든 문제를 해결하기 위해 노력하는 것입니다.

자비는 긍휼히 여기고 불쌍하게 여기는 마음의 상태뿐만 아니라 좀 더 포괄적이고 적극적으로는 행동으로까지 나타나야 의미를 가집니다. 자비의 사전적 정의는 '남을 깊이 사랑하고 가엾게 여긴다'입니다. 그렇지만 그런 마음을 가지는 것에서 멈추지 않고 더 나아가 상대방의 문제를 해결하고,

도와주어서 실제적인 괴로움을 해결해 주어야 합니다. 타인의 문제를 해결해 주고, 즐거움을 주는, 행동적인 의미가 나타나야 한다는 것입니다.

② 자비는 타인에게 고통을 주지 않고 평안하게 해 주는 것입니다.

영어 성경(NIV)에는 자비를 'Kindness'라고 표현합니다. 'Kindness'는 일상적인 용어에서 '친절'이라는 말로 번역됩니다. 이것은 즉 다른 사람에게 고통을 주지 않고 편하게 해 주려는 배려입니다. 우리가 할 수 있는 최선을 다해서 친절하게 대하고, 불편하지 않도록 도와주는 것이 바로 자비입니다.

③ 자비는 타인에게 가장 좋은 것을 베풀어 주는 것입니다.

자비란 말은 원래 '아주 오래 묵은 포도주를 준다'는 말에서 유래되었습니다. 이 말은 즉 '가장 좋은 것을 베풀어 준다'는 것을 의미합니다. 이웃에게 가장 좋은 것을 베풀어 주는 것이 자비입니다.

어느 철학자가 한국과 중국, 일본 세 나라의 차(茶)를 대접하는 문화에 대해 연구하고 비교해 놓은 글이 있습니다. 글에 따르면 세 나라가 많은 차이가 있는데, 중국은 좋은 차를 부부만 마시고 손님들에게는 적당한 것을 대접한다고 합니다. 일본에서는 손님에게도 똑같은 것을 대접한다고 합니다. 반면 한국 사람은 자신들은 좋지 않은 것을 마셔도 손님이 오면 최상급으로 대접을 한다고 합니다. 물론 체면과 허식이라고 생각할 수도 있으나 우리 민족은 남을 배려하고 불쌍히 여기는 마음이 많은 민족임에 틀림이 없습니다.

자비는 따뜻하고, 부드럽고, 신사적인 마음입니다. 영어 성경 중에 자비를 'Gentleness'라고 번역한 곳도 있습니다. 멋진 옷을 입었다고 신사가 아닙니다. 부드럽고, 예의 바르고, 이해해 주는 마음이 있을 때 우리는 신사라고 부릅니다. 바다처럼 넓은 마음을 가지고, 신사처럼 따뜻하고 부드러운 모습으로 모든 사람을 이해해 주고, 자비롭게 행동하는 것이 참 그리스도인이 걸어가야 할 믿음의 길입니다.

주님 바라보기

미국의 코미디언 겸 배우로 활동했던 '캐럴 버넷(Carol Burnett)'의 일화입니다. 그녀는 무척 불행하고 가난한 환경에서 자랐습니다. 로스앤젤레스에서 할머니, 어머니, 여동생 등과 더불어 '사회 복지금(Welfare)'을 받으며 살아야 하는 어려운 형편이었습니다. 연극과 출신인 그녀가 UCLA대학을 졸업할 때 그녀는 마침 교수 한 분의 송별 파티에 초청되어 뮤지컬 공연을 하게 되었습니다. 공연이 끝났을 때 한 신사가 버넷의 곁으로 다가와 그녀에게 장래 희망에 대해 물었습니다. 버넷은 솔직하게 뉴욕에 가서 본격적으로 뮤지컬을 공부하고 싶으나 뉴욕에 갈 여비조차 없다고 말했습니다. 신사는 즉석에서 자기가 일 천 달러를 줄 수 있으니 뉴욕에 가서 공부하라고 말했습니다. 신사는 두 가지 조건을 걸었는데 하나는 절대로 자기의 이름을 밝히지 말라는 것이었고, 또 하나는 앞으로 성공하면 5년 후에 돈을 갚으라는 것이었습니다. 버넷은 초면인 신사의 제안을 그 자리에서 거절하고 집으로 돌아갔습니다. 그러나 가만히 생각해 보니 신사가 나쁜 마음으로 선의를 베푸는 것이 아니라는 생각이 들었습니다. 그리고 다른 방법도 없었기 때문에 그녀는 그 신사를 찾아가 결국 일 천 달러를 받아 뉴욕으로 갔습니다. 그녀는 뉴욕에 있는 재주 있는 젊은이들이 뮤지컬을 공부하는 '리허설 클럽'이라는 곳에서 합숙하며 열심히 공부하였습니다. 그러나 대중의 인정을 받는 것은 하늘의 별 따기만큼 어려운 일이었습니다. 그래도 그녀는 최선을 다하여 공부하며 실력을 쌓았습니다.

그러던 어느 날 리허설 클럽에 머물고 있던 젊은이들이 가지고 있는 돈을 몽땅 털어 그들끼리의 공연을 시도하게 되었습니다. 공연은 큰 성공을 거두었고 그때부터 캐럴 버넷은 스타로서 첫걸음을 내딛게 되었습니다. 그녀는 성공하고 나서도 자신에게 도움을 주었던 신사를 잊지 않았습니다. 정확히 5년 후에 일 천 달러를 신사에게 송금하였습니다. 그러나 신사에게서 아무런 회답도 없었습니다. 그 후 약 1년이 지났을 때 발신인을 알 수 없는 소포를 하나 받았고, 소포에는 성경책이 한 권 들어 있었습니다. 캐럴은 시간 있을 때마다 〈마태복음〉 1장부터 조금씩 읽어 나갔는데 마태복음 6장 2절을 읽었을 때에 그녀는 자신의 마음이 이상하게 뜨거워지는 것을 느꼈습니다.

"그러므로 구제할 때에 외식하는 자가 사람에게서 영광을 받으려고 회당과 거리에서 하는 것같이 너희 앞에 나팔을 불지 말라 진실로 너희에게 이르노니 그들은 자기 상을 이미 받았느니라 너는 구제할 때에 오른손이 하는 것을 왼손이 모르게 하여 네 구제함을 은밀하게 하라 은밀한 중에 보시는 너의 아버지께서 갚으시리라"

캐럴은 이 성경 말씀을 읽으며 자기를 도와준 신사에 대해서 생각할 수 있었습니다. 신사는 다른 마음을 갖지 않고 성경 말씀대로 실천하고 있는 믿음의 사람이라고 생각하게 되었습니다. 그리하여 그녀는 자신도 남은 생애 동안 드러내지 않고 비밀리에 남을 도와주는 생활을 해야겠다고 결심하였다고 합니다.

성경은 '자비'를 하나님의 중요한 성품 중 하나로 소개하고 있습니다. 〈누가복음〉 6장 36절에서는 "너희 아버지의 자비하심같이 너희도 자비로운 사람이 되라"고 명령합니다. 우리가 정말 예수를 믿는 성도라면 자비를 베푸는 삶을 살아야 하며 그러한 열매들이 맺혀야 할 것입니다.

1. 우리를 향하신 예수님의 마음이 자비의 마음입니다.

① 예수님은 우리가 자비로운 사람이 되기를 원하십니다.

Q 〈빌립보서〉 2장 5절 말씀을 기록해 보세요.

하나님의 크신 자비와 사랑을 받은 사람은 당연히 다른 사람들을 향하여 사랑을 베풉니다. 그들은 긍휼히 여기며 배려합니다. 자비로운 마음이 생기게 됩니다. 자비는 마음에서부터 시작됩니다. 모든 것은 마음에서 시작하여 말과 행동으로 나타납니다.

우리가 심령에 진정으로 예수를 영접한 자라면 예수 그리스도의 자비로운 성품이 그대로 나타나야 합니다. 주님은 우리도 마음으로부터 온유하고 자비로운 사람이 되기를 원하십니다.

② 예수님은 우리가 아버지의 심정을 품기 원하십니다.

Q 〈마태복음〉 11장 28절 말씀을 기록해 보세요.

세상에서는 바로 아버지의 마음이 가장 인간적이고 자비로운 마음일 것입니다. 세상의 어느 부모라도 자녀에게 있어서는 자비로운 사람일 수밖에 없습니다.

성경에서도 아버지는 돌아온 아들의 과거를 묻지 않는 모습입니다. 지금의 아픔과 지금의 모습만을 봅니다. 상대방을 불쌍히 여기고 따뜻하게 맞이

합니다. 늘 한결같이 감싸고 사랑하는 모습입니다. 하나님은 모든 성도들도 그렇게 아버지의 심정을 가져서 자비로운 삶을 살기를 원하십니다.

③ 예수님은 우리가 예수님을 닮은 사람이 되기를 원하십니다.

Q 〈누가복음〉 6장 36절 말씀을 기록해 보세요.

'마르쿠스 아우렐리우스'는 "인간으로 하여금 하나님을 닮게 만드는 것이 자비"라고 했습니다. 상대방의 연약함과 부족함을 이해하고 같이 아파하는 마음입니다. 자비로운 마음은 적선하거나 군림하거나 봐준다는 식의 마음이 결코 아닙니다. 같은 입장이 되어 마음으로 이해하고 함께하는 것입니다. 마치 우리를 향한 예수님의 마음같이 우리들도 그 마음을 닮아 그리스도의 사랑을 실천하는 사람이 되어야 합니다.

자비로운 마음은 예수님의 마음입니다. 그래서 우리는 예수 그리스도의 마음을 닮아야 합니다. 예수님은 병자와 함께하셨고 그들을 치유하여 주셨습니다. 소외된 자들의 친구가 되어 주셨습니다. 그들을 이해했고, 같이 아파했습니다. 같이 음식을 나누었고 같이 즐거워하셨습니다. 같이 눈물을 흘리셨습니다. 우리도 이런 예수님을 닮아 자비로운 마음을 가져야 합니다.

'박재호'씨가 지은《똑똑한 사람보다 참된 바보가 되라》는 책에 보면 아주 감동적인 실화가 소개되어 있습니다. 늘 힘들게 살아가는 소년이 있었습니다. 그는 아침을 거르기가 다반사였고, 항상 끼니 걱정을 하며 살아야 했습니다. 그런데 어느 날 아침 여느 때처럼 신문을 배달하기 위해 아파트 계단을 오르내리며 열심히 일을 하고 있었습니다. 항상 배달을 했던 어느 집 앞에 이러한 메모가 남겨져 있었습니다.

"신문 배달 소년에게! 문 앞에 배달되어 있는 세 병의 우유 가운데 한 병을 매일 아침 꼭 마시도록 해라."
이 이야기에서 우리는 자신과는 아무런 상관없다고 생각할 수도 있지만 신문 배달 소년의 아픔과 고통을 이해하고 함께 나누고자 하는 따뜻한 사람의 모습을 볼 수 있습니다.

자비는 종교적으로 거창한 행위가 아닙니다. 자비를 실천하기 위해서는 각자 삶의 영역에서 작은 부분을 함께 아파하고, 함께 즐거워하고, 함께 나누는 것이 중요합니다.

2. 자비는 구체적인 행동으로 나타나야 합니다.

Q 〈로마서〉 5장 8절 말씀을 기록해 보세요.

자비는 추상적이거나 마음에서만 머무르는 것이 아닙니다. 기독교의 자비는 반드시 행동으로 나타나야 합니다.

하나님도 우리를 긍휼히 여기시는 마음으로 끝난 것이 아니라, 하나밖에 없는 독생자 예수 그리스도를 보내 주시고, 십자가에 달려 돌아가시는 희생을 치르시며 우리에게 진정한 자비와 사랑을 보여 주셨습니다. 그것도 죄로 인하여 원수가 된 우리에게 큰 자비를 베푸셨습니다.

① 아름다운 언어를 사용함으로 자비를 실천해야 합니다.

Q 〈고린도후서〉 1장 3~4절 말씀을 기록해 보세요.

우리는 늘 따뜻한 말, 격려하는 말, 칭찬하는 말을 사용해야 합니다. 격려하고 칭찬하는 것은 다른 사람의 가치를 인정하는 것이며, 자비를 실천하는 것입니다.

또한 상대방의 좋은 점과 밝은 점을 부각시키는 것입니다. 어렵고 힘들어서 가슴 아파하고 있는 사람에게 충고하며, 가르치려고 해서는 안 됩니다. 그것보다 그 사람의 아픔을 들어주고 같이 울어주며 진심으로 해주는 위로의 한마디가 더 필요할 것입니다.

② 실제적인 행동으로 자비를 실천해야 합니다.

Q 〈누가복음〉 10장 36~37절 말씀을 기록해 보세요.

자비는 내 생활 속에서 구체적으로 사랑과 긍휼을 베푸는 것입니다. 예수 그리스도는 〈누가복음〉 10장의 '선한 사마리아인의 비유'를 통해 누가 진정한 이웃인지, 누가 자비로운 사람이며 하나님의 사람인지 말씀해 주셨습니다. 레위인과 제사장은 죽어가며 신음하는 이웃을 보며 부정하다는 논리를 세우고 귀찮다는 인간적인 생각으로 그를 돌보지 않고 지나쳐 버리는 범죄를 저질렀습니다. 그러나 당시에 유대인들에게 개보다 못한 취급을 받았던 사마리아인은 그의 상처에 포도주와 기름을 발라주며 치료해 주었고 심지어 주막에까지 데리고 가서 치료를 부탁하고 추가되는 경비와 차후에 발생할 일까지도 책임지겠다고 말했습니다.

우리 주님은 누가 진정한 이웃인가 하는 질문을 시대를 초월하여 지금 우리들에게 던지고 계십니다. 우리는 종교인이 되지 말고, 그리스도인이 되어야 합니다.

우리 주변에는 우리가 알지 못하는 수많은 자비로운 손길들이 있습니다. 하나님은 우리도 그 보이지 않는 자비의 손길이 되기를 원하고 계십니다.

세계 최대의 야구 리그인 미국 메이저리그에서 있었던 아주 감동적인 이야기입니다. 바로 '보스턴 레드삭스'의 '커트 실링'에 대한 이야기입니다. 뉴욕 양키스와 아메리칸 리그 챔피언 결정전에서 그는 오른쪽 발목 힘줄이 끊어지는 부상을 당했습니다. 많은 피가 흘러 양말에까지 붉은 피가 고이게 되었습니다.

정말 중요한 경기였기에 자신이 당한 부상이 너무 안타깝게 느껴졌습니다. 당연히 상대방 선수들은 투수가 발목 부상을 입어 잘 뛸 수 없다는 것을 이미 알고 있었습니다. 잘 뛰지 못하는 투수를 상대할 때는 번트 작전을 쓰면 쉽게 내야 안타를 얻을 수 있다는 것도 잘 알았습니다.

그러나 뉴욕 양키즈 선수들은 아무도 그 경기에서 커트 실링을 상대로 번트를 대지 않았습니다. 상대팀 투수가 부상당한 상황에서 그런 비겁한 방법으로 승리하고 싶지 않았던 것입니다. 심지어 삼진 아웃을 당하는 일이 있더라도 정정당당하게 경기에 임했습니다.

상대방의 아픔과 상황을 이해하고 배려하는 그들의 모습이야말로 진정한 메이저리거다운 모습이었습니다.

눈앞에 승리와 성공에 연연하지 않고, 상대방의 아픔을 이해하는 자비로움을 실천하는 행동이었습니다.

③ 우리 자신의 희생으로 자비를 실천해야 합니다.

Q 〈신명기〉 15장 10절 말씀을 기록해 보세요.

자비를 구체적으로 실천하기 위해서는 우리의 말과 다짐으로 끝나서는 안 됩니다. 물질적인 베풂과 헌신적인 도움의 손길이 있어야 합니다. 우리에게 있는 것을 자비의 실천으로 사용해야 합니다. 그것이 물질이든 우리의 헌신이나 봉사든 결국 우리의 희생이 필요하다는 것입니다. 희생 없는 자비나 사랑의 실천은 있을 수 없기 때문입니다.

2012년《포천지》에서 40세 이하 세계 톱 비즈니스 교수 40인 중의 한 사람으로 뽑혔던 '애덤 그랜트' 교수가 저술한《베푸는 사람이 성공한다》라는 책이 있습니다. 그 책에서는 3가지 유형의 사람이 있다고 했습니다.
첫 번째 유형은 기버(Giver) - 받는 것보다 더 많이 주기를 좋아하는 사람이고, 두 번째 유형은 테이커(Taker) - 주는 것보다 더 많이 받기를 원하는 사람이고, 세 번째 유형은 매처(Matcher) - 받은 만큼 되돌려주는 사람이라고 합니다.

① 고통 가운데 있는 사람을 보면 긍휼히 여기고 자비를 베풀어야 합니다.

Q 〈누가복음〉 7장 13~14절 말씀을 기록해 보세요.

주님은 늘 이 땅에 오셔서도 가난하고 병든 자, 장애를 가진 자, 고통 중에 있는 자, 천대받는 자, 죄인들, 소외받는 사람들처럼 한 맺힌 사람들과 함께 하셨습니다. 주님은 고통 속에 있는 사람들의 일을 자신의 일처럼 아파하시고 불쌍히 여기셨습니다.

이것은 바로 그분을 따르는 우리가 가져야 할 마음이요, 열매입니다. 우리 주위에서도 그러한 이웃들을 많이 볼 수 있습니다. 고통당하는 이웃을 향해 내가 가장 먼저 베풀 수 있는 자비의 모습은 무엇인지 살펴보고 구체적으로 실천해 보시기 바랍니다.

② 용서할 수 없는 이웃을 용서하며 자비를 베풀어야 합니다.

Q 〈사도행전〉 7장 60절 말씀을 기록해 보세요.

도저히 용서할 수 없는 상황에서도 용서하는 것이 자비입니다. 진정한 자비는 용서하는 것에서 가장 확실하게 자리매김합니다. 용서는 바로 자비를 실천하는 가장 아름다운 방법입니다.

아직 용서하지 못한 형제나 자매가 있다면 우리가 먼저 자비를 베풀어 용서하고, 이해하려고 노력해야 합니다.

③ 예수를 믿지 않는 이웃에게 복음을 전하며 자비를 베풀어야 합니다.

Q 〈베드로전서〉 2장 10절 말씀을 기록해 보세요.

불행보다 더 비참한 것은 바로 하나님 없이 사는 인생입니다. 우리의 이웃이 잠깐의 고통과 슬픔을 당하는 것을 보면 안타까워하고 함께 고통을 나누려고 합니다. 그러나 그들이 영원한 저주와 지옥의 형벌을 받을 것을 알고 있으면서도 방치한다면 진정한 자비를 베푸는 인생이라 할 수 없습니다. 예수 없이 죽어가는 인생을 생각하면 안타깝고, 슬픈 마음이 우리 속에 있어야 합니다.

4. 자비를 베푸는 사람에게는 어떤 하나님의 은혜가 있을까요?

① 자비를 베푸는 사람은 의인의 반열에 서게 됩니다.

Q 〈마태복음〉 25장 40절 말씀을 기록해 보세요.

심판 날에 행하실 주님의 말씀과 심판 내용이 우리에게 큰 경각심을 일으

켜주고 있습니다. 의인으로 칭함을 받고, 칭찬받으며, 양의 자리에 앉게 될 성도는 자비를 베푼 성도입니다. 물론 그에 앞서 예수 그리스도를 믿는 믿음이 가장 중요한 구원의 조건임을 잊어서는 안 됩니다.

예수님은 '착한 일을 해야 천국에 간다'고 하시는 것이 아니라 '믿음으로 천국에 갈 수 있으며 천국을 향해 가는 사람들은 이렇게 자비를 베푸는 사람들이다'라고 말씀하시고 계십니다. 하나님의 거룩한 은혜를 갈망하며 사는 성도는 자신의 욕심에서 벗어나 주변 사람들의 필요를 봅니다.

선한 일을 통해 구원받는 것이 아니라 긍휼의 삶을 통해 하나님의 보좌 앞에 담대하게 나아가는 은혜를 얻게 됩니다.

② 자비를 베푸는 사람은 주님이 주시는 행복한 삶을 살아가게 됩니다.

Q 〈마태복음〉 5장 7절 말씀을 기록해 보세요.

주님은 자비를 행하며 이웃을 향해 긍휼한 마음을 가지는 사람에게 복이 있다고 말씀하십니다. 그 이유는 주님도 그에게 자비를 베푸시기 때문입니다. 그리고 자비를 베푸시는 우리를 자비하게 대하십니다. 즉 우리를 향하신 하나님의 자비로우심이 우리들에게는 복이요, 행복한 삶의 시작입니다.

늘 도움을 받는 것에 익숙해진다면 우리의 삶은 그렇게 행복하지 않을 것입니다. 오히려 베풀고, 섬기고, 도움의 손길을 펼치는 인생이 행복한 삶입니다. 그러한 삶에 우리를 향하신 하나님의 자비하심이 있을 것이고 그와 더불어 세상이 알 수 없는 놀라운 평안과 기쁨이 있을 것입니다.

③ 자비를 베푸는 사람은 주님의 영광을 위한 삶을 살아가게 됩니다.

Q 〈마태복음〉 5장 16절 말씀을 기록해 보세요.

우리가 그리스도인으로서 자비를 베풀며, 더 선하고 바르게 살아간다면 세상 사람들이 우리를 보는 눈도 달라질 것입니다. 그들이 그리스도인들을 따가운 비판의 눈초리가 아니라 존경의 시선으로 바라볼 것입니다. 결국 그리스도인의 자비로운 삶의 모습을 통해 하나님께 영광이 올려질 것이고, 세상 사람들이 우리들을 바라보며 예수 앞으로 나오는 귀한 역사가 일어 날 것입니다.

말로만 사랑한다고 떠들어대는 그리스도인이 아니라 실제적으로 사랑을 실천하여, 나타내는 믿음의 사람이 되어서 주께 영광 돌리며 주님이 기뻐하시는 아름다운 성도가 되어야 합니다.

하나님의 자비를 실천하는 방법은 여러 가지가 있습니다. 소외되고 어려운 이웃에게 친구가 되어 주고, 가난하고 헐벗은 사람들에게 물질적인 도움을 주며 용기를 주는 것입니다. 그러나 육신의 필요를 채워주는 것도 중요하지만 영혼을 구원하는 것이 더 우선되어야 합니다. 인간적인 연민보다 영원한 생명을 위해 그리스도의 긍휼하신 은혜의 복음을 전하는 것이 더 중요합니다. 그리스도의 마음을 본받아 영혼 구원에 대한 애틋한 긍휼을 실천해야 합니다. 도덕적이고 윤리적인 긍휼을 베푸는 것도 좋지만 하나님의 나라를 이룬다는 마음으로 자비를 실천할 때 하나님이 가장 기뻐하실 것입니다.

주님과 동행하기

1. 자비를 실천하기 위한 우리의 마음가짐은 어떠해야 할까요?

① 자신의 유익을 구하지 마세요.

Q 〈고린도전서〉 10장 33절 말씀을 기록해 보세요.

자비를 베푼다는 것은 우리의 도움이 필요한 사람들을 도와주고, 힘들어 하는 이웃에게 힘을 주는 것입니다. 그리스도의 사랑을 입고, 구원받은 그리스도인들이 해야 할 당연한 일이며 마땅한 행동입니다.

당연히 해야 할 일을 하면서 어떤 대가를 바라고, 자신의 유익을 구한다면 참된 자비가 아닙니다. 아무런 조건 없이 주님의 이름으로 자비를 행한다면 주님은 그것을 더 기뻐하실 것이고, 참된 그리스도인으로 예수의 사랑을 실천하는 우리들의 모습이 될 수 있을 것입니다.

② 이웃의 필요를 살피기 위해 노력하세요.

Q 〈누가복음〉 10장 34절 말씀을 기록해 보세요.

강도 만난 자의 심정은 절망적이고 자신의 인생은 마지막이라는 심정이었을 것입니다. 자신을 발견하고도 그냥 지나가는 제사장과 레위인을 보면서 최고의 절망을 경험했을 것입니다. 선한 사마리아인은 강도 만난 자의 이러한 절망감을 이해하고 자비의 마음을 가졌습니다. 강도 만난 사람에게 당장 필요한 것은 그 어떤 것보다 회복할 수 있도록 도와주는 것입니다. 강도로 인해 모든 것을 빼앗긴 상황에서 금전적인 도움도 필요했습니다. 그런 강도 만난 자에게 그저 복음을 전하고, 불쌍한 마음을 가지는 것에 그쳤다면 참된 자비의 실천이라 볼 수 없을 것입니다.

③ 주는 것이 받는 것보다 복이 있음을 믿으세요.

Q 〈사도행전〉 20장 35절 말씀을 기록해 보세요.

항상 꾸고 받기를 좋아하는 사람이 있고, 항상 베풀고 주기를 좋아하는 사람이 있습니다. 과연 우리는 어느 부류에 속하는 사람일까요? 물론 주고 베푸는 것이 우리의 형편에 사치스러운 일일 수도 있습니다. 그러나 그러한 상황에서 우리보다 더 힘들고 어려운 이웃에게 자비를 베풀고 나누어 주기를 즐겨 한다면 하나님이 그런 우리의 모습을 기뻐하실 것입니다.

하나님이 탈진한 엘리야에게 까마귀를 통해 먹을 것을 공급하셨던 것처럼 생각지도 않았던 상황에서 우리의 필요를 채워 주실 것입니다.

설사 그렇지 않으시더라도 괜찮습니다. 우리는 주는 것 자체가 복이고, 하늘에 귀한 상급을 쌓는 일이라는 사실을 잘 알기 때문입니다.

2. 타인을 돕고, 자비를 베풀었던 경험들을 나누어 봅시다.

자비를 베풀었거나 이웃을 돕고 섬겼던 경험들은 누구나에게 다 있을 것입니다. 그러한 경험들을 솔직하게 나누어 보고, 그 후에 어떤 감격과 유익이 있었는지도 함께 나누어 봅시다. 그리고 실제적으로 우리가 자비를 베풀 수 있는 몇 가지 상황과 일들을 이야기하고, 그렇게 살아가기를 다짐할 수 있기를 바랍니다.

1. 이웃을 섬기고 자비를 베풀었던 경험

2. 자비를 베푼 후 본인이 느꼈던 감격과 유익함

3. 자비를 베풀 수 있는 실제적인 상황과 다짐

양선

+ 〈갈라디아서〉 5장 22~23절

22 오직 성령의 열매는 사랑과 희락과 화평과 오래 참음과 자비와 양선과 충성과 23 온유와 절제니 이 같
은 것을 금지할 법이 없느니라

세상 돌아보기

여러분의 인생이 딱 일주일만 남았다고 가정을 해 봅시다. 일주일의 시간을 어떻게 보내실 계획인가요? 하루에 한 가지씩 중요한 일을 할 수 있다면 일주일 동안 가장 하고 싶은 일이 무엇인지 적어보세요. 그리고 함께 나누어 봅시다.

날 짜	하고 싶은 일	이 유
월		

화		
수		
목		
금		
토		
주일		

양선이란 이웃을 유익하게 하기 위해서 이웃의 인격과 성격 속에 내가 직접 기여하는 것을 말합니다. 이런 양선의 삶을 가르쳐 주시는 이는 바로 예수님입니다.

주님 알아가기

1988년 겨울에 일어난 사건입니다. 남쪽 바다에 살던 고래 두 마리가 알라스카로 올라갔습니다. 그들은 먹이를 찾아서 멀리 왔다가 그만 얼음으로 인해 갇히고 말았습니다. 만(灣)의 얕은 곳부터 얼음이 얼기 시작해서 만 전체가 얼어 버렸기 때문이었습니다. 고래는 동사 직전까지 이르렀습니다. 그런 상황을 안타깝게 지켜보던 지역 주민들은 고래를 살리기 위해 온갖 수단을 다 사용해 보았습니다. 그러나 거대한 고래를 살리기에는 역부족이었습니다. 이 사건이 화제가 되어 TV에서도 관심 있게 보도하게 되었습니다. 많은 장비들이 투입되었습니다. 11톤의 거대한 트랙터까지 동원되어 고래를 살려보려고 시도를 했지만 상황은 더 어려워지고 있었습니다. 헬리콥터로 5톤이 넘는 시멘트를 부어 보기도 했고, 얼음을 깨서 고래가 살 길을 찾아주려고 했지만 쉽지 않았습니다. 결국 당시 소련 정부가 20톤의 쇄빙선을 대여하여 3주에 걸쳐 100km가 넘는 얼음을 깨고 들어가 죽어가는 고래를 구출했습니다. 참으로 아름다운 소식이었습니다. 고래의 어려움을 이해한 사람들의 노력으로 고래는 극적으로 살아나게 되었습니다.

남의 아픔과 고통을 같이 아파하고 적극적으로 도와주는 것이 양선입니다. 자비와 중복이 되는 부분이 있겠지만 양선은 보다 더 적극적으로 행동하고 기여하는 것입니다. 구체적으로 이웃이 잘되도록 도와주는 것이 양선입니다.

1. 양선은 예수 그리스도를 닮아가는 삶의 내용입니다.

예수님의 인격을 닮은 사람은 결코 어려운 이웃을 외면할 수 없습니다. 주님은 우리에게 하나님의 자녀로 이 땅에 사는 날 동안 선을 행하며 살기를 원하십니다. 참 그리스도인이라면 예수를 닮아가고, 그분이 세상 속에서 살아가셨던 것처럼 성숙한 삶을 살아가기를 소망합니다.

① 하나님에게 속한 그리스도인은 선을 행합니다.

Q 〈요한3서〉 1장 11절 말씀을 기록해 보세요.

선을 행하는 자는 하나님에게 속한 사람이라고 말씀합니다. 하나님에게 속하기 위해서 선을 행하는 것이 아니라 하나님에게 속한 사람이기 때문에 선을 행해야 한다는 것입니다. 우리는 모두가 하나님에게 속한 그리스도인들입니다. 그렇기 때문에 우리는 선을 행하는 사람이 되어야 합니다. 그것이 그리스도를 닮아가는 삶이며, 우리를 향하신 주님의 간절한 소원일 것입니다. 우리가 상대방에게 꼭 필요한 것을 줄 때 하늘나라의 상급뿐만 아니라 예수 그리스도를 본받게 되는 것입니다.

② 참된 풍성함을 누리기를 원하는 사람은 선을 행합니다.

Q 〈잠언〉 11장 25절 말씀을 기록해 보세요.

개인이든 교회든 모두 베풀고, 주기를 좋아하면 더 큰 복을 받아서 더 큰 능력을 행할 수 있습니다. 우리가 남의 필요를 채워주면 우리는 하나님이 채워 주시는 더 큰 풍족함을 경험할 것입니다.

③ 미래의 형통함을 소망하는 사람은 선을 행합니다.

Q 〈로마서〉 8장 28절 말씀을 기록해 보세요.

양선의 열매를 맺는 사람은 미래의 형통함을 누릴 수 있습니다. 하나님이 그의 인생과 함께하시고, 그의 인생을 지도하시기 때문입니다.

하나님을 사랑하는 자들이 그의 뜻대로 선한 열매를 맺고 살아간다면 그 인생의 모든 것이 형통할 것입니다. 당장은 그렇지 않게 보일지라도 모든 인생을 주관하시는 하나님이 결국에는 선한 길로, 형통의 길로 인도하실 것이기 때문입니다.

주님 바라보기

《탈무드》에 양선에 대한 의미있는 이야기가 있습니다.

하루는 임금이 가장 아끼는 신하에게 한 가지 숙제를 냈습니다. 그것은 신하의 친구 한 사람을 빨리 왕 앞으로 데려오도록 하는 것이었습니다.

신하에게는 세 명의 친구가 있었습니다. 한 사람은 정말 절친한 친구였고, 또 한 사람은 그냥 가깝게 지낸 친구였습니다. 그리고 마지막 친구는 그렇게 가깝지는 않았지만 친구로 지내는 사이였습니다. 첫 번째 친구를 찾아가 부탁을 했습니다.

"지금 왕이 자네를 보고 싶어하시네. 나와 함께 왕궁으로 같이 가줄 수 있겠나?" 친구는 일언지하에 거절했습니다.

두 번째 친구에게 부탁을 했습니다.

"지금 왕이 자네를 보고 싶어하시네. 나와 함께 왕궁으로 같이 가줄 수 있겠나?" 두 번째 친구도 왕에게까지 함께 가지 못하겠다고 했습니다. 부탁하는 친구의 얼굴을 봐서 대궐 문 앞까지만 같이 가주겠다고 했습니다.

할 수 없이 세 번째 친구를 찾아가 부탁을 했습니다.

"지금 왕이 자네를 보고 싶어하시네. 나와 함께 왕궁으로 같이 가줄 수 있겠나?"세 번째 친구는 흔쾌히 대답했습니다.

"자네 청이 그렇다면 함께 임금님에게 가주겠네."

탈무드는 이 이야기에 대한 주석을 이렇게 달고 있습니다.

첫 번째 친구는 재산과 물질이라고 합니다. 즉 평소에 살아 있을 때에는 너무도 가까이 지내고 좋아하지만 결코 천국까지는 동행할 수 없다는 것입니다. 두 번째 친구는 아들과 딸, 자녀를 의미한다고 합니다. 슬피 울며 무덤까지는 같이 가줄 수 있습니다. 그러나 역시 천국까지는 함께 가지 못합니다. 세 번째 친구는 세상을 떠난 후에도 남아 있고, 함께 천국으로 갈 이 땅에서 쌓은 선행을 의미한다고 합니다.

참 의미 있는 이야기입니다. 우리가 예수 믿는 그리스도인이라면 하나님의 자녀답게 살아가는 방법을 고민하고 생각하는 것은 너무나 당연한 일입니다. 우리의 행한 선한 행실은 반드시 하나님의 생명책에 기록될 것이고, 마지막에는 주님의 평가를 받기 때문입니다.

1. 우리의 관계 속에서 실천해야 할 양선은 어떤 것이 있을까요?

① 좋은 것을 주는 것입니다.

Q 〈사도행전〉 20장 35절 말씀을 기록해 보세요.

사람이 행복을 느낄 때가 언제입니까? 인생의 잔잔한 감동을 느낄 때는 언제입니까? 소중한 것을 나누고 줄 때 우리는 이런 행복과 감동을 경험하게 됩니다. 그것도 생각 없이 아무거나 주는 것이 아니라 '좋은 것'으로 줄 때 말입니다.

척 스윈돌 목사의《그리스도를 본받는 생활》이라는 책에서는 양선에 대한 아름다운 이야기를 소개하고 있습니다. 2차 세계대전 직후 한 미군 병사가 군용 지프차를 타고 런던의 군 기지로 돌아오고 있었습니다. 길을 지나가는데 한 소년이 빵가게 앞에 서서 창문에 코를 대고 안쪽을 쳐다보며 서 있는 것입니다. 그 안에서는 맛있는 도넛을 만들고 있었습니다. 소년은 침을 삼키면서 안쪽을 쳐다보고 있었습니다. 미군 병사는 차에서 내려서 소년에게 물었습니다.

"저게 먹고 싶니?"

"네"

병사는 가게 안으로 들어가서 도넛 10개를 구입해서 밖으로 나와 소년에게 도넛을 주었습니다.

"여기 있다. 맛있게 먹거라." 그렇게 말하고 돌아서서 가는 병사의 옷자락을 남루한 소년이 잡았습니다.

"왜?"

"저…… 아저씨, 혹시 아저씨가 하나님이신가요?"

그 아이의 눈에는 바로 이 병사가 하나님처럼 보인 것입니다.

우리는 사랑, 용서, 기도, 좋은 말 등 모든 것에 있어서 가장 좋은 것을 줄 수 있는 훈련을 해야 합니다. 그 사람에게 꼭 필요한 것도 좋습니다. 무엇보다 위로와 격려를 선물하시기 바랍니다.

② 격려를 아끼지 않는 것입니다.

Q 〈히브리서〉 10장 24절 말씀을 기록해 보세요.

우리는 주일마다 예배를 드리기 위해 성전에 모입니다. 많은 성도를 만나고 교제하고, 삶을 나눕니다. 그러나 아직까지 같은 성도라고 하면서 어색한 사람이 있다면 그것도 문제입니다. 수십 년을 신앙생활하면서 서로 사랑하며 선행하고 격려하기를 잊고 살았다면 우리의 모습을 다시 한 번 돌아보아야 할 것입니다.

③ 배려하기를 즐기는 것입니다.

Q 〈요한1서〉 3장 17절 말씀을 기록해 보세요.

배려란 '여러 가지로 마음을 써서 보살피고 도와주는 것', '관심을 가지고 도와주거나 마음을 써서 보살펴 주는 것'입니다. 배려는 내 생각과 내 상황을 먼저 생각하는 것이 아니라 이웃의 상황을 먼저 생각하고 이웃의 입장에서 행동을 하는 것입니다.

쉬운 예로 지하철에서 노약자를 배려한다든가, 줄을 서서 기다려야 하는 상황에서 산모나 어린이를 먼저 배려한다든가, 특별히 교회 공동체 속에서도 새 가족과 어른들을 먼저 섬길 줄 아는 등의 모습이 필요합니다.

④ 세워주는 것을 기뻐하는 것입니다.

Q **〈전도서〉 4장 10절 말씀을 기록해 보세요.**

인간은 상한 갈대와 같이 연약한 존재입니다. 세상은 광야와 사막과 같습니다. 인생은 전쟁과 같아서 어떤 면에서 우리는 전쟁터에서 사는 것 같습니다. 사는 것이 항상 즐거운 것만은 아닙니다. 경험해 왔던 것처럼 인생은 힘들고 거칩니다. 때로는 주저앉고 넘어지고 쓰러지고 포기하게 됩니다. 그 때 필요한 것이 남을 세워 주는 것입니다.

2. 성경을 통해 양선의 모습을 배워 봅시다.

성경에는 많은 구제와 양선의 모습들이 나타납니다. 그것이 우리에게 교훈이 되고 가르침이 됩니다. 구약과 신약을 중심으로 두 가지만 살펴봅시다.

① 구약의 사르밧 과부 이야기입니다.

Q **〈열왕기상〉 17장 13절 말씀을 기록해 보세요.**

말씀 속에 나타난 사르밧 과부는 엘리야 선지자를 공궤한 사람입니다. 엘리야 선지자가 실제로 만난 과부는 그를 도울 만한 형편이 아니었습니다.

그러나 하나님은 이방 여인이었던 사르밧 과부에게 엘리야를 돕도록 명령하였습니다. 엘리야가 과부에게 떡 한 조각을 요청한 것은 과부의 모든 것, 아니 생명까지 요구한 것이나 다름이 없었습니다. 과부는 하나님의 명령과 선지자의 요청을 의심하지 않았고, 자기가 할 수 있는 최선의 방법으로 엘리야를 도왔습니다. 그 후에 남은 것을 자신과 아들이 먹었습니다. 그 결과로 놀라운 일이 일어났습니다. 그녀의 생활 속에 기름과 가루가 떨어지지 않게 된 것입니다. 누군가를 돕거나 특별히 하나님의 영광을 위해 양선의 삶을 살면 반드시 하나님의 축복을 누리는 기회가 생길 것입니다.

② 신약의 바나바 이야기입니다.

ⓐ 바나바는 착한 사람이었습니다.

Q 〈사도행전〉 11장 24절 말씀을 기록해 보세요.

바나바는 착한 사람이었다고 말씀합니다. 착하다는 말이 영어 성경에는 "He was a good man"으로 나와 있습니다. 이웃에게도, 민족을 위해서도, 교회를 위해서도 바나바는 좋은 사람이었습니다. 이것이 날마다 부흥하는 첫 씨앗이었습니다.

그리고 그는 '구브로'(지금의 키프로스섬)의 큰 부자였습니다. 그는 대단히 유력한 사람이었지만 결코 교만하거나 자기만을 아는 사람이 아니었습니다. 어려운 사람을 도왔으며 자기 재산을 팔아 가난한 사람과 나누었습니다.

ⓑ 바나바는 양선을 베푸는 사람이었습니다.

Q 〈사도행전〉 4장 36~37절 말씀을 기록해 보세요.

바나바는 그동안 자기가 경작해 오던 밭을 팔아서 온전히 모든 것을 사도들의 발 앞에 가져다 바쳤습니다. 그에게 필요가 없어서 바친 것이 아닙니다. 더 힘들고 어려운 이웃을 돕기 위해, 초대교회의 사도들을 돕기 위해 자신이 가지고 있는 것을 바쳤던 것입니다.

자신이 판 것을 아까워하며 하나님께 드리지 않았던 아나니아와 삽비라 같은 사람도 있었지만 바나바는 온전히 드리고, 함께 나누기를 기뻐했던 사람입니다. 우리들도 이렇게 섬기는 삶을 살아야 합니다.

ⓒ 바나바는 남을 생각하는 사람이었습니다.

Q 〈사도행전〉 9장 27절 말씀을 기록해 보세요.

사도 바울이 사도권에 대해 불신을 당하고 오해받고 있을 때, 바나바는 그의 말을 믿어주고 구체적으로 도와주었던 사람입니다. 심지어 제자들과 사귀고 싶어하는 바울의 소망을 알고는 직접 그를 예루살렘으로 데리고 가서 제자들에게 소개하고 변호해 주었으며 사도로, 목회자로 깍듯이 인정했습니다. 또 헬라파 유대인들이 바울을 죽이려 하자 바울을 가이사랴에서 다소로 보내어 구체적으로 도와주고 살려주었습니다. 바나바 자신이 수리아 안디옥에서 목회를 할 때도 바울을 불러 목회를 하게 하고 자신은 그를 섬기며 2인자로서의 길을 갔습니다.

우리는 항상 남을 생각하고 참된 양선이 무엇인지를 보여 준 바나바의 삶을 본받을 수 있어야 합니다.

오늘날 한국의 모든 교회와 목회자들이 부흥을 갈망합니다. 그러나 부흥에 대한 생각의 전환이 필요한 때입니다. 부흥은 프로그램도 아니고, 교회 안의 여러 행사도 아닙니다. 오히려 부흥의 첫 출발점은 바로 성도가 착해야 한다는 것입니다. 성도들이 바나바와 같이 양선의 삶을 살아가고, 사르밧 과부처럼 최선을 다해 돕고 섬기는 삶을 살아간다면 다시 한 번 한국 교회에 부흥의 역사가 일어날 것입니다.

3. 양선에는 3가지 원칙이 있습니다.

① 약점을 이기게 하고, 허물을 덮어줍니다.

Q 〈잠언〉 17장 9절 말씀을 기록해 보세요.

약점, 실수, 허물, 신체의 결점을 덮어주어야 합니다. 사랑이라는 말에는 '지붕을 덮는다'는 뜻도 포함되어 있습니다.

상대방의 치부를 덮어준다는 것입니다. 죄를 덮는다는 것이 아니라 상대방이 아파하고 힘들어하고 부끄러워하는 것을 덮어줌으로써 약점을 이기고, 허물을 벗어날 수 있도록 도와주는 것입니다.

② 장점을 바라보고, 칭찬을 아끼지 않습니다.

Q 〈마태복음〉 25장 23절 말씀을 기록해 보세요.

우리 예수님도 칭찬에는 절제가 없으셨습니다. 가능하면 장점을 보기 위해 노력하셨고, 칭찬을 아끼지 않으셨습니다. 물론 안타까운 모습이나 예수님의 뜻에 맞지 않는 모습을 보셨을 때는 책망도 하셨지만 그 모든 것들도 우리를 정말 사랑하시기에 가슴이 아파서 의분을 내신 것이었습니다.

③ 용기를 불어넣어 주고, 파이팅을 외쳐 줍니다.

Q 〈스바냐서〉 3장 16~17절 말씀을 기록해 보세요.

용기를 불어넣어 준다는 것은 구체적이고 강력하게 격려해주는 것을 말합니다. 운동 선수들에게 "Fighting!"이라는 관중의 한마디 응원이 큰 힘을 나게 하고, 포기하고 싶은 순간에도 다시 힘을 얻고 도전하게 할 수 있습니다. 이것 역시 양선의 일종이라고 볼 수 있습니다.

우리 주변에는 힘들어 하고 지치고 낙담한 분들이 의외로 많습니다. 우리는 그들에게 진심 어린 마음으로 용기를 줄 수 있는 양선의 종이 되어야 합니다.

미국의 백화점 왕 존 와나메이커는 상대방의 아픔을 자신의 아픔으로 생각하고 함께 아파하며 기도했다고 합니다. 당연히 그는 놀라운 기도의 응답과 하나님의 사랑을 받았습니다.

우리가 상대방을 위해 해 줄 수 있는 것은 한계가 있습니다. 그러나 하나님은 '엘로힘', '엘샤다이' 능력의 하나님이십니다. 못할 일이 없으신 분이시기에 하나님의 도우심을 구해야 합니다. 이것이 진정한 양선입니다.

선을 행하다 낙심치 마십시오. 하나님은 그 희생과 선을 다 기억하십니다.

주님과 동행하기

1. 우리가 실천해야 할 양선의 정신은 무엇인가요?

① 조건 없이 선을 베푸세요.

Q 〈마태복음〉 25장 40절 말씀을 기록해 보세요.

순수한 동기와 조건 없는 양선은 하나님이 기뻐하시고, 기억하십니다. 동기가 순수하지 못하거나 조건이 있다면 이미 자신이 대가를 받았기 때문에 하나님은 그것을 기억하지 않습니다. 우리를 향한 하나님의 구원과 사랑은 하나같이 조건 없는 것이었음을 기억합시다. 사람에게 진실된 마음으로 베푼 양선은 곧 하나님에게 베푼 것입니다.

② 겸손한 마음으로 선을 베푸세요.

Q 〈베드로전서〉 3장 8절 말씀을 기록해 보세요.

도움을 주더라도 상대방을 배려하며 따뜻하게 주어야 합니다. 누군가에게 도움을 줄 때 생색을 내거나 군림하거나 적선하는 마음으로 주는 것은 하나님이 기뻐하시지 않습니다.

우리는 이웃에게 한 그릇도 못 되는 사랑을 주면서 복은 산만큼 받고자 합니다. 주님이 오늘도 우리에게 은혜를 베풀어 주시는 이유는 우리가 많은 사랑을 받아서 그 사랑을 다른 사람들에게도 넉넉히 나누어 주어, 받는 사랑보다 주는 사랑의 결실이 많도록 하기 위해서입니다.

우리는 진실되게 좋은 것을 주는 자에게 하나님의 넘치는 복이 있다는 것을 잊지 말아야 합니다.

③ 기쁜 마음으로 선을 베푸세요.

Q 〈베드로전서〉 4장 9절 말씀을 기록해 보세요.

불평하면서 선을 행하는 사람이 더러 있습니다. 억지로 행하는 선은 참된 양선이 아닙니다. 결국 자기를 위한 헛된 노력일 뿐입니다. 우리는 선을 행하되 기쁜 마음으로 섬기고, 선을 베풀어야 합니다. 선을 행하는 것이 우리의 기쁨이 되어야 합니다. 그때 진정으로 그리스도인의 행복한 삶을 누리게 될 것이고, 주님의 주시는 놀라운 평안이 우리의 삶에 넘치게 될 것입니다.

④ 기도함으로 선을 베푸세요.

Q 〈디모데전서〉 2장 1절 말씀을 기록해 보세요.

우리의 능력으로 무엇을 해주고 좋은 것을 주는 것은 한계가 있습니다. 그러나 하나님은 전지전능하시기에 그분이라면 어떤 것이라도 주실 수 있습니다. 그러기에 주님 앞에 상대방을 위해 기도해 주는 것은 가장 큰 힘이요, 가장 큰 양선입니다.

어떤 사업가가 사업을 하다가 부도 직전의 큰 위기 상황에 놓이게 되었습니다. 그 사업가는 평소에 기도도 잘 하지 않고 주일도 수시로 빠지던 사람이었습니다. 그러나 너무 급하다 보니 교회로 나와서 기도를 하게 되었습니다. 그가 한참 기도하는데 건너편 옆쪽에 있는 성도의 기도가 신경이 쓰여서 기도할 수가 없었습니다. 가만히 들어보니 돈 100만 원을 달라고 기도하는 것입니다. 화를 내면서 그 사람의 옆으로 가서 지갑에서 100만 원짜리 수표를 한 장 꺼내 주며 이제는 가라고 했습니다. 그 다음에 짜증 섞인 말로 하나님에게 기도했습니다.
"하나님, 제발 이제는 내 기도만 집중 좀 해 주세요!"

이 글을 읽으며 우리도 이러한 기도를 드리고 있지는 않은지 돌아보게 됩니다. 우리가 드리는 기도의 대부분이 자신의 건강과 가정과 자녀에게 국한되어 있을 때가 많습니다. 하나님은 우리가 구할 것을 미리 아신다고 했습니다. 나의 기도도 중요하지만 우리가 구할 것은 그것을 아시는 주님에게 맡기고 정말 기도가 필요한 힘든 분들을 위한 기도가 필요합니다.

상대방을 위한 기도는 놀라운 힘이 있습니다. 기도는 하나님의 마음을 움직이고 사람을 변화시키는 강력한 힘이 있기 때문입니다. 우리가 남을 돌아보고 남을 위해 기도할 때 제일 중요한 것은 그를 긍휼히 여기고 사랑하는 마음입니다.

2. 다함께 1 · 3 · 5 운동을 실천해 봅시다.

돌아올 일주일 동안 1 · 3 · 5 운동을 실천해 봅시다. 하루에 한 번 선한 일하기, 하루에 세 번 크게 웃기, 하루에 다섯 번 감사하기 운동입니다. 결과를 돌아보고, 나눌 수 있기를 바랍니다.

날짜	1번 선한 일	3번 크게 웃기	5번 감사하기
	1.	1.	1.
			2.
		2.	3.
			4.
		3.	5.
	1.	1.	1.
			2.
		2.	3.
			4.
		3.	5.

	1.	1.	1.
			2.
		2.	3.
			4.
		3.	5.
	1.	1.	1.
			2.
		2.	3.
			4.
		3.	5.
	1.	1.	1.
			2.
		2.	3.
			4.
		3.	5.
	1.	1.	1.
			2.
		2.	3.
			4.
		3.	5.
	1.	1.	1.
			2.
		2.	3.
			4.
		3.	5.

충성

✣ 〈갈라디아서〉 5장 22~23절
22 오직 성령의 열매는 사랑과 희락과 화평과 오래 참음과 자비와 양선과 충성과 23 온유와 절제니 이 같
은 것을 금지할 법이 없느니라

세상 돌아보기

당신이 생각하기에 이들 중 가장 성공한 인생을 살았던 사람은 누구라고 생각하십니까? 그 사람을 선택한 이유와 그 사람의 업적을 아는 대로 적고 발표해 봅시다.

□ 테레사 수녀	□ 간디 수상
□ 빌 게이츠 사업가	□ 라이트 형제
□ 안중근 의사	□ 에디슨 발명가

□ 박정희 대통령	□ 한경직 목사
□ 조수미 성악가	□ 김연아 선수
□ 반기문 유엔총재	□ 이건희 회장
□ 이순신 장군	□ 기타

주님 알아가기

《이야기로 듣는 복음》이라는 책에 보면 진정한 충성이란 어떤 것인지를 잘 말해주는 실화가 소개되어 있습니다.

미국의 어느 대학교에 새로 부임한 사회학과 교수가 있었습니다. 하루는 그가 학생들에게 도시의 뒷골목인 빈민가를 방문하여 그곳에 사는 아이들이 생각하는 자신의 미래에 대해 조사를 해오라는 과제를 주었습니다. 학생들의 조사 결과는 예상과 다르지 않았습니다. 대다수의 아이들은 자신들이 아버지처럼 감옥에 가 있거나 아니면 알코올 중독자나 범죄자로 살아갈 것으로 생각하고 있었습니다.

그후 수십 년이 흘렀습니다. 담당 교수도 은퇴를 하고 후임 교수가 학교에 부임하게 되었습니다. 후임 교수가 서류를 정리하던 중에 수십 년 전의 학생들이 제출한 과제물을 보게 되었습니다. 과연 당시에 설문 조사를 하였던 아이들이 어떻게 살아가고 있을까? 하는 의문이 생겼습니다.

그래서 교수는 다시금 학생들에게 과제를 냈습니다. 과거의 그 아이들이 어떻게 성장해 있고, 지금 무엇을 하고 있는지 조사하라는 것이었습니다. 예상을 뒤엎은 결과가 나왔습니다. 당연히 자신의 아버지 세대와 비슷해져 있을 것으로 생각했는데 결과는 완전히 반대였습니다.
대다수의 아이들이 사회에서 훌륭한 인물이 되었거나 아름다운 가정을 꾸리고 행복하게 살고 있었던 것입니다. 모두 이러한 예상 밖의 결과의 이유를 찾고자 했습니다. 건강하고 바르게 자라난 대다수의 학생들은 공통적으로 자신들의 학창 시절 선생님이었던 '미세스 오로코'라는 여선생님에 대한 이야기를 했습니다. 그들 모두가 이구동성으로 우리가 이렇게 된 것은 모두가 '오로코' 선생님 덕분이라는 것입니다. 어느 사회학자나 정치 지도자도 풀지 못한 문제를 푼 이 여 선생님에 대한 궁금증이 생기기 시작했습니다. 교수는 수소문을 해서 드디어 양로원에서 노년을 보내고 있는 미세스 오로코를 만나게 되었습니다. 교수는 오로코 선생님에게 진지하게 물었습니다.
"선생님. 도대체 어떻게 했기에 문제아들이 하나같이 잘 자라 훌륭한 성인이 되었습니까?" 그러자 미세스 오로코는 자신이 특별히 한 일도 없고 내세울 만한 것도 없다고 하는 것입니다. 그래도 교수가 집요하게 묻자 이런 대답했습니다.
"교수님이 굳이 말하라고 한다면 저는 하나님과 사람들 앞에 부끄럽지 않은 교사가 되려고 노력했던 것밖에는 없습니다."

이것이 진정한 충성이 아닐까 생각합니다.
성경에서 말하는 충성은 일과 관련되어 있습니다. 단순한 일의 의미가 아니라 하나님이 맡겨주신 일과 관련된 경우를 말하는 것입니다. 특별히 하나님의 백성들은 무슨 일을 하든지 충성된 마음, 신실한 마음으로 해야 합니다.

1. 충성이란 무엇을 의미하는 것일까요?

① 충성이란 신실하다는 의미를 가지고 있습니다.

Q 〈시편〉 89편 1절 말씀을 기록해 보세요.

충성이란 말은 헬라어 '피스티스'에서 유래한 말입니다. 이는 '믿음'을 가리키는데 영어에서는 faithfulness라는 '신실함'이라는 의미로 사용합니다. 즉 단어 자체는 '신실하다', '믿음직스럽다'라는 의미입니다. 성경에서 하나님의 품성을 나타낼 때 이 단어를 많이 썼습니다. 충성은 신실하신 하나님 앞에 그 자녀 된 우리가 신실하고 믿음직스럽게 사는 것입니다.

② 충성이란 하나님을 신뢰한다는 의미를 가지고 있습니다.

Q 〈로마서〉 4장 18절 말씀을 기록해 보세요.

아브라함과 사라는 도저히 인간적으로서는 불가능하고 희망이 없는 상황에서도 결코 믿음을 포기하지 않았습니다. 사람의 생각으로는 불가능하지만 전능하신 하나님의 능력이라면 아무것도 문제가 아니라는 것을 믿었던 것입니다.

이것이 바로 충성입니다. 충성은 하나님을 절대적으로 신뢰하는 것에서부터 출발합니다. 군인도 상관을 절대적으로 믿을 때 그에 대해 절대적으로 충성을 할 수 있습니다. 하나님에 대한 믿음은 바로 충성의 첫 발걸음입니다.

③ 충성은 주인을 향해 바치는 곧고 지극한 마음이라는 의미를 가지고 있습니다.

Q 〈고린도전서〉 4장 1~2절 말씀을 기록해 보세요.

일반적인 사회 조직 속에서 충성이 가장 강조되는 집단은 군대입니다. 군대라는 조직은 상관에 대한 병사들의 충성도에 따라서 그 가치가 결정됩니다. 병사들이 자신이 섬기고 있는 상관의 명령에 복종하고 충성되게 움직이면 군대는 유기적이고, 능동적인 조직이 됩니다. 바로 그때 군대가 존재하는 목적이 배가 됩니다.

예수를 구주로 고백하고 우리의 주인으로 섬기는 성도의 모습도 마찬가지입니다. 우리가 주인 삼은 구주 예수 그리스도 외에 우리는 어떤 것도 충성하지 말아야 합니다. 오직 주만을 위해 충성을 바치고, 그분의 영광만을 위해 사는 것이 참된 충성의 삶이 될 것입니다.

일본인 관광객이 동물원을 관람을 하게 되었습니다. 한국인 가이드는 열심히 설명도 하고 인원도 체크하며 자신의 임무를 충실하게 수행했습니다. 그런데 가는 데마다 일본인 관광객이 일본 자랑을 하며 한국을 무시하더랍니다.

"한국의 호랑이는 너무 작습니다. 일본 호랑이는 집채만 합니다.", "한국의 코끼리는 작습니다. 일본의 코끼리는 집채만 합니다."

캥거루가 사는 곳에 도착했을 때 한국인 가이드는 캥거루를 보며 이렇게 말했다고 합니다.

"여러분, 다른 곳에서는 이 동물을 캥거루라고 부릅니다만 한국에서는 메뚜기입니다."

이 이야기를 들으면서 한국 사람이라면 누구나 통쾌하게 생각하실 겁니다. 그러나 이 가이드가 충성된 모습을 보인 것은 아닙니다. 자신을 믿고 가이드를 맡긴 여행회사에 대한 불충성이며, 자신만 보고 따라오는 여행객들에 대한 멸시이기 때문입니다. 때로 자신의 감정이 상하고, 자존심이 상하더라도 자신에게 맡겨진 일에 최선을 다하는 신실한 마음이 충성입니다.

주님 바라보기

1947년 미국의 시카고 근교에 천체를 연구하는 연구소가 있었습니다. 그곳에 근무하던 사람 중에 천체물리학자 '첸드레이카'라는 박사가 있었습니다.

어느 날 시카고 대학으로부터 겨울방학 동안 고고물리학 특강을 해 달라는 요청을 받게 되었습니다. 물론 조건이 좋지 않은 일이었습니다. 그 일로 자신의 연구에 어떤 좋은 업적을 남길 수 있는 것도 아니고, 경력에 큰 영향이 있는 것도 아니고, 많은 수강료를 받을 수 있는 것도 아니었습니다. 거기에다가 거리도 멀어서 교통비만 해도 큰 지출이 예상되는 일이었습니다.

그러나 그는 시카고 대학의 요청을 승낙하였습니다. 그렇게 좋지 않은 상황 가운데 강의를 하기로 결정했지만 결과는 더 악화되었습니다. 박사의 강의를 듣기 위해 수강 신청을 한 학생이 두 명밖에 없었던 것입니다. 그래서 강의가 폐강이 될 위기에 처하게 되었습니다. 자동차로 두 시간 이상 운전해야 하는 힘든 상황이었는데 매주 이틀씩 강의가 있었기 때문입니다.

그러나 그는 포기하지 않고 최선을 다해 강의를 진행했습니다. 그로부터 그는 꼭 10년 동안이나 이 일을 계속했습니다.
10년이 지난 뒤인 1957년에 노벨물리학상은 중국계 미국인 두 명에게 돌아갔습니다. 첸린양과 충도리라는 사람들이었습니다. 그 사람들은 바로 첸드레이카 박사의 강의를 들은 두 학생들이었습니다. 이들은 그들이 노벨상을 받게 된 계기가 바로 첸드레이카 박사 덕분이었음을 말하며 그분에게 감사를 표했습니다.
한 사람의 충성스런 모습으로 인하여 또 다른 위대한 물리학자가 탄생된 것입니다.

우리가 아무리 작게 보는 일도 결코 작지 않을 때가 많습니다. 우리의 기준으로 판단하지 맙시다. 세상에 사소하고 하찮은 일이란 없습니다.

1. 어떻게 충성의 열매를 맺어야 할까요?

① 작은 일도 성실하게 감당하세요.

Q 〈마태복음〉 25장 21절 말씀을 기록해 보세요.

무슨 일이든지 주인이 맡긴 일은 다 중요한 것입니다. 특히 작은 일은 빛이 나지 않고 누가 알아주지 않더라도 최선을 다해야 하기에 어렵습니다. 그러나 믿음의 백성은 어렵지만 그 일을 해야 합니다. 맡은 자들은 일의 경중과 내용을 떠나 무슨 일이든지 그저 최선을 다해 성실히 감당해야 합니다.

② 맡겨 주신 일은 나의 일처럼 하세요.

Q 〈잠언〉 25장 13절 말씀을 기록해 보세요.

충성된 사람은 자신의 것이 아닐지라도 모든 것에 최선을 다하는 사람입니다. 더 나아가 창조적이고 적극적인 마음으로 맡겨진 일 외에 그 어떤 일도 충성되게 감당합니다.

내 일이라 생각하면 원망과 불평이 없습니다. 아무리 힘들어도 내 일이기에 최선을 다합니다. 맡겨주신 하나님의 사명과 세상의 일에 대해서도 동일한 마음으로 임할 때 주인의 인정과 함께 상급의 면류관이 기다리고 있을 것입니다.

③ 결과가 보이지 않아도 인내하며 달려가세요.

Q 〈히브리서〉 10장 36절 말씀을 기록해 보세요.

사도 바울은 주 예수 그리스도께 충성하며 복음을 전하다가 예루살렘과 가이사랴와 로마에서 옥살이를 하였고, 유대인에게 39회의 매질을 다섯 번이나 맞는 등 매도 수없이 맞았고, 죽을 고비도 여러 번 넘겼습니다. 특히, 양 어깨와 가슴을 드러내고 두 손을 기둥에 교차하여 묶고는 세 개의 가죽끈이 달린 채찍으로 13번을 후려치는 매질은 얼마나 고통스러운지 13번을 다 맞기도 전에 죽는 사람도 종종 있었습니다.

그러한 상황만 놓고 본다면 충성한다고 열심히 노력해도 하나님이 알아주시지 않는 것 같고, 도움의 손길도 미치지 않는 것 같습니다. 그러나 인내하며 끝까지 충성되게 달려간다면 하나님이 더 좋은 결과로 함께하시고, 과거의 고통과는 비교할 수 없는 큰 영광을 주실 것입니다.

④ 사람의 판단에 흔들리지 마세요.

Q 〈고린도전서〉 4장 5절 말씀을 기록해 보세요.

세상 사람들은 특별히 충성하고, 최선을 다하는 사람에게 손가락질을 합니다. 본인이 그렇게 살지 못함을 돌아보는 것이 아니라, 섣부른 판단으로 충성스러운 종을 실족시킬 때가 많이 있습니다.

그리스도 안에서 경건하게 살고 충성되게 살고자 노력하는데 많은 방해와 판단의 목소리가 들려도 우리는 그것에 흔들려서는 안 됩니다. 마지막 때가 되면 모든 것을 드러내시고 우리를 칭찬하실 주님을 바라보며 오늘도 충성스럽게 달려가시기 바랍니다.

2. 충성은 청지기적 사명을 가지는 것입니다.

'청지기'란 말은 쉬운 말로 하면 '맡은 자'란 뜻입니다. 주인이 맡긴 것을 관리하는 사람이며, 일종의 매니저 역할을 하는 사람입니다. 우리는 주인이 아닙니다. 주인 되신 하나님의 것을 맡은 청지기입니다. 그러므로 청지기로서 우리의 주인이신 하나님의 부르심에 충성되게 살아야 합니다.

① 청지기는 주인이 맡긴 것을 어떻게 사용할까 고민합니다.

Q 〈로마서〉 11장 36절 말씀을 기록해 보세요.

청지기는 주인의 것을 관리합니다. 그렇다면 결과적으로 청지기에게 있는 모든 것은 주인의 것입니다. 이러한 인식이 확실하다면 분명한 목표와 청지기가 만들어야 할 결과를 알 수 있습니다. 내게 있는 모든 주인의 것은 주인의 목적대로 사용해야 하며, 주인의 뜻에 맞추어 관리해야 합니다.

주인의 관심과 주인의 목적을 알아서 주인의 것을 어떻게 사용할 것이며, 주인에게 어떻게 영광을 돌려야 하는지 고민하는 청지기가 될 수 있기를 바랍니다.

② 청지기는 주인에게 어떤 평가를 받을까 생각합니다.

Q 〈마태복음〉 25장 19절 말씀을 기록해 보세요.

〈마태복음〉 25장 19절의 말씀 중 '오랜 후에'라는 말씀에 주목해야 합니다. 안 올 것 같고, 늦게 올 것 같지만 결국 누구에게나 죽음은 찾아옵니다. 재림으로 주인 되신 예수 그리스도 앞에 충성된 삶인가 불충한 삶인가?에 대한 평가를 받을 때가 있습니다.

청지기는 늘 주인 앞에 설 날을 '준비'해야 합니다. 그래서 청지기는 게으르게 살 수 없습니다. '그냥 대충, 이렇게 살다 죽는 거지.'라고 생각하지 마시기 바랍니다. 우리에게 주어진 모든 환경에서 충성하며 주인을 기쁘게 해

드리기 위해 최선을 다하는 청지기적인 성도들이 되시기 바랍니다.

어느 종합병원에서 있었던 일입니다. 금방 들어온 신참 간호사가 있었는데, 그녀에게 첫 수술은 부담이었습니다. 힘들고 기나긴 수술을 마치고 나서 마무리를 하려고 할 때 의사 한 분이 수술에 사용한 거즈 하나가 없다고 말했습니다. 아무리 찾아봐도 12개를 사용했는데 11개밖에 없다는 것입니다. 모두들 난감해하며 고민하고 있을 때 신참 간호사는 끝까지 1개를 찾아야 한다고 말했습니다. 의사가 특별한 일이 없을 테니 마무리를 하자고 소리를 지르며 화를 냈습니다. 그리고 자신이 책임을 질 테니 배를 닫고 빨리 마무리를 하자고 회유했습니다. 그러나 간호사는 끝까지 하나를 찾으려고 했습니다. 그러자 의사는 빙그레 웃으며 당신의 신실함을 테스트해 보았다고 말한 후 자신의 발을 치우니 사라진 거즈 하나가 나왔습니다. 너무도 당황스럽고 힘든 시간이었지만 신참 간호사는 일종의 통과 시험을 잘 치르고 신실함을 인정받게 되었습니다.

때로는 쉬운 길이 있고, 편법이 있고, 대충 가는 길이 있어도 원칙으로, 정도로 가는 길이 충성입니다.

③ 청지기는 주인을 의식하며 살아갑니다.

Q 〈디도서〉 1장 7절 말씀을 기록해 보세요.

청지기 의식이 있는 자는 늘 '결산'을 준비하고 충성된 모습으로 사는 사람입니다. 하나님이 크게 쓰신 인물들을 연구해 보면 한결같이 청지기 정신을 가지고 주인을 위해 살았던 사람입니다. 청지기 정신이 투철하다는 것은 늘 주인을 의식하며 살아가는 것입니다. 남들이 바라보는 시선이나 다른 사람의 삶의 방식이 중요한 것이 아니라 우리의 주인 되신 하나님의 관점에서 우리의 생각과 행동을 결정해야 합니다.

하나님이 보시는 나의 모습은 어떤가를 항상 고민하며 주님을 의식하는 삶을 살아가기 바랍니다. 참된 충성이 우리의 모습을 통해 흘러나올 것입니다.

〈마태복음〉 25장의 달란트 비유를 보면 주인이 맡긴 것이었지만 다섯 달란트와 두 달란트 받은 종은 자신의 일처럼 청지기 정신을 가지고 창조적인 사역을 감당했습니다. 두 종은 자신의 것은 아니지만 열심히 일하고 노력해서 결과물을 내놓았습니다. 이에 주인에게 칭찬과 상급을 받았습니다. 그것들의 크기와 액수가 중요한 것이 아닙니다. 그 정신이 중요한 것입니다. 주인이 바라본 것은 바로 두 종의 청지기 정신입니다. 그 정신을 칭찬하고 상급으로 갚아 준 것입니다.

반면에 게으른 종은 한 달란트를 땅에 묻어 두었다고 했습니다. 이것은 창조적 행위를 한 것이 아닙니다. 즉, 청지기 정신으로 살지 못했음을 의미합니다. 게으른 종은 맡겨진 것도 빼앗기고 일자리도 빼앗겼습니다.

주님이 다시 오셔서 역사를 심판하시고 내 삶의 결과를 심판하신다는 사실을 안다면 우리는 하루하루 신실하고, 진지하고, 믿음직스럽게 살아가야 합니다.

3. 충성스러운 종에게는 어떠한 복이 있을까요?

우리가 믿는 하나님은 성실하신 하나님이십니다. 하나님은 성실로 우주를 관리하고 섭리하십니다. 하나님은 우리 자신도 성실하시기를 원하시고, 주님의 성실하심에 따라 충성스럽게 일하는 자를 선택하십니다.

① 자손의 복을 받게 됩니다.

Q 〈룻기〉 4장 17절 말씀을 기록해 보세요.

구약성경에 나오는 '룻'의 삶을 보면 그녀는 인생의 절망 앞에서도 아무런 불평 없이 시어머니를 공양하는 일에 최선을 다했습니다. 이삭 하나를 주워도 일찍 나와서 최선을 다해서 주웠습니다. 때가 되어 집에 가서도 시모에게 최선을 다해 식사를 챙겨주고, 룻은 하루종일 주어진 일에 충성을 다했습니다. 하나님께서는 그런 그녀의 삶에 놀라운 복을 주셨습니다. 그녀는 이방 여인임에도 불구하고 이스라엘의 족보에 오르는 영광을 누리게 되었습니다. 특별히 다윗왕의 계보를 잇는 믿음의 선조의 자리에 오르게 되었고, 하나님께서 회복시켜 주시는 놀라운 복을 누릴 수 있었습니다.

② 큰 명예를 얻게 됩니다.

Q 〈시편〉 78편 71~72절 말씀을 기록해 보세요.

시골의 양치기 소년이었던 다윗이 이스라엘의 최고의 왕으로 세워질 수 있었던 것은 그의 충성스러움 때문이었습니다. 표준 새번역 성경 〈시편〉 78편 72절에 "그는 한결같은 마음으로 그들을 기르고 슬기로운 손길로 그들을 인도하였다"고 했습니다.

하나님은 한결같은 마음으로 주어진 일을 최선을 다해 충성스럽게 감당한 다윗을 사용하셨고 축복하셨습니다. 그래서 그가 이스라엘을 대표하는 최고의 왕이 될 수 있었던 것입니다.

1989년 미국 역사상 최연소이자 최초의 흑인 합참의장이 되었고, 2001년 흑인 최초 국무 장관이 된 콜린 파월이란 분이 있습니다. 이분은 미 대선 때마다 부통령 후보로, 심지어 대통령 후보로까지 거론되는 인물입니다. 이분의 가장 큰 장점은 역시 성실함입니다. 콜린 파월은 신실한 그리스도인으로 동료와 부하와 주변 사람들은 한결같이 그의 성실함을 높게 평가합니다. 그는 심지어 가정에 대한 성실함도 대단하여 지금까지는 나라를 위해서 성실하게 살아왔지만 앞으로는 나를 위하여 평생 헌신한 아내에게 성실하게 살 것이라고 말하기도 하였습니다. 큰일이나 사소한 일이나 가정의 일까지도 성실한 마음으로 임했기에 오늘의 위치에 오를 수 있었습니다.

③ 참 기쁨을 누리게 됩니다.

Q 〈디모데전서〉 1장 12절 말씀을 기록해 보세요.

모든 일을 함에 있어서 기쁨으로 즐기는 단계까지 간다는 것은 쉽지 않습니다. 오랜 기간 동안 성실하게 연습해야 합니다. 이 단계는 '감사'와 같이 갑니다. 일할 수 있는 여건에 감사, 섬길 수 있음에 감사할 수 있게 됩니다.

우리가 성령의 열매를 볼 때 조금은 의아해하는 부분이 있습니다. 그것은 바로 감사에 대한 부분인데 성경은 그렇게도 감사를 강조하면서 왜 성령의 열매에 포함시키지 않았는가 하는 것입니다. 이 이유는 감사는 기쁨과 밀접한 관련이 있기 때문입니다.

기쁨은 감사하지 못하면 절대 나오지 못하는 속성입니다. 기쁘다는 것은 만족한다는 것을 의미합니다. 기쁘다는 것은 자족을 의미하기도 합니다. 기쁨으로 주어진 사명과 일에 대하여 만족한다는 것입니다. 우리는 일할 수 있는 건강, 일 자체, 성실히 살 수 있는 여건을 주신 하나님에게 감사하고, 기쁨으로 충성을 다해야 합니다.

주님과 동행하기

1. 어떻게 충성해야 할까요? 우리의 삶에서 실천해 봅시다.

① 작은 일에서부터 충성하세요.

Q 〈누가복음〉 16장 10절 말씀을 기록해 보세요.

우리는 가정에서, 교회에서, 직장과 사업장에서, 사회 구석구석에서 지극히 작은 일 하나까지도 충성을 다함으로써 주께 영광을 돌려야 합니다. 하나님은 우리가 매일 맞이하는 작은 일에 충성하는 것을 원하십니다.

우리는 작고 사소한 일을 과소평가하고 쉽게 넘어가려고 하며 대충하려는 나쁜 경향이 있습니다. 구원받은 자는 이런 사고부터 바꿔야 합니다. 작은 일이 큰 일을 가져옵니다. 작은 일과 큰 일은 연결되어 있습니다. 작은 겨자씨 한 알이 나중에는 큰 나무가 되고, 한 알의 밀이 떨어져 많은 열매를 맺게 됩니다.

그러므로 우리는 작은 것의 소중함을 다시 한 번 생각해 보아야 합니다.

그리스의 아테네 시를 발굴할 때에 이런 비석이 발견되었습니다.
'여기 잠자는 나는 생전에 헤라클리우스와 같은 정치가나 데모스테네스 같은 웅변가가 되지 못했고, 올림픽에 우승한 적도 없다. 그러나 가정을 잘 섬기고, 잘 다스렸노라.'
이 땅에 와서 비록 이름을 크게 떨치고, 거창한 일을 하지 못했지만 작은 일에 충성되게 살았음을 표현하고 있는 멋진 글입니다.

사람의 일생은 작은 일이 연속되어 이루어진 역사입니다. 사람 몸도 지극히 작고 많은 세포(약 400조)로 이루어진 것입니다. 그렇기 때문에 우리는 작은 것을 소홀히 하지 말아야 합니다. 작은 일을 소중히 여길 때 큰 일도 이루게 됩니다.

② 보이지 않는 곳에서부터 충성하세요.

Q 〈사무엘상〉 17장 34~35절 말씀을 기록해 보세요.

하나님은 보이지 않는 곳에서 성실히 충성을 다하는 다윗을 보셨습니다. 다윗은 양을 칠 때도 누가 보든 안 보든 최선을 다했습니다. 다윗의 강점은 충성과 성실함이었습니다. 그러기에 한 나라를 다스릴 수 있었고, 하나님과 동행하는 사람이 될 수 있었던 것입니다.

아무도 없어도 하나님이 보고 계십니다. 하나님은 우리의 모든 것을 아십니다.

③ 한결같은 마음으로 충성하세요.

Q 〈다니엘서〉 6장 10절 말씀을 기록해 보세요.

우리는 구약성경 〈다니엘서〉를 통하여 다니엘이라는 포로의 모습을 잘 볼 수 있습니다. 비록 그는 강대국의 포로로 끌려온 실패한 인생이었지만 삶의 현장에서 하나님의 영광을 나타내고, 믿음의 절개를 버리지 않았습니다. 그는 왕의 조서가 내려져 왕의 금 신상 이외에 어떤 것에도 경배, 절, 기도가 허락되어 있지 않음을 잘 알고 있었습니다. 또한 자신을 시해하려는 무리로 인해 위기에 봉착했다는 것도 잘 알고 있었습니다.

그럼에도 불구하고 다니엘은 '전에 하던 대로' 하나님에게 기도했습니다. 엄청난 생명의 위기 앞에서도 그는 하나님 앞에서 삶의 우선순위를 분명히 하고 환경에 상관없이 한결같은 마음으로 자신이 해야 할 의무를 다하였습니다. 충성된 종으로 한결같이 살아간 것입니다. 참된 충성이었고, 하나님이 기뻐하시는 삶의 모습이었습니다.

2. 가정 예배로 충성을 실천해 봅시다.

우리의 가정에서 주님을 향한 충성을 실천할 수 있기를 바랍니다.

그에 따라 가장 먼저 가정 예배를 드려 봅시다. 가능하면 핸드폰으로 동영상을 촬영하거나 사진을 찍으면 좋을 것 같습니다.

온 가정의 구성원들이 주님에게 충성스러운 삶을 살아가기를 다짐하며 앞으로도 가정 예배를 실천할 수 있기를 바랍니다(찍은 동영상과 사진을 인터넷 소셜 네트워크 등을 통하여 서로 공유하며 나눌 수 있기를 바랍니다).

온유

✣ 〈갈라디아서〉 5장 22~23절
22 오직 성령의 열매는 사랑과 희락과 화평과 오래 참음과 자비와 양선과 충성과 23 온유와 절제니 이 같
은 것을 금지할 법이 없느니라

세상 돌아보기

세상의 모든 사람은 수많은 관계 속에서 살아갑니다. 사실, 우리는 우리의 다양한 필요에 따라 많은 다양한 관계들을 필요로 합니다. 아래의 내용을 보고 당신의 생활에 필요한 관계들을 표시해 보고 그 이유도 함께 나누어 보세요.

대 상	관계의 모습
□ 놀이 친구	나는 함께 놀 사람이 필요합니다. 그래야 재미있고 또 어린 아이 같은 순진함을 잃지 않을 것입니다.
□ 멘토	나는 내가 따라야 할 모범을 제시해주고 내가 필요할 때 곁에서 조언과 격려해줄 사람이 필요합니다.

□ 큰 형(오빠)	나는 내가 위협을 느끼거나 어떤 일이 잘 되지 않을 때 나를 보호해줄 누군가가 필요합니다.
□ 진정한 벗	나는 내가 말하고 싶은 모든 것을 잘 들어주고 비밀을 지켜줄 누군가가 필요합니다.
□ 기도 친구	신실하고 의지할 수 있는 사람으로 내가 믿고 같이 기도할 수 있는 사람이 필요합니다.
□ 동료	나의 삶에는 나와 같은 가치 기준, 생활양식, 삶의 목표 등을 가진 사람들이 필요합니다.
□ 아빠 같은 사람	나에게는 아빠같이 되어줄 사람이 필요합니다. 아빠가 되어준다는 것이 무엇인지는 모두 알 수 있을 것입니다.
□ 결점을 꼬집어줄 사람	나는 나에게 도전하고 나의 선택과 신념에까지 도전할 수 있는 사람이 필요합니다.
□ 할아버지, 할머니 같은 사람	나는 나의 삶에 지혜와 성숙에서 오는 유익을 깨달을 수 있게 해주는 나이 많은 어르신이 필요합니다.
□ 큰 언니(누나)	나를 격려해주고 안내해 줄 친밀한 언니 같은 사람이 필요합니다.
□ 막역한 친구	나는 내 자신이 되어주고 나와 함께할 수 있는 친구가 필요합니다.
□ 엄마 같은 사람	나를 사랑해주고 양육해주고 중요한 결정을 할 때 나를 도와줄 엄마 같은 사람이 필요합니다.
□ 기타	

위의 내용을 나눔으로써 다른 사람에게 필요한 사람이 되어주는 것이 바로 온유입니다.

주님 알아가기

지그 지글러가 쓴《희망을 쏘다》라는 책에 보면 '씨앗을 뿌리는 사람'이란 글이 나옵니다. 글에서는 남아프리카 '바벰바족'에 대한 이야기를 소개하고 있습니다.
'바벰바족'은 부족인 중 누가 범죄를 저지르거나 큰 잘못을 하면 그 죄인을 마을 중간에 세워놓고 한 사람씩 그를 안아주고 위로해준다고 합니다. 그들은 진심으로 울면서 그 죄인을 안아줍니다. 누구 하나 장난으로 하지 않습니다. 진심으로 실수하고 잘못한 그를 안타까운 마음으로 안아줍니다.
그러면 나중에는 죄를 지은 당사자도 진심으로 회개하고 울면서 다시는 죄를 짓지 않는다고 합니다. 강력한 징계보다 오히려 이러한 부드러운 방법이 그들을 범죄 없는 부족으로 만들었습니다.
이 이야기는 따뜻함과 부드러움이 강함을 이긴다는 것을 잘 보여 주는 예입니다.

온유함은 약하게 보이는 것 같으나 놀라운 위력이 있습니다. 온유함은 상대방을 따뜻하게 하고 변화시키는 힘이 있습니다. 온유한 사람은 고요히 자신을 하나님과 그 말씀 앞에 복종시킵니다.

1. 온유함이란 무엇을 의미하는지 알아봅시다.

① 고열로 고생하던 사람이 열이 잡혀 평온한 상태를 말합니다.

Q 〈누가복음〉 4장 39절 말씀을 기록해 보세요.

열을 내고 분노하던 사람이 잠잠해지는 상황을 뜻합니다. 뜨거운 열병 후에 열이 떨어지고 차분해지면서 안정을 찾는 것처럼 평온하고 조용한 상태를 온유한 모습이라고 말합니다.

② 돌풍이 심하다가 잔잔해진 상태입니다.

Q 〈마가복음〉 4장 39절 말씀을 기록해 보세요.

거친 풍랑 가운데 깨지고, 날아가고, 시끄러운 상황에서 평온한 상태가 되는 것을 말합니다. 금방이라도 집어 삼킬 것같이 파도가 일고, 위태로운 상태지만 파도가 잠잠해지면 언제 그랬냐는 듯이 고요한 바다의 모습이 온유한 모습입니다.

③ 길들여지지 않은 야생마가 훈련과 연단으로 길들여진 상태입니다.

Q 〈마가복음〉 5장 15절 말씀을 기록해 보세요.

성경이 말하는 온유는 타고난 천성이라기보다는 하나님의 능력으로 다스려진 정신적인 힘을 말합니다. 예수를 만나기 전에는 온전하지 못했던 우리의 모습이 예수를 만나고 성숙한 신앙인으로 변화되는 것을 말합니다.

로이드 존스 목사는 그의 유명한 저서인《산상설교 연구》에서 온유는 '본성의 타고난 산물이 아니라 하나님의 성령의 산물이다'라고 했습니다. 온유는 일반적으로 생각하기에 양순한 사람, 다소 물러터지고 부드럽고 화를 전혀 내지 않는 사람의 특성으로 이해합니다. (맹물 같은, 물에 물 탄 듯, 뼈대 없는, 줏대도 없는 등) 그러나 성경에서 말하는 온유는 대단히 광범위하게 이해될 수 있습니다.
신학자 'Bigason'은 온유를 '하나님 앞에 스스로 겸비하고 사람으로서 권력이 있든지 없든지 늘 유순하여 남의 허물이나 약점을 들추지 아니하며 모욕을 당하여도 늘 화평을 구하는 것'이라고 했습니다.

어떤 경우에는 자신이 실수를 하고도 오히려 당당한 경우도 있습니다. 온유는 어떤 환경에서든지 평정심을 잃지 않고 자신의 잘못을 인정하며 남의 잘못에 관대한 태도입니다.

1. 예수님은 우리가 온유한 사람이 되기를 원하십니다.

Q 〈마태복음〉 11장 29절 말씀을 기록해 보세요.

예수님은 자신도 온유하신 분이셨고, 예수 그리스도를 닮은 우리도 온유하기를 원하셨습니다.

예수님은 하나님 나라를 전하기 위해 큰 소리를 치시거나 다투시거나 논쟁하시지 않으셨습니다. 물론 진리에 맞지 않고, 하나님의 뜻이 아닌 것에 대해서는 의분을 내시기도 하셨지만, 그분의 삶의 모습과 성품은 거룩하고,

능력 있고, 경건하고, 순결하고, 따스하고, 온유했습니다.

성도라면 그러한 예수님의 온유한 성품을 닮아야 합니다. 그것이 마땅히 성도가 걸어가야 할 길이며 우리를 향하신 예수님의 뜻입니다.

주님 바라보기

강영우 박사가 쓴《지혜가 이끄는 삶》이란 글에 보면 전 에모리 대학교 총장이었던 '제임스 레이니'의 이야기가 나옵니다. 그분은 클린턴 행정부 때 주한 미국 대사를 지냈던 분입니다.

소년 시절 그가 살던 동네에는 할아버지 한 분이 홀로 외롭게 살고 계셨습니다. 작고 낡은 집에 쓸쓸하게 혼자 사시는 모습이 안타까워서 그는 항상 할아버지를 걱정하며 도우려고 노력했습니다.

그는 늘 할아버지 댁을 망문하여 "할아버지 도와드릴 것 없어요?"라고 따뜻하게 물으면서 홀로 계신 할아버지를 정성껏 섬겼습니다. 나중에 그는 예일대를 졸업하고 한국에 파병되어 군 복무를 하였습니다. 다시 미국으로 돌아가 예일대 신학 대학원을 졸업하고 감리교 선교사가 되었습니다. 한국에서 세 자녀를 얻었고, 나중에는 '벤더빌트 신학 대학교' 교수를 거쳐 명문 에모리 대학교 학장과 총장을 지냈습니다.

그리고는 엄청난 세월이 흐른 어느 날, 코카콜라 회사로부터 그에게 연락이 왔습니다. 난데없이 제임스 앞으로 코카콜라 주식의 상당 부분을 주라는 창업자의 유언이 있었다는 것입니다. 알고 보니 바로 자신이 과거에 온유함으로 대했던 그 외로운 할아버지가 코카콜라 창립자였습니다.

할아버지는 소년의 따뜻함에 감동했고 그를 결코 잊지 않았습니다. 에모리대 총장이 졸지에 코카콜라의 이사가 되었고, 그는 나중에 전 재산을 에모리 대학교에 헌납했습니다.

그리하여 에모리대는 명문대 반열에 올랐으며 그는 위대한 총장이 되었습니다. 따뜻한 섬김의 손길이 엄청난 결과를 가져다 준 것입니다.

우리는 따뜻하고, 부드러워야 합니다. 온유함은 자신과 상대방 모두를 위하여 중요한 열매입니다.

1. 하나님 앞에서 온유한 사람은 어떤 사람일까요?

① 하나님의 뜻에 복종하는 사람입니다.

Q 〈시편〉 37편 23절 말씀을 기록해 보세요.

온유한 사람은 하나님의 뜻이 어떠하든 그것에 순종하는 사람입니다. 우리 주변에는 천성적으로 성품이 온유하고 친절한 사람들이 많이 있습니다. 그러나 그들 중에서도 하나님의 섭리에 대해서는 지독하게 완고하고, 예수를 부인하는 사람들도 있음을 인정해야 합니다.

우리가 말하는 온유라는 것은 하나님 없는 온유한 성품을 말하는 것이 아닙니다. 성경에서 말하는 온유는 맹목적일지라도 하나님의 섭리에 굳게 복종하는 것입니다. 즉 하나님이 평안과 부와 건강을 주실 때에만 온유하게 순종하는 사람이 아니라, 하나님이 모순되어 보이고 불행하게 보이고, 고난을 주실 때에도 아멘으로 순복하는 자가 바로 하나님 앞에서 온유한 사람인 것입니다.

② 하나님 앞에서 겸손한 사람입니다.

Q 〈잠언〉 16장 19절 말씀을 기록해 보세요.

하나님을 두려워하고 의지하는 사람이 진정으로 겸손한 자입니다. 히브리어에서 온유에 해당하는 '아나브'라는 단어는 '가난, 겸손, 온유'라는 뜻을 가지고 있습니다. 그래서 구약에서 말하는 온유는 겸손함을 많이 강조합니다.

우리는 철저히 자신을 낮추고 남을 높이면서 겸손을 실천할 때 참된 온유를 실천할 수 있습니다.

③ 예수를 만나고 변화하는 사람입니다.

Q 〈사도행전〉 16장 27~28절 말씀을 기록해 보세요.

신약의 사도 바울은 원래 냉철하고 무서운 사람이었습니다. 누가 시키지도 않았는데 예수 그리스도를 믿는 사람들을 돌로 쳐 죽이는 일에 앞장서서 행동하던 사람이었습니다. 그러나 예수 그리스도를 만나자 그의 성품도 변했습니다. 오히려 예수를 증거하다가 이유 없이 두들겨 맞고, 도망 다녀야 했습니다. 그는 수많은 고통을 당해도 평정심과 온유한 마음을 잃지 않았습니다.

오히려 우리는 그에게서 상대방의 입장을 고려하고 남을 따뜻한 마음으로 대하는 온유함의 전형을 볼 수 있습니다. 그것은 빌립보 감옥에서 자결하려는 간수를 배려하고, 간수와 모든 가정에 복음을 전하는 따뜻하고 온유한 모습입니다. 과거와 달리 예수를 만난 바울은 온유하며, 따뜻한 사람으로 변화되었습니다. 참된 온유는 예수 그리스도를 만나 변화된 사람이 누릴 수 있는 가장 성숙된 열매입니다.

2. 사람과의 관계 속에서 온유한 사람은 어떤 사람일까요?

① 어떠한 상황에도 감정을 드러내지 않는 사람입니다.

Q 〈민수기〉 12장 3절 말씀을 기록해 보세요.

구약의 모세는 하나님을 진정으로 만나고 온유한 사람이 되었습니다. 과거의 모세는 자신의 성격대로 행했던 사람입니다. 그는 혈기를 다스리지 못하고, 분노로 사람을 쳐죽이기까지 했습니다. 그러나 그가 진정으로 하나님을 만나고 미디안 광야에서 연단의 시간을 보낸 후에는 그의 온유함이 지면의 모든 사람보다 더하다고 했습니다.

요즘 한국에는 여성 운전자가 많습니다. 초창기 여성 운전자가 많지 않을 때 생긴 유머입니다. 경차를 몰고 나갔던 여성 운전자가 그만 실수로 차선을 바꾸다가 뒤차와 부딪칠 뻔하였습니다. 뒤에서 따라오던 남성 운전자는 입에 담지 못할 욕설과 함께 "여자가 집에서 밥이나 하지, 뭐 하러 차를 가지고 나와서 남을 애 먹이냐?"고 했습니다. 이에 질세라 여성 운전자도 지지 않고 말했습니다.

"집에서 밥해 놓고 나왔다."라고 더 염장을 질렀습니다. 이에 남성 운전자는 "경차 주제에 어디 함부로 끼어들어?"라고 했습니다. 여성 운전자도 소리를 질렀습니다. "왜? 벤츠 샀더니 덤으로 끼워주더라."라고 답했습니다. 남성 운전자도 여성 운전자도 문제입니다. 여성 운전자에게 너그럽지 못하고 독설을 내뱉는 철없는 남성 운전자나, 잘못했으면서도 기어코 지지 않고 같이 대응하는 여성 운전자나 모두가 온유와는 거리가 먼 사람들입니다.

"조심하세요.", "죄송해요, 많이 놀라셨죠? 앞으로 조심할게요." 등 쉽고도 당연한 말 한마디가 바로 우리의 열매로 나타나야 합니다.

심지어 모세가 구스 여인과 결혼을 할 때 형제들이 이를 비방하고 대적했지만 그들 앞에서 모세는 참고 침묵했습니다. 그는 하나님이 이것을 아시고 갚아 주실 것임을 믿었던 것입니다. 그 결과 미리암은 질병을 얻었고, 하나님의 저주를 받게 되었습니다.

결국 온유함이란 내 자신의 감정을 드러내는 것이 아니라 어떤 환경에서도 하나님을 생각하고 하나님을 두려워하는 것입니다. 우리는 그렇게 할 때 마음의 평정심과 온유함을 유지할 수 있습니다.

② 싸움 앞에는 항상 양보하는 사람입니다.

Q 〈창세기〉 26장 12~13절 말씀을 기록해 보세요.

이삭은 자신을 희롱하는 이스마엘과 싸우지 않았습니다. 아버지가 모리아 산에서 자신을 바칠 때도 분노하거나 대들지 않았습니다. 누군가 싸움을 걸면 그는 오히려 피했습니다. 이삭의 목자와 그랄 목자가 우물 때문에 싸워도 그저 또 양보하고 물러섰고, 힘들게 우물을 또 팠습니다. 그 결과는 역시 이삭이 승리했습니다. 하나님은 늘 양보하고 온유한 이삭의 손을 들어 주셨습니다.

양보하고 온유하면 피해를 보고 항상 지는 것 같지만 결국은 하나님은 그 온유한 사람의 손을 들어 주십니다. 하나님은 이삭 같은 사람을 좋아하십니다. 약삭빠르고, 악착 같은 사람은 처음에는 무엇인가 자신의 힘과 머리로 되는 것 같다고 생각하지만 결국은 하나님의 입장에서 보면 그것은 더딘 길로 가는 것입니다. 동일한 조건에서 농사를 지어도 하나님이 함께하시니 이삭의 농사가 백 배의 결실을 얻었다고 했습니다.

우리도 살아가다 보면 믿음의 지체들이 사소한 다툼과 언쟁으로 돌이킬 수 없는 비극으로 번지는 일을 볼 수 있습니다. 이러한 갈등과 다툼은 자기 성격을 다스리지 못하여 말이 거칠고 공격적으로 나올 때 잘 일어납니다. 또한 시시비비를 가리려다가 다툼이 일어나기도 합니다.

교회에서도 성도들이 서로 사랑하지 못하고 다투면 교회는 시끄러워지며 성장이 멈추게 됩니다. 그러나 온유한 마음으로 서로 한마음을 갖고자 노력하면 교회가 평안해지고 든든히 세워지게 될 것입니다.

③ 세상의 것에 욕심을 부리지 않는 사람입니다.

Q 〈민수기〉 20장 19~21절 말씀을 기록해 보세요.

하나님이 이스라엘 백성들에게 기업으로 주신 땅은 에돔이나, 세일 산이나 모압 지역이 아니라 가나안이었습니다. 그러기에 하나님이 주시지 않은 땅을 정복하려고 다투지 말라는 것입니다. 하나님이 각자에게 주신 복을 인정하고 수용하며 또 자신에게 주신 복을 지키고 누리는 사람이 되어야 합니다. 그것을 넘은 욕심은 다툼을 일으킵니다.

온유는 나보다 상대방의 유익을 먼저 생각해 주는 마음으로, 모든 인간관계를 아름답고 풍성하게 하는 하나님이 주신 선물입니다. 우리가 이처럼 온유한 마음을 선물로 받기 위해서는 주님의 권위를 인정하면서 주님의 다스림을 받아야 합니다. 그때 하나님의 말씀이 능력으로 다가와 우리를 변화시키며, 우리는 그 은혜의 현장에서 기쁨의 생활을 하게 될 것입니다. 하나님은 온유한 성도를 사용하십니다.

④ 누구도 원망하지 않는 사람입니다.

Q 〈창세기〉 45장 8절 말씀을 기록해 보세요.

요셉이 형들의 모함으로 구덩이에 떨어지고, 애굽으로 팔려갔을 때, 그의 마음은 참으로 비참했습니다. 또한 그는 보디발의 집에 팔려가서 전심을 다해 주인 집의 일을 감당했지만 나중에 보디발의 아내의 모함으로 감옥까지 가게 되었습니다. 감옥에서도 술 맡은 관원장의 꿈을 잘 해석해 줬으나 요셉은 2년이나 그대로 감옥에 있게 됩니다. 요셉에게는 참으로 고통스러운 세월이었을 겁니다. 그러나 그는 모든 과정을 온유함으로 극복하고 애굽의 총리가 되었습니다. 훗날 곡식을 사러온 형들 앞에 자신을 드러낼 때, 그는 오직 하나님에게 감사했고 형들을 원망하지 않았으며 지난날이 오히려 선함으로 바뀌었다고 말해주었습니다.

온유한 사람은 몰인정한 마음을 오랫동안 품지 않고, 경건하지 못한 요소를 싫어하며, 남들을 기분 나쁘게 하고 화나게 하는 말들을 즐겨 하지 않습니다. 온유한 사람은 칭찬을 받아도 교만하지 않고, 무시와 멸시를 당해도 화를 내지 않습니다. 환경이 어렵다고 해서 이웃을 탓하거나 원망하는, 온유하지 않은 사람은 결코 행복할 수 없습니다.

교수이자 방송인이었던 분이 신문에 칼럼을 썼습니다. 그런데 그 칼럼을 읽은 부인이 화가 머리끝까지 나서 집에 들어오는 남편에게 독설을 퍼부었습니다. 왜냐하면 남편의 칼럼 제목이 바로 '나는 야한 여자가 좋다'였기 때문입니다. 부인은 화가 나서 남편에게 따졌습니다.

"당신! 이제 늙은 나는 보기 싫다 이거지! 젊고 야한 여자가 그렇게도 좋아? 어떻게 그런 글을 신문에까지 쓸 수 있어? 그런 젊고 야한 여자하고 잘 먹고 잘 살아!"

그렇게 소리치는 아내를 향해 남편은 빙그레 웃으면서 한마디 했습니다.

"당신 신문의 내용은 자세히 안 읽어 보았지? 어떻게 띄어쓰기도 그렇게 못해? 제목을 자세히 보면 '나는야 한 여자가 좋다'라고 쓰여 있잖아. 나는 여러 여자가 아니라 당신처럼 오래 동고동락하고 함께 늙어갈 수 있는 한 여자가 좋다고 쓴 거야."

아내는 남편이 쓴 글을 자세히 읽지 않고 조급함으로 화를 냈던 것입니다.

우리에게는 타인을 좀 더 이해하고, 온유한 마음으로 상황을 지혜롭게 이길 수 있는 모습이 필요합니다.

성장하는 교회는 여러 가지 특징이 있습니다. 그중 하나가 따뜻함입니다. 살아 있는 것은 따뜻합니다. 또한 살아 있는 것은 부드럽습니다. 이것은 한

마디로 물 같은 성품을 가졌다는 것입니다. 물은 위에서 아래로 흐르는 겸손한 것입니다. 물은 결코 장애물과 싸우지 않습니다. 물은 조용히 기다릴 줄도 압니다. 물은 다 받아들입니다.

3. 온유한 사람에게 허락될 하나님의 은혜는 무엇일까요?

① 하나님은 온유한 자와 항상 함께하여 주십니다.

Q 〈창세기〉 6장 9절 말씀을 기록해 보세요.

노아의 인생에서 가장 중요한 것은 하나님과 동행하는 삶을 살았다는 것입니다. 세상의 모든 사람이 노아가 방주를 만드는 모습을 보고 비웃었지만 노아는 온전히 하나님을 신뢰하였습니다. 하나님은 그런 노아와 함께하셨고, 노아의 의로움을 보셨다고 말씀하셨습니다.

온유하며 하나님을 온전히 신뢰했던 노아에게 주님은 함께하셨고, 노아는 하나님과의 아름다운 교제 속에서 놀라운 구원의 역사를 이루어 갔습니다.

우리들도 노아와 같이 온유하며 의로운 삶을 살아간다면 하나님이 우리와 함께하실 것입니다. 세상 모든 만물이 멸망하고, 지옥으로 떨어질지라도 우리는 놀라운 구원의 은혜를 체험하게 될 것입니다.

② 주님이 예비하신 기업을 상속 받습니다.

Q 〈마태복음〉 5장 5절 말씀을 기록해 보세요.

아브라함은 조카 롯에게 온유함으로 좋은 땅을 양보하고 자신은 나머지 땅을 가졌습니다. 옛날 이스라엘에서는 주로 농사를 지었기 때문에 땅이 매우 중요했습니다. 즉 땅은 존재의 기반이요, 삶의 핵심 영역이었습니다.

더 나아가 여기에서 말씀하는 땅은 단순한 땅만이 아니라 하나님의 신실하신 약속 이행의 상징이자 영원한 천국에 대한 표상입니다.

우리는 그 영원한 천국을 받을 사람들이기에 이 땅에서 힘을 가지고 땅을 정복한 정복자들보다 더 강한 사람들임을 자각하면서 살아야 합니다.

③ 풍성한 화평으로 즐거워합니다.

Q 〈시편〉 37편 11절 말씀을 기록해 보세요.

우리가 살아가는 현실 속에는 악한 자들과 불의한 자들이 많이 있는데, 우리는 그들을 바라보며 불평하고, 시기하지 말아야 합니다. 그러한 자들은 풀과 같이 속히 베임을 당할 것이고, 푸른 채소같이 말라 버릴 것입니다. 그러나 여호와를 의지함으로 온유한 자들은 땅을 차지하며 풍성한 화평으로 즐거워할 것이라고 했습니다.

주님 없는 인생을 사는 사람은 삶의 안정을 보장받기 위해 세상을 치열하게 살아갈 수밖에 없고, 기쁨이 있다 해도 잠깐입니다. 그러나 온유한 사람은 치열한 경쟁사회에서 육신의 생각으로 앞서가지 않고 주님의 인도하심을 기다립니다. 결국 온유한 자는 그 모든 것을 다스리시는 주님의 특별한 사랑과 보호를 받기에 무엇보다도 좋은 것을 차지하게 됩니다.

1. 온유한 사람은 어떻게 살아가야 할까요?

① 어떠한 상황에도 조급해하지 마세요.

Q 〈전도서〉 7장 9절 말씀을 기록해 보세요.

온유한 성품은 오랜 인내를 통해 형성됩니다. 거친 야생마가 길들여지면 힘 조절도 가능하고 절대 조급해하지 않습니다. 온유하다는 것은 조급하지 않고 여유가 있다는 것입니다.

② 어떠한 일에도 악한 마음을 품지 않습니다.

Q 〈요한1서〉 3장 15절 말씀을 기록해 보세요.

누군가에게 아무리 억울한 일을 당하였다고 하여도 그 사람에게 악한 마음을 품어서는 안 됩니다. 오히려 그 사람을 위해 기도해주고 하나님에게 그 일을 맡겨야 합니다. 물론 쉬운 일이 아닙니다. 누구에게나 어려운 일입니다. 그러나 악한 마음을 품고 살아갈 때 가장 큰 피해를 보는 것은 우리 자신이라는 것을 깨달아야 합니다. 악한 마음을 품고 그것 때문에 힘들어 한다면 우리가 가장 큰 상처를 입고, 영혼이 지치게 되며, 결국 하나님을 의지하지 않고, 우리의 힘으로 무엇인가 해보려는 헛된 노력을 하게 될 것입니다.

③ 일상에서 좋은 말만 하세요.

Q 〈잠언〉 16장 23절 말씀을 기록해 보세요.

온유한 자는 악한 말을 하지도 않고, 듣지도 않습니다. 노(怒)를 품은 악한 말, 원망과 비난의 말, 저주하며 음해하는 말은 마귀가 기뻐합니다.

온유한 성도의 입에서는 부드럽고 온순한 말, 다른 사람을 세워주며 칭찬하는 말, 사랑하며 감사하는 말이 흘러 나와야 합니다. 모든 것을 하나님이 들으시고 보십니다.

우리가 온유한 예수님을 닮아가는 성숙한 사람이라면 말 한마디, 행동하나에서도 온유함이 드러나야 합니다. 온유함은 예수님의 성품이요, 그 예수를 주로 믿는 자들이 품고 가져야 할 아름다운 성숙의 열매입니다.

2. 온유는 분노를 다루는 능력입니다.

각자 화가 나거나 분노가 날 때 그것을 해소하는 방법들이 모두 있을 것입니다. 오늘 이 시간에는 그러한 분노를 다스리는 훈련을 해 봅시다. 분노를 다스리는 것이 온유의 시작입니다.

가장 크게 화를 냈던 경험을 이야기해 봅시다.

왜 그렇게 화를 낼 수밖에 없었는지 돌아봅시다.

지금 상황에서는 그런 화를 내야 할 경우 어떤 지혜로 해결할 수 있을까 생각해 봅시다.

절제

⁜ 〈갈라디아서〉 5장 22~23절
22 오직 성령의 열매는 사랑과 희락과 화평과 오래 참음과 자비와 양선과 충성과 23 온유와 절제니 이 같
은 것을 금지할 법이 없느니라

세상 돌아보기

여러분의 라이프 스타일은 얼마나 건전한가요? 아래 주어진 영역에서 자신이 속하는 지점에 ○표를 해 보세요. 그리고 자신이 선택한 결과를 서로 나누어 봅시다.

라이프 스타일	항 목	체 크	항 목	체 크
식이요법/영양	건강식 애호가		군것질쟁이	
운동/신체 활동	마라톤 선수		나무늘보	
수면 습관	상쾌한 아침이다!		벌써 날이 밝았네!	
담배	금연가		애연가	

술	금주가		애주가	
스트레스	스트레스 없음		한계 상황	
눈치	제로		100단	
전반적인 건강 상태	근육맨		보약이 필요해	
TV 시청/컴퓨터	나는 책이 좋아요		나는 TV(컴퓨터)를 끼고 살아요	
기도	예배 때만 합니다		매일매일 합니다	

절제란 우리에게 주어진 환경 속에서 스스로를 시험하는 요소들을 물리침으로 얻는 성령의 능력입니다.

주님 알아가기

명창 안숙선 씨의 이야기입니다.

그녀는 9세 때 자신에게 판소리의 맛을 가르쳐준 주광덕 선생이 늘 하던 소리가 자신의 가슴에 남아 있다고 했습니다. 선생이 안숙선 씨에게 이렇게 말했습니다.

"기쁨보다 슬픔을 담은 소리가 더 달다."

"그럼 소리에 슬픔을 어떻게 담습니까?" 안숙선 씨가 다시 물었습니다.

그러자 그는 "스승들은 슬픔을 터트리지 않았다."라고 대답했습니다.

한 마디로 절제되고, 참는 소리가 진정한 소리라는 것입니다. 우리나라의 민요나 판소리를 보면 절제의 미학이 무엇인지 잘 알 수 있습니다. 목청대로 크고 높게 소리를 지른다고 좋은 소리가 되는 것이 아닙니다. 한 맺힌 소리는 깊음가 있고 절제된 소리입니다.

진정한 소리의 아름다움은 절제의 미에 있습니다.

1. 성령의 열매 중 절제가 맨 마지막인 이유가 무엇일까요?

① 절제는 모든 성령의 열매를 포괄하는 덕목이기 때문입니다.

Q 〈잠언〉 4장 23절 말씀을 기록해 보세요.

절제의 열매가 마지막에 언급된 것은 절제야말로 다른 열매를 완성시키는 열매이기 때문입니다. 다른 많은 성숙의 열매들이 있지만 그런 열매들은 절제라는 그릇에 담겨져야 진정한 빛을 발할 수 있습니다.

절제가 있어야 사랑, 기쁨, 화평, 오래 참음, 자비, 양선, 충선, 온유가 한 그릇에 담겨져 우리가 성숙한 신앙인으로 세워질 수 있습니다.

② 절제는 우리의 삶을 올바른 길로 인도하는 덕목이기 때문입니다.

Q 〈고린도전서〉 9장 25절 말씀을 기록해 보세요.

아무리 방언, 예언이나 갖가지 은사를 다 받았어도 '절제'가 없으면 그 인생은 비뚤어지고 실패하고 맙니다. 예수 그리스도를 마음으로 믿고, 입으로 시인하여 성령 세례를 받은 자는 자신을 내려놓고 절제의 삶을 살아야 합니다. 주 안에서 절제하며 자신을 다스리는 사람만이 진정한 승리를 맛볼 것이고, 최후의 면류관을 얻을 수 있습니다.

과거의 수많은 그리스도인들이 마지막 열매인 절제의 열매를 맺지 못하여 좌절하거나 신앙이 비뚤어지는 모습을 많이 보아왔습니다. 우리가 가야 할 곳은 천국이며 주님의 나라입니다. 그곳에 가기 위해서는 예수를 믿는 믿음 안에 참된 절제와 주의 뜻에 맞추는 훈련이 필요합니다.

2. 절제의 의미에 대해서 생각해 봅시다.

① 욕망을 자제한다는 뜻이 있습니다.

Q 〈고린도전서〉 7장 5절 말씀을 기록해 보세요.

성도라면 세상의 헛된 삶을 자제하여서 구원받은 천국의 백성으로 맞추어, 변화되어 가야 합니다.

② 자신을 통제한다는 뜻이 있습니다.

Q 〈고린도전서〉 9장 27절 말씀을 기록해 보세요.

절제는 영어 단어 자기 자신(self)과 통제(control)가 합쳐져서 사용됩니다. 즉 자신을 통제한다는 의미입니다. 옛날 그리스 사람들은 청년들에게 늘 두 가지 말을 했다고 합니다. ① 네 자신을 알라 ② 네 자신을 다스려라. 그만큼 우리 몸에는 통제해야 할 것이 많다는 말입니다. 만약 우리가 말, 마음, 행동의 절제하기를 그만둔다면 곧 사탄의 시험을 받게 될 것입니다.

③ 부정한 것에서 승리한다는 뜻이 있습니다.

Q 〈갈라디아서〉 5장 19~21절 말씀을 기록해 보세요.

우리 인간은 조금이라도 방심하거나 버려두면 비뚤어진 욕망과 본능이 나와서 '육체의 일'을 스스럼없이 행합니다. 누구나 자기 자신에 대해 잘 알고 있다고 생각합니다. 자신을 믿고 장담하며 큰소리칩니다. 그러나 그 마음에 탐욕, 탐심이 들어오면 자신의 모습을 바르게 볼 수 없습니다. 이런 부정한 것에 빠져들게 되면 하나님의 나라를 유업으로 받지 못할 것이고, 어두운 곳에서 슬피 울며 이를 갈 때가 찾아 올 것입니다.

절제는 이러한 부정한 모든 것을 이기고 승리하는 영적인 싸움에서 승리하는 것을 뜻합니다. 우리가 마지막에 주님 앞에 섰을 때 책망을 받는 것이 아니라 생명의 면류관을 얻으려면 '절제'라는 성숙의 열매가 필요합니다. 그렇다고 기독교가 '금욕주의'라는 것은 아닙니다. 절제는 믿음의 사람이 성숙하여 하나님의 영광을 드러내기 위해서 필요한 것입니다.

주님 바라보기

세계 최대의 할인점인 월마트의 설립자요, 세계 최고의 부자 중 한 사람인 '샘 월튼'의 노년기에 있었던 이야기입니다. 세계 각지의 기자들이 '샘 월튼'을 취재하기 위해 모여들었습니다. 모든 기자들은 샘이 자신의 저택에서 개인 기사가 운전하는 고급 승용차를 타고 출근하는 모습을 상상했습니다. 하지만 뜻밖에도 샘은 낡은 트럭을 손수 몰고 출근길에 오르는 것이었습니다. 그것도 모자라 그는 월마트에서 구입한 싸구려 야구모자를 쓰고 있었습니다. 모든 기자들은 그런 샘의 모습을 보면서 의아해했습니다.
그런 기자들을 향해 샘은 이렇게 말했다고 합니다.
"여기 모인 모든 사람들은 아마도 내가 돈다발로 가득 찬 수영장에서 다이빙을 하고, 허리춤에는 아가씨들을 끼고 100달러짜리 지폐로 만든 시가에 불을 붙이는 모습을 상상했을 겁니다. 하지만 나는 그런 기대에 부응할 준비가 전혀 되어 있지 않습니다. 나는 처음부터 이렇게 검소하게 살아왔고, 지금도 마찬가지입니다."
'샘 월튼'의 이런 모습은 결코 연출된 것이 아니라 그가 평생을 유지해 온 삶의 모습이었습니다.
또한 세계에서 두 번째로 큰 부자인 투자의 황제 '워렌 버핏'도 그의 고향 마을에서 수십 년 된 낡고 작은 집에서 살고 있음을 많은 사람들이 알고 있습니다.
이들이 지금까지도 전 세계인들로부터 가장 존경받는 사회적 모델로 기억될 수 있는 이유도 그들의 삶의 모습에서 알 수 있습니다. 절제하고, 과욕하지 않으며 주어진 일에 최선을 다하는 성숙한 모습이 그들의 현재를 만들었던 것입니다.

하나님은 모든 성도들에게도 주님의 축복을 누리고 기뻐할 수 있는 특권을 주셨습니다. 그러나 우리의 불필요한 낭비와 과소비 같은 무절제한 생활이 주님이 허락하신 특권을 놓치게 하곤 합니다. 이는 분명히 하나님의 본뜻이 아닙니다. 이런 모든 무절제한 것들을 절제하고 이겨 내면 우리는 행복하게 살아갈 수 있습니다. 그 행복은 절제한 사람만이 알 수 있는 기쁨입니다.

1. 절제의 구체적인 행동의 의미는 무엇일까요?

① 과욕하지 않는 것입니다.

Q 〈로마서〉 12장 3절 말씀을 기록해 보세요.

절제는 자동차의 브레이크와 같은 것입니다. 브레이크가 고장 나면 사고가 납니다. 앞으로 가다가도 장애물을 만나면 앞으로 가려는 차의 성질을 억제하고 멈춰 서야 합니다. 자칫하면 자신도 죽고 남도 죽이게 되기 때문입니다.

절제는 멈출 줄 아는 것입니다. 잠시 물러설 줄 아는 지혜입니다.

'과(過)함'은 좋지 않습니다. 과소비, 과식, 과음, 과로 등 지나친 것은 부족함보다 못하다는 말을 기억해야 합니다.

② 한결같은 마음입니다.

Q 〈욥기〉 23장 10절 말씀을 기록해 보세요.

한국 사람들은 유행에 너무 민감합니다. 유행에 따라가지 못하면 생활과 모든 면에서 뒤쳐진다고 생각합니다. 알고 보면 유행이라는 것은 돌고 돌기 때문에 시간이 지나면 반드시 다시 돌아옵니다. 세계 최고의 브랜드는 늘 소박합니다. 화려하지 않고 처음이나 지금이나 디자인, 색깔 등 모든 면에서 한결같습니다.

절제의 삶은 늘 한결같은 마음과 정신으로 정제된 삶을 사는 것입니다.

③ 구별된 삶을 사는 것입니다.

Q 〈민수기〉 6장 8절 말씀을 기록해 보세요.

무조건 하지 말라는 것이 아닙니다. 구별된 삶을 살라는 것입니다. 내 것과 남의 것을 구별할 줄 알고, 먹을 것과 먹지 않을 것, 해야 할 말과 하지 말아야 할 말, 할 일과 하지 말아야 할 일을 구별하여 사는 것이 '절제'입니다.

운동 선수도 절제할 것은 절제한 다음 운동 경기에서 자신의 모든 역량을 쏟아냅니다. 엉뚱한 것에 힘을 낭비하지 않습니다.

④ 자신의 위치를 아는 것입니다.

Q 〈역대하〉 26장 16절 말씀을 기록해 보세요.

자신의 위치를 안다고 하는 것은 자신의 해야 할 일과 자신의 처지를 안다는 것입니다. 위대한 성경의 위인들은 한결같이 자신들의 위치를 아는 사람이었습니다. 그들은 하나님 앞에서의 자신의 위치를 잘 알고 있었습니다. 하나님 앞에서 겸비하여 여호와의 말씀을 청종하여 자신이 위치를 잘 지켰습니다. 자신의 위치를 망각한 경우에는 반드시 문제가 생겼습니다.

우리는 사람과의 관계 속에서도 우리의 위치를 잘 알아야 합니다. 그러나 우리는 우리가 바로 '하늘에 속한 사람'임을 잊지 않는 것이 더 중요합니다. 절제는 겸손과 관련이 있는 열매 중의 하나입니다. 자신의 위치와 형편을 아는 자는 절제의 삶을 삽니다. 그런 삶을 사는 사람이 성숙한 그리스도인입니다.

⑤ 주신 것에 감사하는 것입니다.

Q 〈아가서〉 4장 1절 말씀을 기록해 보세요.

우리는 날마다 자신을 죽이고 하나님 말씀에 복종시켜야 합니다. 자신을 조절하고 다스려야 합니다. 기쁨과 감사는 여기에서 나옵니다. 구약성경 〈아가서〉의 술람미 여인과 솔로몬의 사랑을 보면 육체적이고 별난 사랑이 아니더라도 아름답게 사랑을 나눌 수 있음을 잘 알 수 있습니다.

서로를 격려하고 아끼고 사랑하면 그 마음은 다 펼치지 않아도 사랑이 더욱 깊어집니다. 절제한다는 것은 누가 뭐라 해도 하나님이 주신 기쁨과 분복에 감사하며 산다는 것입니다.

신혼부부는 갓 결혼하고 나서 처음부터 너무 다 드러내지 말고 절제하며 살아야 합니다. 사랑할수록 절제의 미덕이 필요합니다. 절제하면 서로를 함부로 대하지 않습니다. 절제의 미덕이 있으면 갈수록 사랑의 깊이를 느끼고 서로의 소중함을 알게 됩니다. 꼭 진한 쾌락이 아니더라도 아름다운 절제의 사랑이 오히려 더욱 깊고 뜨거울 수 있습니다.

'날마다'란 말이 중요합니다. 절제하지 못한 자신의 모습을 거울에 비추어 보십시오. 야수처럼 화내는 얼굴로 무섭고 추하기만 합니다. 억지로 참고 견디는 것이 아니라 절제를 즐겨야 합니다. 미소를 머금고 사는 훈련을 해야 합니다. 사랑을 포함한 모든 열매도 '절제'가 필요합니다. 사랑도 절제할 때 갈수록 그 기쁨이 커집니다.

과거의 우리 부모님 세대는 얼굴도 한 번 안 보고 시집가고 장가를 가도 잘살았습니다. 이혼하는 부부는 거의 찾아 볼 수 없었습니다. 그 이유가 여러 가지가 있었겠습니다만 가장 중요한 것은 절제의 미덕이 있었기 때문입니다. 서로 자신을 통제하였고 사랑에도 서로에 대해 배려하고 절제하는 미덕이 있었습니다. 요즘은 너무 많이 알고 너무 함부로 하기에 문제가 많습니다.

2. 절제 속에 숨겨진 하나님의 축복은 무엇일까요?

① 승리의 면류관이 주어집니다.

Q 〈디모데후서〉 4장 8절 말씀을 기록해 보세요.

사도 바울 자신은 날마다 자신의 본능, 성질, 말, 성품, 욕망을 조절하며 복종하는 삶을 살았습니다.

사도 바울이 살던 당시 고린도 시의 교외에서는 2년마다 올림픽 경기와 비슷한 대회인 '이투미안'이 열렸다고 합니다. 경기가 열릴 때마다 온 그리스가 열광의 도가니가 되었습니다. 그 경기에 참가한 선수들은 적어도 10개월 이상 극기와 절제를 하면서 연습과 훈련을 한 다음 대회에 참가했다고 합니다. 바울은 운동 경기에 참가한 선수들은 세상의 상을 위해서도 이토록 절제하는데, 영적 싸움에서 하나님 앞에 상을 얻으려면 '절제' 없이 되겠느냐고 생각했습니다.

특별히 성공하고 이기기를 원하는 자는 더 절제해야 합니다.

② 우리의 삶이 풍요로워집니다.

Q 〈시편〉 37편 18절 말씀을 기록해 보세요.

우리는 절제하고 아끼고 참으면 우리의 삶이 건조해질 것이라고 생각합니다. 그러나 주님 안에서 성도다운 절제가 있는 삶을 살면 오히려 풍성해집니다. 애굽의 풍요로움이 이스라엘에게는 독이 되었지만 광야에서의 믿음의 절제는 그들을 약속의 땅으로 인도하였습니다.

잠시뿐인 풍요가 아니라 영원한 풍요와 평안이 약속되는 것입니다. 절제하는 성숙한 성도는 결국 천국에서 더 큰 풍요를 누리며 이 땅에서도 세상이 줄 수 없는 평안을 맛보게 될 것입니다.

주님과 동행하기

1. 무엇을 절제해야 할까요?

① 생각을 절제하세요.

Q 〈고린도후서〉 10장 5절 말씀을 기록해 보세요.

우리 자신의 생각을 다스려야 합니다. 부정적이고, 좋지 않은 모든 생각을 받아들이기를 거절하는 정도가 아니라 그 생각을 다스릴 수 있어야 합니다. 그것은 우리가 호흡하며 살아가는 모든 순간을 하나님 중심으로 살아간다는 것입니다.

세상의 것들이 우리의 마음을 사로잡지 못하도록 온 신경과 관심을 하나님을 향하여 맞추어 갈 때 생각에서부터 절제가 가능하고, 오직 우리 주 예수 그리스도만 생각하는 성숙한 신앙인이 될 수 있습니다.

② 말을 절제하세요.

Q 〈야고보서〉 3장 2절 말씀을 기록해 보세요.

입을 제어할 줄 아는 사람은 위대한 사람입니다. 사람의 관계에서나 인생에서나 모든 문제는 한마디 말에서부터 시작되는 경우가 많습니다. 특별히 예수를 구주로 고백하는 성숙한 성도라면 아름다운 말을 하도록 훈련해야 합니다. 항상 칭찬의 말, 사랑의 말, 남을 세워주는 아름다운 말을 할 수 있기를 바랍니다.

③ 보는 것을 절제하세요.

Q 〈창세기〉 3장 6절 말씀을 기록해 보세요.

인간의 시각은 대단히 위험할 때가 많습니다. 그러기에 하나님이 기뻐하시지 않는 것은 아예 보지 않는 것이 지혜로운 것입니다.

각각의 가정에서는 보지 말아야 할 것들을 과감히 버리고, 온전히 말씀을 보고, 하나님의 뜻을 바라보는 것에 모든 관심을 모아야 합니다.

④ 먹는 것을 절제하세요.

Q 〈창세기〉 25장 34절 말씀을 기록해 보세요.

먹는 것 하나에 인생이 바뀌어 버린 사람의 대표적인 예가 바로 에서입니다. 너무 배고프고 허기가 진 나머지 동생에게 팥죽 한 그릇에 자신의 장자 권리를 바꾸어 버린 것이었습니다. 처음에 그것이 얼마나 큰 실수였는지 알 수 없었습니다. 그러나 결국 그는 그로 인하여 믿음의 조상에 반열에 들 수 없었고, 장자이면서 실패한 인물로 후대에 남게 되었습니다.

팥죽 한 그릇에 장자권을 판 에서의 실수를 한 번 생각해 보세요. 그의 성격과 불신앙도 문제였지만 그는 음식 앞에 대단히 약했다는 것이 더 큰 문제였습니다. 배고픔을 참지 못하는 그의 기질적 문제가 컸습니다.

오늘날은 음식을 절제하지 못하여 찾아오는 질병의 문제도 많습니다.

이런 일들에서 알 수 있는 것처럼 사람의 본능 중에 식욕이 가장 강합니다. 그러나 그것에 대해 절제하지 못하면 우리의 인생은 에서와 같이 실패한 삶을 살아 갈 수 있습니다.

⑤ 감정을 절제하세요.

Q 〈잠언〉 16장 32절 말씀을 기록해 보세요.

생활 속에서 느끼는 감정을 모두 표현하고 나타낸다면 성숙한 신앙인이라 할 수 없습니다. 어린아이는 자신의 감정을 모두 드러냅니다. 마음에 들지 않으면 울기도 하고, 떼를 쓰기도 합니다. 어린아이기 때문에 그렇습니다. 그러나 장성한 성인이 그렇게 행동한다면 어른으로 불릴 가치가 없습니다.

우리가 느끼는 감정을 그대로 표현하고 나타내면 신앙생활도 인간관계도 가정생활도 어느 하나 제대로 할 수 없습니다. 감정을 제어할 줄 알아야 올바른 신앙생활과 성숙한 성도로서의 인격을 갖출 수 있습니다.

⑥ 정욕을 절제하세요.

Q 〈디모데후서〉 2장 22절 말씀을 기록해 보세요.

육신의 정욕은 가장 유혹이 강하며 충동적인 부분입니다. 대성자 어거스틴도 얼마나 견디기 어려웠으면 회개 후에도 정욕을 이기기 위해 자기의 팔을 물어뜯어 가며 참고 이겨냈다고 합니다. 성자 어거스틴이 이 정도라면 우리들에게는 더 말할 나위가 없을 것입니다.

어느 순간, 어느 부분도 방심해서는 안 됩니다. 육체의 정욕을 이기는 좋은 방법 중 하나는 육체의 정욕이 찾아올 시간을 주지 않는 것입니다. 그런 분위기의 장소에 가지 않는 것입니다. 특히 육체의 정욕이 대부분은 안목과 시각에 연관된 경우가 많습니다. 요즘 우리는 각종 매스 미디어를 통해 너무도 많은 안목의 정욕에 노출되어 있습니다. 심지어 과거에 비해 심각한 문제 앞에서도 전혀 심각성을 느끼지 못하는 경우가 많습니다.

또한 보통 한가할 때 이상한 생각이 들고, 육신의 정욕에 사로잡힐 때가 많습니다. 우선 이상한 생각과 유혹을 받지 않도록 할 일 없는 여유의 시간을 줄여야 합니다. 휴식을 거부하라는 말이 아니라 헛된 생각과 유혹을 받을 만한 시간을 주지 말라는 것입니다.

2. 절제 페스티벌(우리의 삶을 절제해 봅시다)

절제는 아름다운 미덕입니다. 그러나 우리의 삶 속에서는 그러한 절제가 잘 이루어지지 않고 있습니다. 다음 항목을 따져서 아름다운 절제를 이룰 수 있기를 바랍니다. 이것들을 실천할 때 절제가 우리의 삶의 일부분이 되어 축제가 될 것이며 우리가 성숙한 그리스도인으로 세워질 것입니다.

절제해야 할 대상을 보면서 우리는 어떻게 절제를 실천할 것인가 기록하고 그것을 절제함으로 얻을 수 있는 효과는 무엇인지 적어 봅시다. 이것을 서로 나누고 우리 삶에 얼마나 절제가 필요한지 돌아봅시다.

번 호	구 분	실천 항목	얻을 수 있는 것
1	하루를 살면서 가장 적당한 식사 (음식 종류)		
2	우리 가족이 살 수 있는 최적의 평수 (아파트 평수)		
3	일주일을 지낼 수 있는 용돈 (재정)		
4	꼭 봐야만 하는 TV 프로그램 (텔레비전)		
5	지금 가장 절실히 필요한 물건 (쇼핑)		
6	자녀를 향한 기대 (자녀)		
7	일상에서 반드시 필요한 순간 (시간)		